中文社会科学引文索引（CSSCI）来源集刊
中国人文社会科学期刊AMI综合评价核心集刊

珞珈管理评论

LUOJIA MANAGEMENT REVIEW

2024年卷 第1辑（总第52辑）

武汉大学经济与管理学院

WUHAN UNIVERSITY PRESS
武汉大学出版社

图书在版编目(CIP)数据

珞珈管理评论.2024年卷.第1辑:总第52辑/武汉大学经济与管理学院.—武汉:武汉大学出版社,2024.2
ISBN 978-7-307-24285-2

Ⅰ.珞… Ⅱ.武… Ⅲ.企业管理—文集 Ⅳ.F272-53

中国国家版本馆 CIP 数据核字(2024)第 023630 号

责任编辑:范绪泉　　　责任校对:汪欣怡　　　版式设计:韩闻锦

出版发行:**武汉大学出版社**　　(430072　武昌　珞珈山)
　　　　　(电子邮箱:cbs22@whu.edu.cn 网址:www.wdp.com.cn)
印刷:武汉市天星美润设计印务有限公司
开本:880×1230　　1/16　　印张:11.75　　字数:291 千字
版次:2024 年 2 月第 1 版　　2024 年 2 月第 1 次印刷
ISBN 978-7-307-24285-2　　　　定价:48.00 元

管理评论

LUOJIA MANAGEMENT REVIEW

目　录

中文社会科学引文索引（CSSCI）来源集刊
中国人文社会科学期刊AMI综合评价核心集刊

2024 年卷第 1 辑（总第 52 辑）

CONTENTS

珞珈 管理评论

2024 年卷第 1 辑（总第 52 辑）

Luojia Management Review

No. 1，2024（Sum. 52）

兼顾型高绩效工作系统的组态效应研究：
一个链式中介模型*

● 苗仁涛　杜　慧

（首都经济贸易大学劳动经济学院　北京　100070）

【摘　要】既有研究中，关于多导向实践的兼顾型高绩效工作系统（HPWS）尚在起步阶段，且其构成与内部交互效应的研究也较为缺乏。本研究基于工作要求—资源理论从组态视角探讨了兼顾型 HPWS 的承诺型与控制型子系统交互而成的不同组态对员工工作倦怠的影响，以及工作重塑和个人—工作匹配的链式中介作用。基于 493 份两个时点的纵向数据分析发现，承诺型子系统和控制型子系统对工作倦怠有不同影响，进而兼顾型 HPWS 的不同组态对工作倦怠的影响存在显著差异，并识别出有效组态（高承诺—高控制、高承诺—低控制）和无效组态（低承诺—高控制、低承诺—低控制），得出影响效果的排序；工作重塑和个人—工作匹配在上述关系间均表现出部分中介作用，并且存在以工作重塑和个人—工作匹配为中介变量的链式中介路径。

【关键词】兼顾型高绩效工作系统　组态　工作倦怠　个人—工作匹配　链式中介

中图分类号：F270　　　文献标识码：A

1. 引言

　　激烈的组织变革和职场竞争致使"职场内卷/内耗"成为普遍现象，对员工的心理和情绪资源造成极大损耗，极易导致情绪耗竭（Maslach et al.，2001），而这正是工作倦怠的核心内容。工作倦怠（job burnout）是指员工对长期工作压力的情感反应（Maslach & Leiter，2008），会对员工个人和工作结果产生消极影响，比如危害员工的心理健康、降低工作绩效（Cheng et al.，2022），以及增加离职

　　* 基金项目：国家社会科学基金项目"数字时代弱势员工群体工作重塑的结构、前因组态及动态效应的跨层次研究"（项目批准号：20BGL149）；首都经济贸易大学学术新人项目（博士生项目）"代际视角下高绩效工作系统对员工工作倦怠的组态效应研究"（项目批准号：2023XSXR05）。

　　通讯作者：苗仁涛，E-mail：mrtmiao@ hotmail. com。

倾向（Jyoti & Rani，2019）等，是职业健康领域的关键问题。因此，本研究响应学界和工作实践领域关注员工健康状态研究的呼吁，以避免倦怠对个人和组织的不利影响为目的，探索工作倦怠的影响因素及形成机制以进行有效干预，对理论界和实践界都有重要意义。

由于工作倦怠与员工幸福感和工作绩效密切相关（Cheng et al.，2022），引起许多学者从应对工作倦怠出发，探索各种人力资源管理实践在降低倦怠方面的作用（Wahab et al.，2020）。出于工作、组织管理制度对个体健康状态的重要作用，已有研究证明了人力资源管理系统对工作倦怠的影响，其中，高绩效工作系统①（High Performance Work System，HPWS）作为人力资源管理系统的典型代表，是一系列旨在提升员工与企业绩效的系统化人力资源管理实践的组合（Miao et al.，2021）。虽然高绩效工作系统是以提升工作绩效为目的的，其按照时间"由远及近"，从最初关注组织层面的绩效，到后来向个体和团队层面的绩效拓展，但在提升员工个体绩效层面的研究其实还包含一系列与绩效密切相关的员工态度和行为，即"人力资源管理绩效"，因此并不局限于工作绩效这一单一变量。已有学者探讨了 HPWS 对工作倦怠的影响，但对于影响究竟是正向还是负向的观点却两极分化，甚至是相互矛盾（正向影响：Kroon et al.，2009；负向影响：Jyoti & Rani，2019）。基于对这些文献的梳理和分析，本研究推测矛盾的结论可能是 HPWS 的内涵、内部结构或子系统计算方式不一致导致的，也可能是过程机制不同导致的。目前，到底哪种 HPWS 能够更有效地干预倦怠，仍没有最佳答案。因此本研究选择了契合中国情境而又被证明有效的多导向结构和交互相乘的计算方式，希望探究最客观准确的高绩效工作系统影响效果；并且通过组态方式探索低倦怠 HPWS 策略，对既往的高绩效工作系统影响研究具有一定的创新性，同时一定程度上揭示和厘清了 HPWS 产生工作倦怠的消极路径问题。

有研究基于经济转型期的中国企业所面临的现实管理情境进行了本土化研究，将高绩效工作系统所包含的管理实践划分为以维护员工权益为导向的承诺型实践和以保障组织利益为导向的控制型实践两种类型，以区分两者的效应差异（Miao et al.，2021），并认为兼顾控制型和承诺型实践的 HPWS 更适用于中国的组织情境（苗仁涛等，2015）。然而，目前对于兼顾两种类型实践的 HPWS 研究仍处于初级阶段，既有研究多采用简单相加的方式处理两种实践的共同作用（Miao et al.，2021）或分别探讨两种类型的实践束并概括为 HPWS 的效应（胡斌和毛艳华，2017），但本研究认为不同类型实践组成的子系统之间可能存在交互，并且 Su 等（2018）指出 HPWS 内部两个维度之间的交互效应可以解释组织绩效额外的变异，因此，HPWS 子系统之间的交互可能也对减轻倦怠有更优的作用。现有关注到 HPWS 内部子系统交互效应的研究存在一定的局限，如熊立和占小军（2022）虽然探究了两类管理实践交互效应的作用方式，但只注意到交互效应中的一种情形（两类管理实践均衡加强）具有效用，而未探索完整的包含全部情形的效应差异结果。本研究将通过组态视角进行二维交互形成的四种情形的比较研究，即将承诺型和控制型子系统按照高低程度交互形成四种组态（configuration），以识别出能够干预工作倦怠的有效组态和无效甚至反效果的无效组态，从而更好地

---

① 目前，学界对高绩效工作系统并没有形成统一的定义，提法多样，如高绩效工作系统、高承诺工作系统和高参与/卷入工作系统，甚至人力资源管理系统，但本质类似，都是指一组能够确保组织保持竞争优势的人力资源管理实践。

契合 HPWS 的系统完整性和组态差异性，使企业制定科学细致的管理政策。

如前述，管理实践在不同的作用机制下也可能产生效应差异，并且组织实现高绩效的路径也往往是多样化的（Orlitzky & Frenkel，2005），因此不仅要识别出有效的 HPWS 组态，更要探索其效应机制。本研究选取工作重塑和个人—工作匹配作为具有链式关系的两个中介变量来解释中介过程，原因主要有：

第一，工作倦怠的产生是由于高工作要求和低工作资源引起的（Demerouti et al.，2001），而工作重塑正是员工以提升工作中的幸福感为目标（Slemp et al.，2015）进行的平衡工作资源和工作要求的主动性行为（Tims et al.，2015）。工作重塑行为会改变工作要求和工作资源的水平，因此有助于从要求和资源的动态关系探究 HPWS 对工作倦怠的影响机制。

第二，根据人—环境匹配理论，个人—工作匹配是一种互补性匹配（complementary fit）（Edwards et al.，2006），反映了员工从工作中得到的需求满足感和对自身达到工作要求的感知，两方面感知的提高都有助于促进积极的个体结果，并且兼顾了个人与组织双方的需求。因此，以个人—工作匹配作为中介变量可以证明促进个人的积极结果并不一定要以牺牲组织利益为代价，同时，还可以丰富匹配理论的组织层面因素的前因变量研究。

第三，Tims 等（2016）发现，当工作性质不断变化时，工作环境可能会发生损害员工需求、价值观和幸福感的变化，有意义的工作过程和社会关系也可能消失。工作重塑是员工主动地采取改变工作任务或创造人际接触机会等方式对工作进行的重新塑造，以工作重塑为中介变量可以形成组织与个人、组织与工作的关系纽带，并引导兼顾组织和个人利益的研究思路，有助于厘清这些关键变量之间的关系，帮助研究者从双方利益出发探索 HPWS 的重要意义，促进 HPWS 的绩效提升作用的同时，关注员工的身心健康，实现最低的员工倦怠。

综上，本研究将基于工作要求—资源理论和人—环境匹配理论，构建工作重塑和个人—工作匹配的链式双重中介作用模型，分组态探讨 HPWS 对工作倦怠的影响机制，并进行组态间的效应比较，以识别出高效组态、低效组态或无效组态。

2. 理论基础与研究假设

2.1 高绩效工作系统的组态

高绩效工作系统包含一系列以提升组织绩效为最终目的的人力资源管理实践（Miao et al.，2021），主流的战略人力资源管理研究者倾向于将员工参与和授权、广泛培训、信息分享和薪酬激励等通过激发员工承诺来提升绩效的管理实践纳入系统（Wahab et al.，2020），而组织理论学者则强调员工遵守规则、程序的重要性，更有学者对由单一的承诺型实践构成的系统提出了质疑（Thompson，2011），提出特定情境下"合规"甚至可以取代"承诺"，成为高绩效和自主努力的驱动力。Su 等（2018）和 Miao 等（2021）基于中国情境进一步完善了兼顾承诺型与控制型实践的高绩效工作系统。但本研究认为简单的混合型或相加的实践构成的 HPWS 可能存在缺陷，控制型子系统与承诺型子系统相对水平的高低是含糊不清的，可能导致不同甚至相反的效果。而组态视角的 HPWS 研究可以弥补这一缺陷，基于 Miao 等（2021）的研究，将承诺型和控制型子系统按员工感知水平的高低分为高承诺与低承诺子系统、高控制和低控制子系统，再两两组合形成四种组态：高承诺—高控制、高承诺—低控制、低承诺—低控制和低承诺—高控制的 HPWS，见图 1。

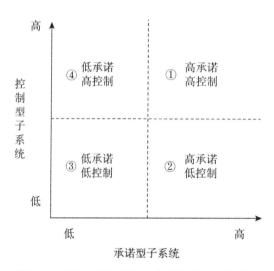

图 1　中国情境下高绩效工作系统的组态分类图

2.2　高绩效工作系统与工作倦怠

如前述，基于现有的兼顾型高绩效工作系统研究发现，中国企业主要通过承诺型实践增加员工与组织的情感联系，促进员工发展和提高员工"承诺"，而且还会减少员工心理、生理成本上的压力。同时，又通过控制型实践规范员工的合规行为（Su et al.，2018），保障工作环境的稳定性，从而避免绩效目标之外的个体投入和损耗。

高绩效工作系统作为组织的制度设计，与员工的工作条件密切相关，而工作内容、性质等工作条件又对员工工作倦怠有显著影响（Maslach et al.，2012）。工作要求—资源（Job Demands-Resources，JD-R）理论将工作条件划分为工作要求和工作资源，前者为需要员工付出努力或成本完成工作的因素，而后者为减少工作要求和成本、促进目标实现及个人发展的因素（Demerouti et al.，2001）。由于高工作要求和低工作资源是导致工作倦怠的根本原因，JD-R 理论为我们提供了倦怠成因的理论框架：兼顾型高绩效工作系统对组织条件的改变，使要求因素和资源因素发生相应变动，从而影响员工的工作倦怠。相反，当工作资源富裕或工作要求降低时，员工的倦怠可能被有效缓解，从而实现对倦怠的干预。

如前述，兼顾型 HPWS 可由高、低承诺型子系统和高、低控制型子系统交互组合为四种组态。高承诺型子系统具有显著的高工作资源特性，比如承诺型子系统中的广泛培训能够提升员工能力和促进个人发展，而授权和参与则使员工主动承担挑战性工作和更多的责任，员工得到有效发展，进而通过及时的信息分享和灵活的薪酬激励促使员工自愿增加工作投入（Meijerink et al.，2020）。员工自愿地努力不会导致压力和倦怠的加剧（Ollo-Lopez et al.，2010），并且有研究表明，被授以更高权力的员工往往经历更少的工作倦怠（Ayala Calvo & García，2018）。因此，高承诺型子系统通过高工作资源触发动机过程（Bakker & Demerouti，2007），产生对员工的积极影响，即通过增加工作资源以缓冲组织绩效目标下的工作要求对员工造成的损耗（Bakker et al.，2005），从而减轻员工倦怠。相反，低承诺型子系统是一种低资源的管理策略，在这种组织条件下员工可能既无法获得充分的培训来提升能力，也得不到组织的授权和参与机会，导致缺少内在动机和工作自主性，而处于高绩效目标的要求下又不得不付出努力，而这种非自愿努力会产生压力，导致紧张情绪和工作倦怠（Wahab et al.，2020），因此，低承诺型子系统下的员工可能会由于低工作资源而导致高工作倦怠。

高控制型子系统虽资源特性不如承诺型子系统显著，但能够明确工作要求。高绩效工作系统的绩效目标需要员工付出努力和成本，对员工提出较高的工作要求，而控制型子系统则起到保障目标实现的作用。高控制型子系统通过实施结果导向的绩效评价将组织的绩效目标清晰地传递给员工，使员工更明确组织对自己的角色期望，从而能够避免角色模糊（Maden-Eyiusta，2021），减少消极因素对员工的消耗；严格纪律则有助于维持稳定的工作环境，稳定性会减轻员工的工作不安全感等工作要求因素（Bakker et al.，2005），而承诺型子系统也需要在稳定的组织中才能更好地发挥作用。即高控制型子系统虽不能像承诺型子系统一样通过资源触发增益路径有效降低倦怠，但能够通过明确工作要求抑制倦怠。相反，低控制型子系统意味着组织的制度规则不完善，尤其在中国的组织情境中，规章制度能通过约束促使员工构建与组织目标一致的角色和工作方向，而低控制则可能导致员工与组织期望或赋予的角色相冲突，导致绩效目标之外的无意义损耗。这是对"基于中国情境的实证研究应该将控制型实践纳入系统"（苗仁涛等，2015）进行研究的呼应。

假设 H1：高承诺型子系统会显著降低工作倦怠，相反，低承诺型子系统会加剧工作倦怠；高控制型子系统会带来较低的倦怠，相反，低控制型子系统则会带来较高的倦怠。按照能够有效降低倦怠的组态由高到低排序：高承诺高控制→高承诺低控制→低承诺高控制→低承诺低控制的 HPWS。

2.3 工作重塑的中介作用

工作重塑是员工主动调整工作特征，使工作中的任务和人际关系与个人需求、能力和偏好更匹配的过程（Tims et al.，2012）。既有研究大多认可工作重塑会提升工作满意度（Rudolph et al.，2017）和主观幸福感（Slemp et al.，2015）等积极结果，以及会减轻工作紧张感（Rudolph et al.，2017）。然而，这些研究过于关注工作重塑的影响，尽管也有研究认为个体特征、工作特征及领导力（如自我牺牲型领导）对工作重塑有预测作用（郭一蓉等，2021），但对前置因素的探究仍没有得到足够重视（Rudolph et al.，2017），尤其是作为有效工作资源的组织制度，目前仅有的研究关注到高绩效工作系统对工作重塑的影响，但也只是笼统地探讨常见实践束的整体效用。

本研究采用 Tims 等（2012）的工作重塑干预观点，将工作重塑分为增加工作资源、寻求挑战性工作要求和减少阻碍性工作要求，以工作要求—资源理论为框架分组态探讨工作重塑在 HPWS 和工作倦怠之间的中介作用。JD-R 理论下的工作重塑是指员工根据自己的能力与需求，为平衡其工作要求与工作资源所做出的改变（Tims et al.，2015）。具体来讲，承诺型子系统通过广泛培训可以显著提升员工的知识、技能和能力（Knowledge, Skills and Abilities, KSA）（Aryee et al., 2016），通过员工参与提升其工作自主性，以利于员工增加结构性工作资源（Tims et al., 2012），实证研究也支持了工作自主性与工作重塑的显著关系（Zhang & Parker, 2019）。及时的信息分享有助于员工获得上级的指导与反馈并和谐同事关系，增加社会性工作资源（Tims et al., 2012）；此外，作为激励型工作实践的灵活的薪酬激励有助于员工主动增加挑战性工作要求（Meijerink et al., 2020），从而促进员工工作重塑。此外，高承诺型子系统通过给予员工更多的自主权，允许员工自我调整工作要求水平，这有助于降低与负面工作结果相关的阻碍性工作要求（Tims et al., 2015）。总之，高承诺型子系统能够通过多种途径激发员工的工作重塑行为。相反，低承诺型子系统，由于激励不足会导致员工低主动性，低参与和授权则会降低员工组织支持感，而培训不足更会使得员工缺乏提升自己能力的渠道。因此，低承诺型子系统会严重抑制员工自发进行工作再设计的意愿和行为。

控制型子系统则会通过结果导向的绩效评价将绩效目标明确地传达给员工，以鼓励员工努力工作，此时通过承诺型子系统辅以灵活的薪酬激励，员工为获得高绩效评价带来的高回报会更积极地调整工作，从而促使工作资源和任务边界发生变化（Wrzesniewski & Dutton, 2001）。目标明确的员工更容易专注和投身于目标达成的相关活动中，表现出更强的自我调节能力和更高的热情（Latham & Locke, 2007），从而促进员工学习和行为调整。因此，此时的高控制型子系统表现出工作资源特征，有助于激发员工的工作重塑。此外，目标明确的员工也因具有高动机而不易失望和沮丧，更加坚韧和努力，也更有利于做出有效决策（Locke & Latham, 2002），这时的高控制型子系统就会促进员工努力实现工作要求。因此，高控制型的 HPWS 能够有效地激发员工调整和优化其工作要求及资源，即工作重塑行为。

同样，高承诺型的 HPWS 与高控制型的 HPWS 相比，前者具有更强的工作资源性质，而后者一定程度上可能表现出工作要求的特征，比如当高控制型的 HPWS 制定了过高的绩效目标或严苛的组织纪律时，这时就需要员工付出更多的、超出个体资源水平的努力，从而触发了健康损耗过程，即损耗路径。因此，高承诺型的 HPWS 组态比高控制型的 HPWS 组态具有更稳定的工作资源特征，更易于激发工作重塑行为。

假设 H2：高承诺型子系统正向影响工作重塑，相反，低承诺型子系统负向影响工作重塑；高控制型子系统会带来较高的工作重塑，相反，低控制型子系统会带来较低的工作重塑。按照能够有效激发工作重塑的组态由高到低排序：高承诺高控制→高承诺低控制→低承诺高控制→低承诺低控制的 HPWS。

员工进行工作重塑的最初动机就是为应对工作要求与工作资源的不平衡，而跟据 JD-R 理论，工作倦怠的产生就是由于长期处于高工作要求和低工作资源的工作状态（Maslach et al., 2001）。工作重塑行为既可以通过寻求工作资源来抑制倦怠，又可以通过减少阻碍性工作要求来降低对个体精力的消耗。员工通过增加挑战性的工作要求可以为发展和成就创造机会（Parker, 2014），增添工作趣味性和获得工作意义（Petrou et al., 2017），这些最终都会增加员工的幸福感（Slemp et al., 2015）。增加工作资源可以提高员工的技能，帮助其克服工作障碍，减少对自身精力的损耗，以避免倦怠的产生（Tims et al., 2015）。

承诺型与控制型子系统交互的 HPWS 为达成绩效目标的同时兼顾员工的职业健康提供了可行性。一方面，组织通过高承诺型实践进行工作重塑干预，增加员工的工作资源、增强员工的主动性，激发员工进行工作重塑行为（Wrzesniewski & Dutton，2001），继而，员工通过增加结构性、社会性工作资源和挑战性工作要求来提升工作意义和幸福感，从而减轻工作倦怠。另一方面，高控制型的HPWS又通过结果导向的绩效评价激发员工的主动性，促使员工对工作进行调整以更好地完成目标获得回报，提升自我效能感。同时，清晰的工作要求通过控制型实践更好地传递给员工，避免员工因角色模糊而产生工作倦怠（Cheng et al.，2022）。高控制型的HPWS通过明确目标可以减少员工的无关与无效活动，避免无意义的精力消耗，从而减轻工作倦怠。承诺型与控制型子系统交互的HPWS能够有效影响员工的工作重塑，并通过工作重塑进一步影响工作倦怠。

假设 H3：工作重塑在兼顾型 HPWS 与工作倦怠之间起中介作用。

2.4　个人—工作匹配的中介作用

个人—工作匹配是一种互补性匹配，主要是基于个人能力与工作要求之间的匹配或个人需要和岗位供给之间的匹配，包含要求—能力匹配（Demands-abilities Fit，D-A Fit）和需求—供给匹配（Needs-supplies Fit，N-S Fit）两种情形（Edwards，1991）。首先，承诺型子系统通过系统培训为员工提供机会提升其知识、技能和能力（KSA），促进其能力—要求匹配（侯宇和胡蓓，2019），又通过授权、灵活的薪酬激励满足员工的成就感、工作意义等核心需要，提升员工自主动机（Tims et al.，2016），促进其需求—供给匹配。因此，高承诺型的HPWS能够实现员工个人能力的提升和工作动机强化，有效提高 D-A Fit 和 N-S Fit，促进个人—工作匹配。反之，低承诺型的HPWS能提供给员工的发展资源十分有限，但却有"高绩效"的工作要求，个人能力提升渠道受限，员工会感到难以满足工作要求。当激励不足时，员工的工作动机也处于较低水平，工作难以满足员工对成就感和职业发展的需要，低授权和低信息分享也使员工感到不被组织信任或重视，从而更易感到与工作不匹配。因此，低承诺型的 HPWS 可能降低个人—工作匹配。

其次，控制型子系统则多从动机强化路径影响个人—工作匹配。高控制型的 HPWS 通过结果导向的绩效评价（工作要求）传递组织信号强化员工的工作动机，并与奖酬激励实践相配合，引导员工努力投入工作，获得回报以满足个人需要。此外，工作正规化也有利于员工感知到对工作内容的掌控力，从而提升与工作的匹配感（侯宇和胡蓓，2019），而严格的纪律则有利于工作正规化的实现，因此能够促进个人—工作匹配。

组织在通过承诺型子系统为员工提供资源的同时，还要向员工传递角色期望与具体要求（侯宇和胡蓓，2019），而控制型子系统恰可以通过组织纪律和绩效评价明确传递工作要求。根据 JD-R 理论的"应对"假设，在高工作要求（高绩效）下，员工倾向于全身心地投入工作，调动一切可利用的工作资源完成目标，从而换取更多的新资源（Bakker et al.，2005）。只有与高资源相匹配的工作要求才能最大程度地发挥员工的能力并将其动机转化为行动，形成员工与工作的高度契合。因此，高承诺型的 HPWS 提供的高水平工作资源发挥主要作用，而控制型子系统通过明确工作要求以支持工作资源的有效利用，也发挥关键作用。

假设 H4：高承诺型子系统正向影响个人—工作匹配，相反，低承诺型子系统负向影响个人—工作匹配；高控制型子系统会提高个人—工作匹配，相反，低控制型子系统会降低个人—工作匹配。

按照能够有效提高个人—工作匹配的组态由高到低排序：高承诺高控制→高承诺低控制→低承诺高控制→低承诺低控制的 HPWS。

个人—工作匹配是个体因素和工作因素的良好互动，依据人—环境匹配理论，匹配效应能够带来积极的个人结果（Edwards et al.，2006）。辛迅和苗仁涛（2018）指出，积极情绪和工作意义从情绪体验和效能认知上分别体现主观幸福感和心理幸福感，而主观幸福感和工作倦怠是两种相反的个人结果，因此工作中能够有效增强幸福感的因素也能有效干预倦怠。要求—能力匹配代表员工拥有丰富的专业知识技能来应对工作，容易获得工作成就感和自我效能感。同时，需求—供给匹配则代表员工的核心需求被满足，能够激励员工，使员工获得组织支持感，也易于提高工作满意度（Tims et al.，2016），从而减轻倦怠。

个人—工作匹配受到个体因素与组织因素的影响（Edwards，1991），是连接组织管理策略与个体结果的理想纽带。HPWS 通过对员工提供工作资源和提出工作要求来影响员工，员工由此形成与工作的匹配感知，当资源更多地向员工倾斜时，员工会形成积极情绪，通过提升员工与工作的匹配感进而降低工作要求对自身的健康损耗。因此，个人—工作匹配中介了 HPWS 对员工工作倦怠的影响。

假设 H5：个人—工作匹配在兼顾型 HPWS 与工作倦怠之间起中介作用。

2.5 链式中介作用

员工可以通过工作重塑行为调整其工作特征来提升个人与工作的匹配。知识技能的提升可以使员工工作资源水平升高，进一步通过工作重塑行为创造对重要信息资源（如社会支持和绩效反馈）的访问权限（Tims et al.，2016），从而使员工感知其满足工作要求的能力。因此，工作重塑行为的增加可以提高 D-A Fit。同时，工作重塑也可以有效预测 N-S Fit。无论增加工作资源、挑战性工作要求，还是减少阻碍性工作要求，都是员工在主动平衡其工作要求和个人能力，这些工作重塑行为积极促进了员工个人需求、偏好与工作的匹配（Tims et al.，2016）。因此，HPWS 能够通过工作重塑干预影响员工的重塑行为，而员工又可以通过工作重塑实现其与工作的匹配，个人—工作匹配的提高又会减轻工作倦怠。

假设 H6：工作重塑、个人—工作匹配在兼顾型 HPWS 和工作倦怠之间表现出链式中介作用。

本研究的理论模型见图 2。

3. 研究方法

3.1 研究样本

本研究样本来自大连、北京、成都、上海、苏州、广州和深圳等地的电子、通信、物流、商业服务等行业，利用电子问卷对企业员工进行了问卷调研。为了识别出因果关系，本研究进行了两个时点的数据收集，时间间隔为 14 天。在 T1 时点，邀请被试对包括高绩效工作系统、工作重塑、公

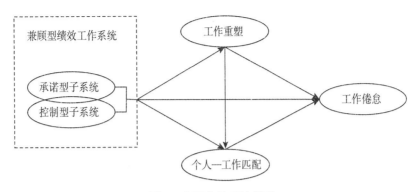

图 2　本研究的理论模型

司规模、所有制类型及人口统计学信息进行报告，共回收问卷 527 份，有效问卷 500 份；在 T2 时点，对 T1 的 500 个有效样本进行二次调研，邀请被试评价个人—工作匹配和工作倦怠，共发放问卷 500 份，有效问卷 493 份。最后将两次调研的数据按照样本的 ID 进行匹配，得到有效配对样本 493 份。

样本中，男性占 46.0%；员工平均年龄 31.32 岁（SD = 5.276）；高中及以下学历占 1.4%，大专占 7.1%，本科占 79.1%，硕士及以上占 12.4%；平均工作年限 16.14 年（SD = 127.419）；基层员工占 35.1%，基层管理者（团队负责人）占 32.3%，中层管理者（部门负责人）占 26.8%，高层管理者占 5.9%；公司规模 100 人以下占 12.4%，100~500 人占 47.3%，501~1000 人占 22.3%，1000 人以上占 18.1%；国有企业占 24.9%，民营企业占 57.8，外资或合资企业占 11.6%，其他类型所有制占 5.7%。

3.2　研究工具

本研究量表均来自主流的英文期刊，且得到反复验证。主要研究变量均采用七点李克特量表进行评价（1 为完全不符合，7 为完全符合）。

（1）高绩效工作系统。采用 Miao 等（2021）开发的本土化量表，包括控制型子系统三个维度：广泛招聘、结果导向的绩效评价、员工流动与严格纪律；承诺型子系统四个维度：员工授权、系统培训、即时的信息分享、灵活的薪酬激励。由于广泛的员工招聘实践发生在员工进入组织之前，不符合本研究的实际情境，因此本文删除这一维度。量表的 Cronbach's α 值为 0.950。

（2）工作重塑。采用 Tims 等（2012）开发的量表，包括增加结构性工作资源、增加社会性工作资源、增加挑战性要求和减少阻碍性要求四个维度，本文选取了每个维度载荷量最高的 3 个题项，共 12 个项目，例如"我努力提高自己的能力"等。量表的 Cronbach's α 值为 0.762。

（3）个人—工作匹配。采用 Saks 和 Ashforth（1997）开发的量表，共 4 个题项，如"我认为我的知识、技能、能力与我的工作非常匹配"等。量表的 Cronbach's α 值为 0.846。

（4）工作倦怠。采用 Schaufeli 等（1996）开发的 MBI-GS（Maslach Burnout Inventory-General Survey）量表。依据本研究的具体情境，保留情绪衰竭和玩世不恭两个维度，每个维度选取了载荷量最高的 3 个条目，共 6 个条目，如"下班的时候我会感到筋疲力尽"等。量表的 Cronbach's α 值为 0.911。

（5）控制变量。根据 Miao 等（2021）的研究建议，员工的人口特征变量性别、学历、职位、年龄、工作年限、行业类型、公司成立时间、组织规模和所有制类型会对其工作重塑与工作倦怠产生影响，因此本文将这些因素作为控制变量。

4. 数据分析与检验结果

4.1 信效度分析

虽然本研究采用了分时点收集数据法，但仍然运用 Harman 单因子检验法进行了共同方法偏差检验。结果发现，特征值大于 1 的因子共 7 个，最大因子的方差解释率为 37.810%（小于 40%），表明本研究的共同方法偏差问题在可控范围。此外，本研究还采用添加一个非可测潜在方法因子检验共同方法偏差（Richardson et al.，2009），加入共同方法因子后，六因子模型的改善幅度均不超过 0.05（ΔRMSEA = -0.02，ΔSRMR = -0.01，ΔCFI = 0.03，ΔTLI = 0.03）。六因子模型比五因子模型没有拟合优势（见表 1）。再次表明，不存在严重的共同方法偏差问题。

本研究使用 Mplus 进行验证性因子分析，考察关键变量之间的区分效度。由表 1 可见，在所有模型中五因子模型拟合最为理想，表明相关概念区分效度良好。

表 1 验证性因子分析结果

模型	χ^2	df	RMSEA	SRMR	CFI	TLI	χ^2/df
六因子	161.760	78	0.047	0.025	0.982	0.973	2.07
五因子	307.478	94	0.068	0.033	0.955	0.942	3.27
四因子	343.665	98	0.071	0.037	0.948	0.936	3.51
三因子 a	556.230	101	0.096	0.157	0.904	0.885	5.51
三因子 b	509.223	101	0.091	0.054	0.914	0.897	5.04
三因子 c	729.900	101	0.113	0.061	0.867	0.842	7.23
二因子	840.863	103	0.121	0.066	0.844	0.818	8.16
单因子	1014.998	104	0.133	0.071	0.807	0.778	9.76

注：五因子模型：承诺型和控制型子系统，工作重塑，个人—工作匹配度，工作倦怠；四因子模型：承诺型和控制型子系统合并，工作重塑，个人—工作匹配度，工作倦怠；三因子 a 模型：承诺型和控制型子系统合并，个人—工作匹配度，工作重塑与工作倦怠合并；三因子 b 模型：承诺型、控制型子系统和工作重塑合并，个人—工作匹配度，工作倦怠；三因子 c 模型：承诺型、控制型子系统和个人—工作匹配度合并，工作倦怠，工作重塑；二因子模型：承诺型、控制型子系统、工作重塑和个人—工作匹配度合并，工作倦怠。其中，六因子模型为五因子模型基础上加上共同方法因子。

4.2 相关分析

表 2 为本研究相关变量的均值、标准差和相关系数。

表2 变量的均值、标准差和相关系数

变量	1	2	3	4	5	6	7	8	9	10	11	12	13	14
1. 性别	1													
2. 学历	0.013	1												
3. 职位	0.049	0.035	1											
4. 年龄	0.086	−0.020	0.287**	1										
5. 工作年限	−0.056	−0.007	−0.060	0.074	1									
6. 行业类型	−0.029	−0.145**	0.041	0.156**	0.051	1								
7. 公司成立时间	−0.063	0.057	0.128**	0.246**	0.093*	0.098*	1							
8. 组织规模	−0.002	0.074	0.131**	0.192**	−0.059	−0.021	0.467**	1						
9. 所有制类型	−0.034	−0.008	−0.162**	−0.088*	0.165**	0.062	−0.034	−0.175**	1					
10. 承诺型子系统	0.025	0.002	0.249**	−0.040	−0.191**	−0.179**	0.036	0.180**	−0.230**	1				
11. 控制型子系统	0.012	−0.037	0.218**	−0.040	−0.133*	−0.163**	0.025	0.151**	−0.206**	0.816**	1			
12. 工作重塑	0.047	0.089*	0.228**	0.099*	0.047	−0.087	0.069	0.046	−0.030	0.572**	0.496**	1		
13. 个人—工作匹配	0.000	0.050	0.209**	0.084	−0.054	−0.151*	0.106*	0.127*	−0.116*	0.668**	0.536**	0.558**	1	
14. 工作倦怠	0.025	−0.014	−0.285**	−0.027	0.104*	0.119**	−0.040	−0.077	0.231**	−0.609**	−0.481**	−0.406**	−0.569**	1
均值	0.460	3.032	2.034	31.323	16.138	3.671	2.949	2.460	1.980	5.575	5.456	5.701	5.794	2.875
标准差	0.499	0.525	0.924	5.276	127.419	1.896	0.806	0.927	0.770	0.953	0.922	0.546	0.875	1.297

注：* 表示 $p<0.05$，** 表示 $p<0.01$。

4.3 主效应检验

本研究关注兼顾型 HPWS 各子系统之间的交互效应，因此借鉴基于集合理论分析的定性比较分析法（杜运周和贾良定，2017），将承诺型子系统与控制型子系统作为原因条件，探究二者的组合与结果集合之间的关系，在本研究的主效应和中介效应检验中均采用了这种思路，分别将工作倦怠、工作重塑和个人—工作匹配作为结果集合，探究两个子系统集合交互效应对其产生的影响。本研究通过两个子系统之间的交互形成四种组态，探究相互依赖的子系统构成的不同组态对结果变量的不同影响。具体而言，将承诺型和控制型子系统按照均值分别加减一个标准差分为高、低组（高、低承诺型的 HPWS 和高、低控制型的 HPWS），并将两种类型的子系统两两组合形成四个组态（组态一：高承诺高控制、组态二：高承诺低控制、组态三：低承诺低控制和组态四：低承诺高控制），继而分别以四个组态的 HPWS 作为自变量，检验其对工作倦怠的影响。

如表 3 所示，首先将控制变量纳入模型（篇幅原因，未列示控制变量回归系数）得到模型 5，继而将四个组态的 HPWS 分别纳入得到模型 6。结果显示：高承诺高控制的 HPWS 与工作倦怠显著负相关（$\beta = -0.377$，$p < 0.01$）；高承诺低控制的 HPWS 与工作倦怠显著负相关（$\beta = -0.122$，$p < 0.01$）；低承诺低控制的 HPWS 与工作倦怠显著正相关（$\beta = 0.389$，$p < 0.01$）；低承诺高控制的 HPWS 与工作倦怠显著正相关（$\beta = 0.192$，$p < 0.01$）。因此，高承诺组态下 HPWS 均与工作倦怠显著负相关，且组态一的 HPWS 对工作倦怠的负向预测作用更强，即高承诺子系统能够显著降低工作倦怠；而低承诺组态下 HPWS 均与工作倦怠显著正相关，组态四的 HPWS 对工作倦怠的正向影响更弱，即低承诺型子系统能够显著加剧倦怠；同等水平的承诺型子系统下，高控制组态下 HPWS 比低控制组态的工作倦怠水平更低。按有效降低倦怠的交互组态由高到低排序：高承诺高控制→高承诺低控制→低承诺高控制→低承诺低控制的 HPWS，假设 H1 成立。

4.4 工作重塑的中介效应检验

表 3 的模型 1 是控制变量对工作重塑的回归结果，在此基础上将四种组态的 HPWS 依次纳入模型，模型 2 显示，高承诺高控制的 HPWS 与工作重塑显著正相关（$\beta = 0.484$，$p < 0.01$）；高承诺低控制的 HPWS 与工作重塑显著正相关（$\beta = 0.067$，$p < 0.05$）；低承诺低控制的 HPWS 与工作重塑显著负相关（$\beta = -0.552$，$p < 0.01$）；低承诺高控制的 HPWS 与工作重塑显著负相关（$\beta = -0.085$，$p < 0.1$）。因此，高承诺组态下 HPWS 均与工作重塑显著正相关，且组态一的 HPWS 对工作重塑的正向预测作用更强，即高承诺子系统能够有效促进工作重塑；而低承诺组态下 HPWS 均与工作重塑显著负相关，组态四的 HPWS 对工作重塑的负向影响更弱，即低承诺子系统会显著降低工作重塑；同等水平的承诺子系统下，高控制组态下 HPWS 比低控制组态的工作重塑水平更高。按有效提高工作重塑的组态由高到低排序：高承诺高控制→高承诺低控制→低承诺高控制→低承诺低控制的 HPWS，假设 H2 成立。

模型 9 显示，工作重塑对工作倦怠有显著负向影响（$\beta = -0.365$，$p < 0.01$）。模型 10 将 HPWS 和工作重塑同时纳入模型对工作倦怠进行回归分析，结果显示：（1）组态一情形下，工作重塑对工作

表 3　层次回归结果

变量	工作重塑		个人—工作匹配		工作倦怠					
	模型 1	模型 2	模型 3	模型 4	模型 5	模型 6	模型 7	模型 8	模型 9	模型 10
控制变量	已控制	已控制	已控制	已控制	已控制	已控制	已控制	已控制	已控制	已控制
组态一：高承诺高控制的高绩效工作系统										
HPWS		0.484^{**}		0.458^{**}		-0.377^{**}		-0.176^{**}		-0.260^{**}
PJF							-0.519^{**}	-0.438^{**}	-0.365^{**}	-0.241^{**}
工作重塑										
int										
R^2	0.075	0.288	0.087	0.279	0.138	0.268	0.383	0.406	0.261	0.309
ΔR^2	0.075	0.214	0.087	0.192	0.138	0.130	0.246	0.022	0.123	0.048
F	4.323^{**}	19.525^{**}	5.127^{**}	18.645^{**}	8.582^{**}	17.616^{**}	29.974^{**}	29.871^{**}	17.055^{**}	19.552^{**}
组态二：高承诺低控制的高绩效工作系统										
HPWS		0.067^{*}		0.096^{*}		-0.122^{**}		-0.073^{*}		-0.098^{*}
PJF							-0.519^{**}	-0.511^{**}	-0.365^{**}	-0.358^{**}
工作重塑										
int										
R^2	0.075	0.079	0.087	0.096	0.138	0.153	0.383	0.389	0.261	0.271
ΔR^2	0.075	0.004	0.087	0.009	0.138	0.015	0.246	0.005	0.123	0.009
F	4.323^{**}	4.132^{**}	5.127^{**}	5.139^{**}	8.582^{**}	8.680^{**}	29.974^{**}	27.796^{**}	17.055^{**}	16.242^{**}
组态三：低承诺低控制的高绩效工作系统										
HPWS		-0.552^{**}		-0.483^{**}		0.389^{**}		0.178^{**}		0.263^{**}
PJF							-0.519^{**}	-0.437^{**}	-0.365^{**}	
工作重塑										-0.229^{**}
int										

续表

变量	工作重塑		个人—工作匹配				工作倦怠			
	模型 1	模型 2	模型 3	模型 4	模型 5	模型 6	模型 7	模型 8	模型 9	模型 10
R^2	0.075	0.339	0.087	0.290	0.138	0.269	0.383	0.405	0.261	0.304
ΔR^2	0.057	0.325	0.087	0.202	0.138	0.132	0.246	0.022	0.123	0.043
F	4.323**	24.696**	5.127**	19.651**	8.582**	17.782**	29.974**	29.795**	17.055**	19.121**
组态四：低承诺高控制的高绩效工作系统										
HPWS		-0.085†		-0.167**		0.192**		0.108**		0.162**
PJF							-0.519**	-0.499**	-0.365**	-0.351**
工作重塑										
int										
R^2	0.075	0.082	0.087	0.115	0.138	0.174	0.383	0.395	0.261	0.287
ΔR^2	0.057	0.063	0.087	0.028	0.138	0.036	0.246	0.011	0.123	0.026
F	4.323**	4.286**	5.127**	6.248**	8.582**	10.157**	29.974**	28.502**	17.055**	17.598**

注：结果为标准化系数；** 代表 $p<0.01$，* 代表 $p<0.05$，† 代表 $p<0.1$；HPWS：高绩效工作系统，JC：工作系统，PJF：个人—工作匹配，JB：工作倦怠。

倦怠有显著负向影响（$\beta = -0.241$，$p<0.01$），HPWS（$\beta = -0.260$，$p<0.01$）对工作倦怠依然有显著负向影响，但效应值从 -0.377（模型6）提高到 -0.260（模型10），表明工作重塑在高承诺高控制的 HPWS 与工作倦怠之间表现出部分中介作用；（2）组态二情形下，与组态一类似，HPWS 对工作倦怠的效应值从 -0.122（$p<0.01$）提高到 -0.098（$p<0.05$），工作重塑仍起到部分中介作用；（3）组态三情形下，工作重塑对工作倦怠仍有显著负向影响（$\beta = -0.365$，$p<0.01$），而 HPWS 对工作倦怠有显著正向影响，但效应值从 0.389（$p<0.01$）降到 0.263（$p<0.01$），表明工作重塑在低承诺低控制的 HPWS 与工作倦怠之间表现出部分中介作用；（4）组态四情形下，HPWS 对工作倦怠的正向影响效应值从 0.192（$p<0.01$）降到 0.162（$p<0.01$），表明工作重塑在低承诺高控制的 HPWS 与工作倦怠之间表现出部分中介作用。因此，工作重塑在 HPWS 与工作倦怠之间起中介作用，假设 H3 成立。

4.5 个人—工作匹配的中介效应检验

表3 的模型3 是控制变量对个人—工作匹配的回归结果，在此基础上将四种组态的 HPWS 依次纳入模型，得到模型4。结果显示：高承诺高控制的 HPWS 与个人—工作匹配显著正相关（$\beta = 0.458$，$p<0.01$）；高承诺低控制的 HPWS 与个人—工作匹配显著正相关（$\beta = 0.096$，$p<0.05$）；低承诺低控制的 HPWS 与个人—工作匹配显著负相关（$\beta = -0.483$，$p<0.01$）；低承诺高控制的 HPWS 与个人—工作匹配显著负相关（$\beta = -0.167$，$p<0.01$）。因此，高承诺组态下 HPWS 均与个人—工作匹配显著正相关，且组态一的 HPWS 对个人—工作匹配的正向预测作用更强，即高承诺子系统能够提高个人—工作匹配；而低承诺组态下 HPWS 均与个人—工作匹配显著负相关，组态四的 HPWS 对个人—工作匹配的负向影响更弱，即低承诺子系统会降低个人—工作匹配；同等水平的承诺子系统下，高控制组态下的 HPWS 比低控制组态下能更有效地促进个人—工作匹配。按有效提高个人—工作匹配的组态由高到低排序：高承诺高控制→高承诺低控制→低承诺高控制→低承诺低控制的 HPWS，假设 H4 成立。

模型7 显示，个人—工作匹配对工作倦怠有显著的负向影响（$\beta = -0.519$，$p<0.01$）。模型8 将 HPWS 和个人—工作匹配同时纳入模型对工作倦怠进行回归分析，结果显示：（1）组态一情形下，HPWS 对工作倦怠负向影响的效应值从 -0.377（$p<0.01$）（模型6）提高到 -0.176（$p<0.01$）（模型8），表明个人—工作匹配在高承诺高控制的 HPWS 与工作倦怠之间表现出部分中介作用；（2）组态二情形下，加入个人—工作匹配后（模型8），HPWS 对工作倦怠的回归系数从 -0.122（$p<0.01$）提高到 -0.073（$p<0.05$），表明个人—工作匹配在高承诺低控制的 HPWS 与工作倦怠之间起到部分中介作用；（3）组态三情形下，HPWS 对工作倦怠的回归系数从 0.389（$p<0.01$）降到 0.178（$p<0.01$），说明个人—工作匹配在低承诺低控制的 HPWS 与工作倦怠之间起到部分中介作用；（4）组态四情形下，与组态三类似，HPWS 对工作倦怠的回归系数从 0.192（$p<0.01$）降到 0.108（$p<0.01$），验证了个人—工作匹配在低承诺高控制的 HPWS 与工作倦怠之间起到部分中介作用。综上，假设 H5 成立，个人—工作匹配在 HPWS 与工作倦怠之间起中介作用。

4.6 链式中介效应检验

本研究在检验工作重塑和个人—工作匹配为中介变量的链式多重中介模型时，采用 Bootstrap 方法进行检验，利用 SPSS23.0 的 Process 插件中的 model 6 对链式中介路径进行检验，重复抽样 5000 次，结果见表 4：组态一情形下，HPWS 通过工作重塑和个人—工作匹配的链式中介传导对工作倦怠产生影响的间接效应的置信区间为［-0.121，-0.053］，不包含 0，因此，链式中介成立。同样，组态二（95%CI =［-0.037，-0.0004］）、组态三（95%CI =［0.058，0.130］）和组态四（95%CI =［0.0004，0.040］）的链式中介效应均显著。综上，假设 H6 成立。

表 4 链式中介效应检验结果

间接效应	效应值 Boot	占比（%）	标准误	Boot CI 下限	Boot CI 上限
组态一：高承诺高控制的 HPWS					
Total	-0.230**		0.031	-0.291	-0.171
HPWS-JC-PJF-JB	-0.082**	35.7	0.017	-0.121	-0.053
组态二：高承诺低控制的 HPWS					
Total	-0.055**		0.017	-0.089	-0.024
HPWS-JC-PJF-JB	-0.017**	30.9	0.037	-0.037	-0.0004
组态三：低承诺低控制的 HPWS					
Total	0.238**		0.038	0.166	0.317
HPWS-JC-PJF-JB	0.0.09**	37.8	0.019	0.058	0.130
组态四：低承诺高控制的 HPWS					
Total	0.088**		0.023	0.043	0.132
HPWS-JC-PJF-JB	0.020**	22.7	0.010	0.0004	0.040

注：结果为标准化系数，** 代表 $p<0.01$，* 代表 $p<0.05$，† 代表 $p<0.1$；JC：工作重塑，PJF：个人—工作匹配，JB：工作倦怠。

结合效应值结果进一步比较可知，在工作重塑和个人—工作匹配两条中介路径中，个人—工作匹配传导了更多的影响（无论正向还是负向）；并且发现，包括链式中介的三条路径中，链式中介路径传导的效应最低。这表明，HPWS 对工作倦怠的影响主要通过个人—工作匹配来传导。

5. 研究结论与启示

5.1 研究结论与讨论

本研究聚焦于中国情境下企业员工工作倦怠的成因及形成机制，从组织制度出发，探究了二维交互的兼顾型高绩效工作系统形成的四种组态对工作倦怠的效应差异，揭示了工作重塑、个人—工作匹配在兼顾型 HPWS 与工作倦怠之间的多重中介机制，具体如下：

首先，四种组态的 HPWS 对工作倦怠的影响存在显著差异：高承诺的两个组态能够有效降低倦怠，而低承诺的两个组态则会加剧倦怠，因此高承诺 HPWS 的积极影响和低承诺 HPWS 的消极影响得到验证；此外，高控制的两个组态并未如预期能够有效降低倦怠，只有与高承诺交互形成的组态一表现出显著负向影响，相反低承诺高控制组态表现出正向影响，因此高控制的 HPWS 的积极影响需要高承诺实践的配合，并不是单一实践系统就一定有效；与低承诺低控制的 HPWS 相比，低承诺高控制的 HPWS 产生的消极影响较低，因此低控制的 HPWS 的消极影响得以验证。虽然高控制的管理实践只有与高承诺的 HPWS 共同作用才能发挥积极影响，但相对而言是"轻损害"组态。因此，能够有效降低倦怠的组态排序是符合假设预期的，即高承诺高控制和高承诺低控制的 HPWS 是倦怠干预的有效组态，且前者更有效；低承诺高控制和低承诺低控制的 HPWS 是无效组态，且后者对员工健康损害更大。

其次，从承诺型子系统高低分组来看，高承诺的 HPWS（组态一和二）对工作重塑和个人—工作匹配具有显著正向影响。相反，低承诺的 HPWS（组态三和四）则对工作重塑和个人—工作匹配具有显著负向影响。从控制型子系统高低分组来看，影响的方向仍取决于与承诺型子系统的高低组合，但影响的强弱则受控制型子系统的高低影响：当承诺型子系统处于高水平时，高控制比低控制的 HPWS 对工作重塑和个人—工作匹配的积极影响更强；同样，当承诺型子系统处于低水平时，高控制比低控制的 HPWS 对工作重塑和个人—工作匹配带来的负向影响更弱。即在同等水平的承诺型子系统下，与高水平的控制型子系统结合比与低水平的控制型子系统结合更具优势。

最后，工作重塑与个人—工作匹配都能有效降低倦怠。在四个组态中，二者均在 HPWS 与工作倦怠之间起到部分中介作用；并且存在经工作重塑→个人—工作匹配的链式中介路径。这表明，高承诺 HPWS 的倦怠干预作用能通过工作重塑和个人—工作匹配的中介路径及二者构成的链式中介路径有效传导；并且，高—高组态和低—低组态的兼顾型 HPWS 下链式路径传导的间接作用更强。

5.2 理论贡献

第一，不同于以往大多高绩效工作系统采用的将子系统简单相加的计算方式，本研究采用相乘的子系统计算方式，从二维交互视角探究兼顾型 HPWS 对工作倦怠的影响机制，并将交互的作用方式进一步通过组态呈现，对以往关于 HPWS 的内部交互研究（熊立和占小军，2022）进行了深化和拓展，尤其是通过组态分析得以精确量化有效组态与无效组态之间的效应差异，并对四种组态在降低员工倦怠的有效性上进行了排序。

进一步，基于组态分析对 HPWS 的四种组态进行横向比较发现：

（1）高承诺（高承诺高控制、高承诺低控制）系统与低承诺（低承诺高控制、低承诺低控制）系统相比，能显著降低工作倦怠，支持并验证了"高承诺的反面是低承诺而不是高控制"（Su et al.，2018）的观点，但更进一步比较高控制（高承诺高控制、低承诺高控制）系统和低控制（高承诺低控制、低承诺低控制）系统时，却发现高控制和低控制不一定呈现相反的效应，尽管二者存在显著效应差异，但作用方向却相同，这与 Su 等（2018）的观点不同。进一步通过高承诺低控制和低承诺高控制两组对比发现，承诺型实践发挥主要的积极效应，即交互的 HPWS 作用方向由承诺型子系统的高低决定，支持了 Chen 等（2018）的观点。

（2）高承诺高控制的 HPWS 比高承诺低控制的 HPWS 能更有效降低倦怠的研究发现，也支持和验证了高控制系统具有一定的积极效应，尤其是中国管理情境下，承诺型实践的有效性需要控制型实践的协调和补充（Su et al.，2018）。高承诺型的 HPWS 需要辅以高控制型实践才能发挥最优效果，或许能为 Guest（2011）的有关"需探索替代单一高承诺型的 HPWS 的更优实践组合方案"的研究呼吁提供思路。总的来看，既有研究中有的认为高控制型的 HPWS 会造成员工紧张和压力进而导致倦怠，也有的认为控制型实践是积极的组织因素，但不同于这些既有研究，本研究发现，控制型子系统既会表现出工作资源对个体的积极影响，同时也具有一定的工作要求特性，究竟表现出何种效应取决于系统中承诺型实践的水平高低，这也是研究 HPWS 内部系统交互效应的必要性和意义所在。

（3）根据不同组态表现出不同的作用方向或许有助于解释，为何有研究即使同样采用了兼具两种类型实践的 HPWS，但得到的结果可能互相矛盾，比如增加压力和危害员工身心健康（Kroon et al.，2009）、减轻工作倦怠（Jyoti & Rani，2019）。这是因为这些研究的 HPWS 虽然都包含两类实践系统，但二者相对的高低水平可能不一致，也没有形成严格意义上的系统组态及其细分，因此可能导致完全相反的结果。本研究对组态间差异的探索深化并丰富了 HPWS 的倦怠干预效应研究和工作倦怠的成因研究，有助于从组织视角避免或减轻员工倦怠。

第二，本研究对兼顾型 HPWS 影响员工倦怠的作用机制进行了探索，揭示了 HPWS 与员工倦怠之间的关系"黑箱"，不同于以往的中介机制研究，本研究将工作重塑和个人—工作匹配纳入研究框架，发现四种 HPWS 组态对工作倦怠的链式影响中，工作重塑和个人—工作匹配均表现出部分中介作用；在"兼顾型 HPWS→工作重塑→个人—工作匹配→工作倦怠"这一间接效应中，链式中介作用也存在。在三条中介路径中，个人—工作匹配的中介效应最强，效果最佳，支持和深化了个人—环境匹配是员工倦怠的关键成因与形成机制变量（Tong et al.，2015），拓展了 HPWS 影响工作倦怠的中介机制研究，表明通过促进个人—工作匹配来缓解员工倦怠比激发员工主动性行为更为有效，进一步揭示了 HPWS 影响员工倦怠的多重路径及之间的强弱关系，弥补了既有研究对于多重中介机制的研究缺失。以往研究多从单一的匹配视角或工作要求因素探究员工倦怠的形成机制，而本研究则整合了匹配视角及工作要求—资源平衡视角的链式路径。另一方面，链式中介结果的成立也证明了相对于个人—工作匹配而言，员工的工作重塑是 HPWS 的更近端影响结果，说明组织制度因素通过影响员工的工作资源、要求水平，先激发员工的主动性行为，使其自发调整工作，进而影响其能力和需求与工作的要求及供给的匹配性，这一过程有效支持了既往研究得出的相关结论（Tims et al.，2016）。此外，本研究还跨时点检验了工作重塑（T1）和个人—工作匹配（T2），响应了 Tims 等（2016）的研究呼吁，满足了时间跨度对工作重塑预测个人—工作匹配效果的优化，更有效地验证和揭示了链式中介效应。

第三，本研究结合工作要求—资源理论与人—环境匹配理论探究兼顾型 HPWS 影响员工工作倦怠的内部机制。不同于以往 HPWS 的效应研究多采用 AMO 理论、社会交换理论、信号理论等只关注对员工正向影响的阐释（苗仁涛等，2020），最近有关 HPWS 的研究发现，HPWS 并不总是带来积极效果（Jyoti & Rani，2019），因此，运用人—环境匹配理论和 JD-R 理论能够同时从正向和反向归因来解释不同组态 HPWS（四种组态）的积极或消极影响，有助于同时阐释工作倦怠的成因探索和倦怠干预两种方向相反的路径。以往实证研究更多用 JD-R 理论解释 HPWS 的负面影响，虽然也有少数研究探讨 HPWS 的正面影响时采用 JD-R 模型，但多聚焦于其工作资源方面，而对工作要求则缺少关注，但本研究构建了 JD-R 框架下 HPWS 不同组态不同作用方向的理论模型，并且同时讨论了工作资源和工作要求方面的作用方式（兼顾了积极与消极两个方面），拓展并完善了 JD-R 理论在 HPWS 影响研究领域的应用。

5.3 实践启示

本研究启示我们，从企业角度，在中国管理情境下，利用 HPWS 进行组织制度设计时，不仅要同时兼具承诺型与控制型实践，还应对两种子系统的实施水平高低（相对）进行了解与把握，结合企业所能提供的资源多少，对工作要求进行合理设计。首先，高承诺高控制、高承诺低控制的 HPWS 均是倦怠干预的有效组态，但前者是最优组态。即组织在给予员工充分工作资源的同时，还应完善企业规章制度、流程规范，并且不能流于形式，否则无法获得最大化的资源收益。其次，依据员工的工作重塑和个人—工作匹配在 HPWS 和工作倦怠之间发挥的重要作用，企业作为员工工作倦怠的干预策略实施主体，可以采用高承诺高控制的 HPWS，通过高水平的员工参与和授权、及时的信息分享、广泛培训和薪酬激励等高承诺实践给予员工充裕的工作资源，结合高水平实施严格的纪律和结果导向的绩效评价等高控制实践，确保工作要求的准确高效传达，激发员工工作重塑行为或提高员工与工作的匹配感知，这将在追求高绩效目标的同时最大限度地降低员工倦怠。企业通过提高员工与工作匹配感知比激发其工作重塑行为更有利于降低工作倦怠。从员工角度，应充分发挥组织高承诺子系统的资源特性，利用其最大限度地减轻自身的工作倦怠，如依托组织的培训、授权等工作条件，通过个人的工作再设计来降低倦怠或提升与工作的匹配程度进而降低倦怠。

5.4 研究局限与未来展望

本研究仍存在些许不足：

一是本文探究的 HPWS 源自员工感知，可能会影响我们对组织设计的和经理实施的 HPWS 真实效应的认知，未来可以同时检验组织层面评价的 HPWS 和经理层面评价的 HPWS，探究各个层次，比如组织设计的和经理实施的两种子系统与员工感知的两种子系统之间是否存在差异，以及员工对不同类型子系统感知差异是否不同。

二是尽管采用两时点进行数据收集，但 HPWS 与工作重塑、个人—工作匹配与工作倦怠分别在同一时点进行收集，可能无法有效识别二者之间的因果关系，未来可以采用三时点甚至四时点的研究设计，以充分揭示变量间确切的因果关系。

三是尽管研究设计检验了兼顾型 HPWS 与工作重塑、个人—工作匹配和工作倦怠之间的关系，也发现链式中介效应的存在，但组织内其他因素可能影响兼顾型 HPWS 的有效性。未来研究可以尝试探索影响这些关系的作用边界。

◎ 参考文献

[1] 郭一蓉，陈黎梅，占小军. 自我牺牲型领导对员工工作重塑的影响机制研究 [J]. 管理学报，2021，18（10）.

[2] 侯宇，胡蓓. 人—工作匹配视角下高绩效人力资源实践对个体创造力的影响研究 [J]. 管理评论，2019，31（3）.

[3] 胡斌，毛艳华. 中国情境下高绩效人力资源实践对工作幸福感的跨层影响 [J]. 管理评论，2017，29（7）.

[4] 苗仁涛，辛迅，周文霞，等. 高绩效工作系统对员工绩效的影响——基于利益相关者视角的多层次研究 [J]. 南开管理评论，2020，23（3）.

[5] 苗仁涛，周文霞，刘丽，等. 高绩效工作系统有助于员工建言？一个被中介的调节作用模型 [J]. 管理评论，2015，27（7）.

[6] 辛迅，苗仁涛. 工作重塑对员工创造性绩效的影响——一个有调节的双中介模型 [J]. 经济管理，2018，40（5）.

[7] 熊立，占小军. 从心所"享"，顺"流"而创：高参与人力资源实践对员工二元创新的激励机制研究 [J]. 南开管理评论，2022，25（3）.

[8] Aryee, S., Walumbwa, F. O., Seidu, E. Y. M., et al. Developing and leveraging human capital resource to promote service quality: Testing a theory of performance [J]. Journal of Management, 2016, 42（2）.

[9] Ayala Calvo, J. C., García, G. M. Hardiness as moderator of the relationship between structural and psychological empowerment on burnout in middle managers [J]. Journal of Occupational and Organizational Psychology, 2018, 91（2）.

[10] Bakker, A. B., Demerouti, E., Euwema, M. C. Job resources buffer the impact of job demands on burnout [J]. Journal of Occupational Health Psychology, 2005, 10（2）.

[11] Bakker, A. B., Demerouti, E. The job demands-resources model: State of the art [J]. Journal of Managerial Psychology, 2007, 22（3）.

[12] Chen, Y., Jiang, Y. J., Tang, G., et al. High-commitment work systems and middle managers' innovative behavior in the Chinese context: The moderating role of work-life conflicts and work climate [J]. Human Resource Management, 2018, 57（5）.

[13] Cheng, H., Fan, Y., Lau, H. An integrative review on job burnout among teachers in China: Implications for human resource management [J]. The International Journal of Human Resource Management, 2022, 34（3）.

[14] Demerouti, E., Bakker, A. B., Nachreiner, F., et al. The job demands-resources model of burnout [J]. Journal of Applied Psychology, 2001, 86（3）.

[15] Edwards, J. R., Cable, D. M., Williamson, I. O., et al. The phenomenology of fit: Linking the person and environment to the subjective experience of person-environment fit [J]. Journal of Applied

Psychology, 2006, 91 (4).

［16］ Edwards, J. R. Person-job fit: A conceptual integration, literature review, and methodological critique ［M］. John Wiley & Sons, 1991.

［17］ Guest, D. E. Human resource management and performance: Still searching for some answers ［J］. Human Resource Management Journal, 2011, 21 (1).

［18］ Jyoti, J. , Rani, A. Role of burnout and mentoring between high performance work system and intention to leave: Moderated mediation model ［J］. Journal of Business Research, 2019, 98.

［19］ Kroon, B. , Van de Voorde, K. , Van Veldhoven, M. Cross-level effects of high-performance work practices on burnout: Two counteracting mediating mechanisms compared ［J］. Personnel Review, 2009, 38 (5).

［20］ Latham, G. P. , Locke, E. A. New developments in and directions for goal-setting research ［J］. European Psychologist, 2007, 12 (4).

［21］ Locke, E. A. , Latham, G. P. Building a practically useful theory of goal setting and task motivation: A 35-year odyssey ［J］. American Psychologist, 2002, 57 (9).

［22］ Maden-Eyiusta, C. Role conflict, role ambiguity, and proactive behaviors: Does flexible role orientation moderate the mediating impact of engagement? ［J］. The International Journal of Human Resource Management, 2021, 32 (13).

［23］ Maslach, C. , Leiter, M. P. Early predictors of job burnout and engagement ［J］. Journal of Applied Psychology, 2008, 93 (3).

［24］ Maslach, C. , Schaufeli, W. B. , Leiter, M. P. Job burnout ［J］. Annual Review of Psychology, 2001, 52 (1).

［25］ Maslach, C. , Leiter, M. P. , Jackson, S. E. Making a significant difference with burnout interventions: Researcher and practitioner collaboration ［J］. Journal of Organizational Behavior, 2012, 33 (2).

［26］ Meijerink, J. , Bos-Nehles, A. , de Leede, J. How employees' pro-activity translates high-commitment HRM systems into work engagement: The mediating role of job crafting ［J］. The International Journal of Human Resource Management, 2020, 31 (22).

［27］ Miao, R. , Bozionelos, N. , Zhou, W. , et al. High-performance work systems and key employee attitudes: The roles of psychological capital and an interactional justice climate ［J］. The International Journal of Human Resource Management, 2021, 32 (2).

［28］ Ollo-Lopez, A. , Bayo-Moriones, A. , Larraza-Kintana, M. The relationship between new work practices and employee effort ［J］. Journal of Industrial Relations, 2010, 52 (2).

［29］ Orlitzky, M. , Frenkel, S. J. Alternative pathways to high-performance workplaces ［J］. The International Journal of Human Resource Management, 2005, 16 (8).

[30] Parker, S. K. Beyond motivation: Job and work design for development, health, ambidexterity, and more [J]. Annual Review of Psychology, 2014, 65.

[31] Petrou, P., Bakker, A. B., van den Heuvel, M. Weekly job crafting and leisure crafting: Implications for meaning-making and work engagement [J]. Journal of Occupational and Organizational Psychology, 2017, 90 (2).

[32] Richardson, H. A., Simmering, M. J., Sturman, M. C. A tale of three perspectives: Examining post hoc statistical techniques for detection and correction of common method variance [J]. Organizational Research Methods, 2009, 12 (4).

[33] Rudolph, C. W., Katz, I. M., Lavigne, K. N., et al. Job crafting: A meta-analysis of relationships with individual differences, job characteristics, and work outcomes [J]. Journal of Vocational Behavior, 2017, 102.

[34] Saks, A. M., Ashforth, B. E. A longitudinal investigation of the relationships between job information sources, applicant perceptions of fit, and work outcomes [J]. Personnel Psychology, 1997, 50 (2).

[35] Schaufeli, W. B., Leiter, M. P., Maslach, C., et al. Maslach burnout inventory-general survey (MBI-GS) [R]. 1996.

[36] Slemp, G. R., Kern, M. L., Vella-Brodrick, D. A. Workplace well-being: The role of job crafting and autonomy support [J]. Psychology of Well-being, 2015, 5 (1).

[37] Su, Z. -X., Wright, P. M., Ulrich, M. D. Going beyond the SHRM paradigm: Examining four approaches to governing employees [J]. Journal of Management, 2018, 44 (4).

[38] Thompson, P. The trouble with HRM [J]. Human Resource Management Journal, 2011, 21 (4).

[39] Tims, M., Bakker, A. B., Derks, D. Job crafting and job performance: A longitudinal study [J]. European Journal of Work and Organizational Psychology, 2015, 24 (6).

[40] Tims, M., Bakker, A. B., Derks, D. Development and validation of the job crafting scale [J]. Journal of Vocational Behavior, 2012, 80 (1).

[41] Tims, M., Derks, D., Bakker, A. B. Job crafting and its relationships with person-job fit and meaningfulness: A three-wave study [J]. Journal of Vocational Behavior, 2016, 92.

[42] Tong, J., Wang, L., Peng, K. From person-environment misfit to job burnout: Theoretical extensions [J]. Journal of Managerial Psychology, 2015, 30 (2).

[43] Wahab, M. A., Tatoglu, E., Glaister, A. J., et al. Countering uncertainty: High-commitment work systems, performance, burnout and wellbeing in Malaysia [J]. The International Journal of Human Resource Management, 2020, 32 (1).

[44] Wrzesniewski, A., Dutton, J. E. Crafting a job: Revisioning employees as active crafters of their work [J]. Academy of Management Review, 2001, 26 (2).

[45] Zhang, F., Parker, S. K. Reorienting job crafting research: A hierarchical structure of job crafting concepts and integrative review [J]. Journal of Organizational Behavior, 2019, 40 (2).

Research on the Configuration Effect of Balanced High-performance Work System:
A Serial Mediation Model

Miao Rentao   Du Hui

(School of Labor Economics, Capital University of Economics and Business, Beijing, 100070)

Abstract: In the existing researches, the high-performance work system (HPWS) including multi-oriented practices is still in its infancy, and the research on its composition and internal interaction effect is also relatively lacking. Based on the theory of job demands-resources, this study discusses the influence of different configurations on employee job burnout, as well as the chain mediating effect of job crafting and person-job fit. Based on the analysis of 493 longitudinal data at two time points, it is found that the commitment subsystem and the control subsystem have different impacts on job burnout, and the different configurations of the balanced HPWS have significant differences on the impact of job burnout. The effective configurations (high commitment-high control, high commitment-low control) and ineffective configurations (low commitment-high control, low commitment-low control) are identified, and the ranking of the effects is also obtained. Both job crafting and person-job fit play a partial mediating role in the above relationships, and there exists a chain mediation path with job crafting and person-job fit as mediating variables.

Key words: Balanced high-performance work system; Configuration; Job burnout; Person-job fit; Chain mediation model

专业主编：杜旌

职业妥协对产业工人反生产行为的影响机制研究[*]

● 解晓菲[1]　施　丹[2]　申佳琪[3]

（1　山东大学经济研究院　济南　250100；

2　华中农业大学经济管理学院　武汉　430070；

3　北京理工大学人文与社会科学学院　北京　102488）

【摘　要】产业工人是加快建设制造强国的中坚力量，科学引导该群体的职业心理与行为是理论界与实务界关注的焦点。本文基于自我决定理论，通过对制造业 312 名产业工人的问卷调查，探讨了职业妥协对产业工人反生产行为的影响机制。结果分析表明，职业妥协正向影响产业工人反生产行为，工作疏离感在两者之间起部分中介作用。户籍不仅调节了职业妥协与产业工人反生产行为的正向关系，还调节了工作疏离感在职业妥协与产业工人反生产行为之间的间接效应，即与城市工人相比，职业妥协对农村进城务工人员工作疏离感的正向影响加强，进而促进其反生产行为。上述发现不仅有助于丰富职业妥协和户籍的理论研究，还为减少我国产业工人反生产行为、推进产业工人队伍建设提供了新思路。

【关键词】产业工人　职业妥协　工作疏离感　反生产行为　户籍

中图分类号：C93　　　　文献标识码：A

1. 引 言

习近平总书记强调，产业工人是为实体经济"真正在添砖加瓦"的一线劳动者，他们的工作看似科技含量不高，却是支撑强国大厦的基础力量（农民日报评论员，2022）。然而，当前我国制造业产业工人队伍建设面临的突出问题之一就是该群体工作积极性不高，反生产行为突出。反生产行为指的是个体违背组织和社会规范，损害组织、股东及其利益相关者利益的有意行为（Fida et al., 2015）。王弘钰和王辉（2016）对全国 1514 名农村进城务工人员的问卷调查发现，该群体在日常工

---

* 基金项目：国家社会科学基金一般项目"共同富裕视域下资源拼凑助力乡村创业企业创新发展研究"（项目批准号：23BGL198）。

通讯作者：施丹，E-mail：juliasd@163.com。

作中普遍存在迟到、早退、消极怠工等典型反生产行为，不仅影响正常生产经营，造成企业利益损失和声誉损害，更不利于我国实现从制造大国向制造强国的转变。因此，对产业工人反生产行为的影响因素及作用机理进行研究具有重要的理论与现实意义。

现有研究多从个体特征（O'Boyle et al.，2011）与组织情境（Bai et al.，2016）层面来探讨反生产行为的影响因素及形成过程，忽视了个体在工作搜寻中由于做出职业妥协而造成的影响。职业妥协是指个体在求职过程中由于能力、兴趣与现有工作机会的不匹配，不得已改变职业抱负，降低对工作的期望和要求，退而求其次选择其他工作（Gottfredson，1981）。由于产业工人多为农村进城务工人员，受自身文化素质和职业技能所限制，加之新冠肺炎疫情对我国劳动力市场的冲击和影响，该群体更容易产生职业妥协问题，对于职业的匹配、声望和发展前途等方面怀有不满（刘雪梅和刘妍慧，2022）。作为一种无奈之举，职业妥协对产业工人后续职场行为是否会产生影响还有待进一步探究。

尽管以往研究表明，职业妥协会引发一系列员工消极情感和态度，如负面情感、职业挫败感、离职意愿、较低水平的工作和职业满意度（Creed and Blume，2013），但对于职业妥协与产业工人反生产行为的关系及作用机理还缺乏探讨。工作疏离感指的是员工对工作的消极态度，反映了一种与组织心理疏离的状态（Hirschfeld et al.，2000）。自我决定理论认为，社会情境因素是否满足自主、胜任和关系这三种基本心理需求是支持或阻碍个体产生内部动机、控制性动机内化的主要路径，进而影响其行为的持久性、质量和心理幸福感（Ryan and Deci，2000）。依据自我决定理论，职业妥协意味着产业工人认为生产工作并非其最理想或感兴趣的选择，导致基本心理需求无法从工作中获得满足，进而妨碍其自主动机的产生，引发对工作活动产生疏离的负面情感以及消极工作行为，典型表现之一就是不同形式的反生产行为。因此，本研究拟选取工作疏离感为中介变量探究职业妥协影响产业工人反生产行为的内在心理机制。

在中国情境下分析职业妥协对产业工人反生产行为的影响，需要考虑户籍因素的影响。对于产业工人而言，户籍将该群体区分为农村进城务工人员和城市工人两类，户籍制度的存在使得保障城市居民充分就业以及其他福利无法外溢到农村进城务工人员（蔡昉等，2001）。近来的研究发现，户籍不仅在宏观层面上对城乡居民的收入差距（万海远和李实，2013）等产生影响，在微观上对不同类型产业工人的心理与行为影响也存在差异，强化农村进城务工人员与城市工人自我认知上的隐性二元分割，对农村进城务工人员的心理、行为产生更大束缚（施丹等，2020）。本研究以户籍为调节变量，分析职业妥协和产业工人反生产行为之间的关系是否会因为户籍类型的不同而有所差异，对于分析当前我国户籍制度改革的成效也具有启示。

综上所述，本研究基于自我决定理论，以产业工人为对象，探究职业妥协与产业工人反生产行为之间的关系，并考察工作疏离感的中介作用以及户籍的调节作用，研究模型如图1所示。研究结论具有以下四方面理论贡献：第一，丰富了职业妥协的研究对象。第二，深化了职业妥协对产业工人反生产行为影响的认识，表明产业工人职业选择过程中产生的妥协可能会引起进入职场后的反生产行为。第三，揭示了职业妥协影响产业工人反生产行为的过程机理，即职业妥协通过触发工作疏离感这一消极心理体验而导致更多反生产行为。第四，通过识别户籍的调节效应，丰富了户籍制度的微观研究。与城市工人相比，职业妥协与农村进城务工人员的工作疏离感及反生产行为之间的关系更强。另外，本研究有助于更好地识别户籍造成的隐性二元分割效应，为政府、企业有针对性地减少产业工人反生产行为提供新思路。

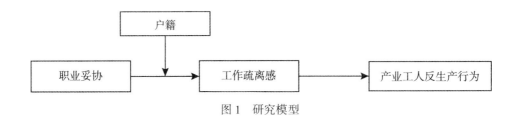

图 1　研究模型

2. 理论基础与研究假设

2.1　职业妥协与产业工人反生产行为

职业妥协是大部分人在求职中要经历的过程，由于劳动力市场所能提供的岗位与自身需求不一致，自身工作经验或能力素质达不到理想工作的要求等原因，个体往往无法获得理想的或者感兴趣的工作。在这种情况下，人们需要作出职业妥协，即在面临现实困难时，调整自己的职业目标以适应不可控的外部环境（Gottfredson，1981）。

自我决定理论认为，人们的行为是基于不同类型的工作动机（自主性动机或控制性动机）而产生的。自主性动机是个体自我可控且可选择的，自我决定的程度较高；而控制性动机是个体不可控和不可选择的，自我决定的程度较低（Ryan and Deci，1985）。与控制性动机相比，拥有自主性动机的个体会体验到更高的满意度和幸福感，有利于促进个体的绩效和健康（Sheldon et al.，1997）。进一步，从事一项新活动的动机可能会被先前相关情境下的动机倾向激活（Ratelle et al.，2005）。如果重复暴露在感觉自主/控制的环境中，个体会自动地将情景和自主感/控制感联系在一起，一段时间后，这些环境会自动激活自主性动机或控制性动机。Levesque 和 Pelletier（2003）通过实验的方式用选择、自主、有趣、自由等词激活被试的自主动机，用压力、义务、限制、被迫等词激活控制动机，发现激活自主动机的被试在解决问题时会感觉问题更有趣，也更愿意花时间来解决问题。

基于此，本研究认为，由于产业工人文化知识相对薄弱、经验技能水平较低等自身限制，就业竞争力较低，更容易发生职业妥协，产生压力、控制、被迫的感觉。当他们进入工厂后，面临强调服从的高集权化管理方式，承受着身体和精神的双重压力，这种受控的工作情境使得其先前在求职过程中形成的控制性动机被激活，自主性动机进一步被抑制，进而丧失工作兴趣，难以体验到工作意义，更容易引发反生产行为。实证研究也表明，职业妥协可能会导致员工减少工作投入（Creed et al.，2018），诱发离职意愿并产生工作脱离行为（Creed and Blume，2013）。据此，本文提出以下假设：

H1：职业妥协与产业工人反生产行为正相关。

2.2 工作疏离感的中介作用

工作疏离感的研究最早可以追溯到 Marx（1844）的理论，他将劳动的异化定义为个体远离自己生产的产品、工作过程、同事乃至自己的过程。Seybolt 和 Gruenfeld（1976）在此基础上指出，由于工人们无法控制工作过程，因此对其从事的工作漠不关心，进而产生了工作疏离感。工作疏离感反映出员工对工作不力、漠不关心、不愿投入甚至与工作相分离的一种心理状态（Kanungo，1979；Robert et al.，2000），其产生主要是由于需要、价值观、想法甚至期望没有得到满足（Mottaz，1981）。因此，本研究认为，职业妥协可能使产业工人的基本心理需求难以得到满足，进而引发工作疏离感。

职业妥协主要包括发展机会妥协、职业匹配妥协和社会期望妥协三个维度。其中，发展机会妥协是指对学习技能和知识、晋升等方面做出妥协，无法获得满意的未来工作发展机会；职业匹配妥协是指对所选工作与自己的知识技能、爱好兴趣的匹配程度做出妥协，无法获得与自身条件相匹配的工作；社会期望妥协是指对家庭、朋友所期望的工作条件及薪酬水平、社会地位做出妥协，无法达到社会所期待的标准水平（翁清雄等，2018）。根据自我决定理论，这些维度可能对工作疏离感产生如下影响：首先，发展机会妥协意味着产业工人难以获得充足的技能知识和学习机会，职业成长进程受限（Weng and Mcelroy，2012），更容易沦为廉价劳动力，甚至被产业升级造成的结构性失业影响所波及（王星和徐佳虹，2020）。因此，产业工人难以按照个人意志和心理自由来追求职业目标，自主需求无法得到满足（Van et al.，2016）。其次，面临职业匹配妥协的产业工人认为所选职业与自身知识技能和兴趣理想存在差异，无法在工作中体验到成就感和价值感，特别是产业工人多从事简单枯燥的任务，工作时间长、压力大，胜任需求难以得到满足（吴彬彬等，2020）。最后，制造业产业工人工作在生产一线，以体力为主的工作内容以及相对"脏乱差"的环境使得社会公众对其工作拥有较深的刻板印象和偏见。当产业工人做出社会期望妥协时，选择的职业没有完全达到家人、朋友的期望，难以获得家人、朋友的社会认同和支持，关系需求难以满足。实证研究也显示，个体心理需求的满足会减少情绪耗竭（Van den Broeck et al.，2016），而阻碍心理需求的满足则会导致更低的工作满意度、幸福感和自我实现感（Gillet et al.，2012）。

此外，作为因为基本心理需要未满足而产生的消极心理体验，工作疏离感也容易引发产业工人反生产行为。这是由于，一方面工作疏离感作为一种负面情绪可能会引发道德推脱（Fida et al.，2015），使得产业工人对工作不关心，心理与组织产生分离，进而导致反生产行为，已有研究发现工作疏离感会导致员工产生工作偏差行为和不安全行为（Jiang et al.，2019）；另一方面，工作疏离感较强时也意味着产业工人更多是为了物质奖励、规定期限等控制性动机而工作（Gagné and Deci，2005），遇到诱惑时更容易放弃原则（Holtom et al.，2012），从而做出损害组织利益的反生产行为。

基于上述论述，本研究认为，工作疏离感在职业妥协与产业工人反生产行为之间起中介效应。换言之，较高程度的职业妥协导致产业工人的基本心理需求在工作中难以得到满足，进而增强工作疏离感。相应地，这种负面心理状态的形成会削弱产业工人的道德感，放弃对组织原则和纪律的坚守，进而实施反生产行为。由此，本文提出以下假设：

H2：工作疏离感在职业妥协与产业工人反生产行为之间起中介作用。

2.3　户籍的调节作用

户籍制度是我国一项基本的行政制度，将产业工人分为城市工人和农村进城务工人员两个群体。具体来说，户籍制度造成了这两类群体在职业选择、工作特征、人际交往方面存在一系列差异：

第一，与城市工人相比，农村进城务工人员由于知识、文化水平较薄弱等限制，就业竞争力较弱。在面对发展机会妥协时，更难以自主选择有竞争力的国有和集体企业、政府等公有单位中较为稳定的工作（孙婧芳，2017），被迫限制在次级劳动力市场上，进而更容易产生工作疏离感。第二，农村进城务工人员主要集中于制造、建筑、批发和零售、交通运输、住宿餐饮、居民服务修理等行业，更容易出现同工不同酬等现象（吴彬彬等，2020），工作中歧视和较差的待遇使得他们面对职业匹配妥协时更难体验到工作的价值感和成就感，更容易产生工作疏离感。第三，进城务工人员与城市的社会联系较薄弱，对城市缺乏归属感和认同感，也难以获得城市的认可（何微微和胡小平，2017），他们离开农村又难以融入城市，成为经济社会转型中的一类"脆弱"群体（张车伟等，2022）。因此，在遭遇社会期望妥协时，难以得到社会、组织和亲戚朋友的支持，更容易产生工作疏离感。

基于以上分析可见，与城市工人相比，农村进城务工人员难以自主选择有竞争力的工作和岗位，难以体验到工作的价值与意义，受到更多社会排斥，阻碍了自主需求、胜任需求和关系需求的满足，这就会进一步强化职业妥协对其工作疏离感的影响。相反，城市工人在面临职业妥协时，由于其城市身份所享受的一系列社会福利和支持，其基本心理需求更容易得到满足，有助于缓解职业妥协对工作疏离感造成的正向影响。据此，本文提出以下假设：

H3：户籍类型调节职业妥协与产业工人工作疏离感之间的正向关系，即相比城市工人，职业妥协与农村进城务工人员工作疏离感之间的正向关系更强。

综合 H2 和 H3，本研究进一步提出有调节的中介效应假设。具体而言，户籍类型可能调节工作疏离感在职业妥协与产业工人反生产行为之间间接效应的强度，即与城市工人相比，职业妥协通过工作疏离感对农村进城务工人员反生产行为影响的间接效应更强。由此，提出以下假设：

H4：户籍调节职业妥协通过工作疏离感对产业工人反生产行为影响的间接效应；与城市工人相比，职业妥协通过工作疏离感对农村进城务工人员反生产行为的影响效应较强。

3.　研究设计

3.1　研究样本与数据收集

根据数据收集的便利性原则，本研究的调研样本来源于山东、山西、天津等地的 13 家制造企业，涉及化纤、机械、能源矿产、汽车机械等行业。在这些企业人力资源部门和车间负责人的协助下，采用实地调研发放纸质问卷以及发放电子问卷相结合的方式对直接参与生产制造的一线工人进行了问卷调查，代表工种如电焊工、钳工、装配工等。在问卷填答之前，向其承诺调查仅用于学术研究，调查结果将严格保密、完全匿名，以消除填答对象的疑虑。共发放调查问卷330份，回收317份，剔除其中漏填或大量选项填写相同的问卷，最终得到312份有效问卷，有效率为94.55%。样本结构中，在性别方面，50.64%为男性，49.36%为女性；教育程度方面，22.44%为初中及以下，50.65%为高中、技校及以下，26.93%为大学本科及以上；户籍方面，49.68%为农村户籍，50.32%为城镇户籍；调查对象的平均年龄为39.47岁，其平均在企业工作时间为7.38年。

3.2　变量测量

为了减少被试回答问题可能存在的居中趋势，除户籍、个人统计变量外，其他所有变量均采用Likert 6点量表法进行度量，从1~6表示从"非常不同意"到"非常同意"。

（1）职业妥协。采用翁清雄等（2018）的12个题项量表，并参照实际我国产业工人在企业生产车间的工作状况进行了适当调整。代表性题项包括"在选择当前工作时，您在学习新的工作知识的机会方面做出的妥协程度"。本研究中，该量表的信度系数为0.953。

（2）工作疏离感。采用谢文心等（2015）的20个题项量表，代表性题项为"我觉得这份工作不能实现我的价值"。本研究中，其信度系数为0.961。

（3）反生产行为。参考由Bennett和Robinson（2000）编制的反生产行为量表，确定中文版量表，包括19个项目（针对组织行为12项，对他人行为7项）。根据实际情况，删除与测量对象工作、文化、背景无关的6个项目，剩余13个项目，包括"享受比规定时间更长的休息时间""在工作中花大量的时间做白日梦"等。该量表用均分代表产业工人的反生产行为，信度系数为0.984。

（4）户籍。通过调查对象填写问卷中的户籍所在地来测量，并对户籍类型进行虚拟变量处理，"城镇户口"为0，"农村户口"为1。

（5）控制变量。主要检验性别、年龄、受教育程度、任期、婚姻状况对产业工人反生产行为的影响程度。对性别、年龄、受教育程度和婚姻状况进行虚拟变量处理，性别方面，男性为"1"，女性为"2"；年龄方面，25岁以下为"1"，26~35岁为"2"，36~45岁为"3"，46~55岁为"4"，55岁以上为"5"；受教育程度方面，没上过学为"1"，小学为"2"，初中为"3"，高中为"4"，中专为"5"，技校为"6"，大专/高职为"7"，大学本科为"8"，研究生及以上为"9"；婚姻状况方面，未婚为"0"，已婚为"1"。任期用产业工人在现工作单位的工作时间来测量。

3.3　分析方法

本研究采用SPSS 25.0和AMOS 21.0进行统计分析。首先，利用AMOS 21.0软件对主要变量进行验证性因子分析，评估各潜变量之间的区分效度；其次，利用SPSS 25.0软件对变量进行描述性统计检验和相关性分析；最后，利用 SPSS 25.0 以及 Preacher 和 Hayes（2004） 开发的 SPSS/SAS 宏 PROCESS 验证假设。

4. 数据分析与结果

4.1 验证性因子分析和共同方法偏差检验

本研究运用 AMOS 21.0 软件进行验证性因子分析，有关结果见表 1。由表 1 可知，观察数据与三因子模型的拟合度很好（$\chi^2/df = 2.580$，$TLI = 0.958$，$CFI = 0.963$，$RMSEA = 0.071$），各拟合指标达到了学界认可的标准，且明显优于其他 2 个替代模型，这表明本研究所涉及的 3 个变量具有较好的区分度。由表 1 还可知，单因子模型的拟合度较差，各项指标均不符合标准值（$\chi^2/df = 10.887$，$TLI = 0.738$，$CFI = 0.765$，$RMSEA = 0.178$），初步判断本研究的共同方法偏差并不严重。

虽然户籍为客观指标一定程度上可降低共同方法偏差，但考虑到职业妥协、工作疏离感、反生产行为均由员工自我报告，本研究进一步使用了两种方法来进行共同方法偏差检验（如表 1 所示）。首先，使用 Harman 单因子方法进行检验。结果表明，在未旋转的主成分因子分析中，第一个因子解释了 23.56% 的方差变异，小于 40%，说明本研究不存在严重的共同方法偏差。在此基础上，本研究在三因子模型基础上加入一个共同方法因子再次对共同方法偏差进行检验。在三因子模型的基础上加入方法因子后的模型拟合结果 CFI、IFI 和 TLI 反而略有降低。因此，综合而言，本研究不存在严重的共同方法偏差。

表 1   验证性因子分析结果

模　　型	χ^2	df	χ^2/df	RMSEA	CFI	IFI	TLI
单因子模型（CC+WA+CWB）	2057.694	189	10.887	0.178	0.765	0.765	0.738
二因子模型（CC+WA、WB）	1336.890	188	7.111	0.140	0.855	0.856	0.838
三因子模型（CC、WA、CWB）	479.858	186	2.580	0.071	0.963	0.963	0.958
三因子+方法因子模型	533.822	185	2.886	0.078	0.956	0.956	0.950

注：CC 表示职业妥协，WA 表示工作疏离感，CWB 表示反生产行为；"+"表示两个变量组合，$N = 312$。

4.2 描述性统计与相关分析

本研究采用 SPSS 软件进行描述性统计分析（见表 2）。由表 2 可知，职业妥协与工作疏离感显著正相关（$\gamma = 0.450$，$p < 0.001$）；职业妥协与反生产行为显著正相关（$\gamma = 0.425$，$p < 0.001$）；工作疏离感和反生产行为显著正相关（$\gamma = 0.811$，$p < 0.001$）。上述结论与假设基本吻合。

表2　　　　　　　　　　　　　　　描述性统计与相关性分析

变　　量	均值	标准差	1	2	3	4	5	6	7	8
1 性别	1.49	0.50								
2 年龄	2.93	1.25	-0.190***							
3 现公司工作年限	3.49	1.46	-0.156**	0.612***						
4 教育水平	5.56	2.14	0.320	-0.282***	-0.071					
5 婚姻	0.78	0.42	-0.145*	0.578***	0.528***	-0.424***				
6 职业妥协	3.77	1.31	0.156**	-0.114*	-0.262***	-0.140*	-0.048	(0.953)		
7 反生产行为	2.77	1.57	-0.043	-0.108	-0.320***	-0.114*	-0.062	0.425***	(0.984)	
8 工作疏离感	3.33	1.23	-0.007	-0.015	-0.248***	-0.177**	-0.021	0.450***	0.811***	(0.961)
9 户籍	0.50	0.50	-0.058	-0.190***	-0.396***	-0.402***	0.012	0.202***	0.274***	0.219***

注：***、**、*分别表示$p<0.001$、$p<0.01$、$p<0.05$，下同。

4.3　假设检验

4.3.1　主效应、中介作用检验

首先检验主效应，即在回归模型中将职业妥协作为自变量，反生产行为作为因变量。表3中，由模型5可知，在控制其他变量后，职业妥协显著正向影响产业工人的反生产行为（$\gamma=0.576$，$p<0.001$）。由此，假设H1得到支持。

本研究根据文献（Baron & Kenny，1999）提出的检验中介变量的4个回归方程，考察工作疏离感在职业妥协与反生产行为之间的中介效应。由模型2可知，在控制其他变量后，职业妥协对工作疏离感具有显著的正向影响（$\gamma=0.493$，$p<0.001$）；由模型6可知，在控制其他变量后，工作疏离感对反生产行为具有显著的正向影响（$\gamma=0.996$，$p<0.001$）；由模型7可知，在考察职业妥协与工作疏离感共同对产业工人反生产行为的影响时，工作疏离感对反生产行为具有显著的正向影响（$\gamma=0.963$，$p<0.001$），而职业妥协对产业工人反生产行为的正向影响减弱（$\gamma=0.101$，$p<0.001$），这就说明工作疏离感部分中介了职业妥协与反生产行为之间的关系。由此，假设H2得到支持。此外，本研究采用参数Bootstrap方法（刘东等，2014）来进一步检验工作疏离感的中介作用。在PROCESS软件中，设置重复抽样的次数为5000次，结果表明工作疏离感在职业妥协与反生产行为之间的中介效应为正，且95%的无偏置信区间不包含0（中介效应0.3622，95%的无偏置信区间为［0.2312，0.4941］），说明中介作用显著。由此，假设H2再次得到检验。

表3 主效应、中介效应、调节效应检验结果

变量	工作疏离感			反生产行为				
	M1	M2	M3	M4	M5	M6	M7	M8
性别	−0.069	−0.193	−0.177	−0.259***	−0.403*	−0.190	−0.217*	−0.190
年龄	0.148	0.541*	0.116	0.081	0.073	−0.066	−0.063	−0.062
教育水平	−0.089	−0.058	−0.049	−0.069	−0.032	0.020	0.023	0.044
现公司工作年限	0.306***	−0.207***	−0.170**	−0.445***	−0.329***	−0.141**	−0.131**	−0.090
婚姻	0.042	−0.206	−0.072	0.258	0.178	0.216	0.203	0.152
职业妥协		0.493***	0.492***		0.576***		0.101***	0.107*
工作疏离感						0.996***	0.963***	0.941***
户籍			0.051*					0.119**
职业妥协×户籍			0.208***					0.112*
F	7.930***	17.533***	15.017***	9.627***	17.479***	107.790***	93.416***	74.897***
R^2	0.115	0.257	0.284	0.136	0.256	0.680	0.683	0.691
$\triangle R^2$	0.115	0.142	0.027	0.136	0.120	0.544	0.427	0.147

注：$N=312$。

4.3.2 调节作用检验

首先进行工作疏离感对职业妥协和户籍及二者乘积项的回归。由模型 3 可知，职业妥协与户籍的乘积项系数显著（$\gamma=0.208$，$p<0.001$），表明户籍对职业妥协和工作疏离感之间的关系起到显著的调节作用。根据文献（Aiken&West，1991）的建议，本研究开展了简单斜率检验，并绘制了调节效应图以进一步检验户籍的调节作用（见图 2）。由图 2 可知，与城市户籍的产业工人相比，农村进城务工人员的职业妥协对工作疏离感的回归斜率更陡。对于农村户籍的产业工人，职业妥协对工作疏离感的正向作用较强（$\beta=0.754$，$p<0.01$）；而对于城市户籍的产业工人，职业妥协对工作疏离感的正向作用较弱（$\beta=0.286$，$p<0.01$）。由此，假设 H3 得到支持。

4.3.3 被调节的中介效应检验

表 3 中，进行反生产行为对职业妥协、户籍、二者乘积项和工作疏离感的回归。由模型 8 可知，工作疏离感对反生产行为具有显著的正向影响（$\gamma=0.941$，$p<0.001$），职业妥协与户籍的乘积项系数显著（$\gamma=0.112$，$p<0.05$）。这表明，户籍对职业妥协通过工作疏离感对反生产行为的间接影响起到显著的调节作用。由此，假设 H4 得到支持。进一步运用 PROCESS 进行分析（见表 4）。由表 4 可知，对于城市工人，职业妥协通过工作疏离感对反生产行为的间接效应相对较低（$b=0.2090$，SE=0.0954，95%的无偏置信区间为［0.0237，0.3992］）；对于农村工人而言，间接效应则相对较高（$b=0.5144$，SE=0.0747，95%的无偏置信区间为［0.3621，0.6572］）。两个水平下，间接效应的

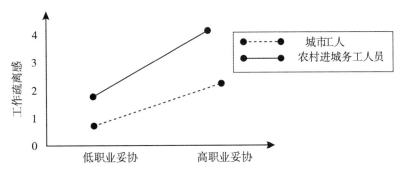

图 2　户籍在职业妥协和工作疏离感之间的调节效应

差值为 0.3054，95%的无偏置信区间为 ［0.0831，0.5232］，不包括 0，表明差异显著。本研究进一步使用 R 软件来判定被调节的中介效应是否成立。结果显示，职业妥协和户籍的交互基于工作疏离感的中介作用对产业工人反生产行为的作用的间接效应达到显著水平（间接效应为 0.20，99%的 CI 为 ［0.1228，0.2797］）。由此，户籍会调节职业妥协通过工作疏离感对反生产行为的间接影响，假设 H4 得到进一步支持。

表 4　　　　　　　　　　　　　　　被调节的中介作用检验结果

户籍	b	SE	95%置信区间
城市	0.2090	0.0954	［0.0237，0.3992］
农村	0.5144	0.0747	［0.3621，0.6572］
城市与农村的差异	0.3054	0.1131	［0.0831，0.5232］

5. 结论与讨论

5.1　研究结论

本文构建并检验了职业妥协与产业工人反生产行为之间被调节的中介效应模型。首先，本研究发现职业妥协正向影响产业工人反生产行为；其次，工作疏离感部分中介职业妥协对产业工人反生产行为的影响；最后，户籍不仅能够调节职业妥协与工作疏离感之间的正向关系，而且还能调节工作疏离感在职业妥协与产业工人反生产行为之间的中介作用。

5.2　理论贡献

（1）目前有关职业妥协影响效应的实证研究十分有限，研究对象主要集中于普通员工和大学生群体（Creed and Blume，2013；Creed et al.，2018）。本研究从破解产业工人队伍建设难题，助推制造业提质增效的现实背景出发，关注产业工人这一特定群体，拓展了职业妥协的研究对象。由于当前存在对体力型、技能型劳动者严重轻视的社会观念，加之市场经济条件下对于劳动群体相对不平衡的收入分配和晋升制度（叶鹏飞，2021），产业工人这一群体更容易面临职业妥协问题。然而，现有研究却对该群体关注不足。因此，本研究响应了学者们在不同样本群体中开展职业妥协相关命题研究的呼吁（翁清雄等，2018）。

（2）本研究探讨了职业妥协与产业工人反生产行为之间的关系，拓展了职业妥协影响效应的结果变量。虽然有研究指出，职业妥协容易引发一系列消极情感，但本研究揭示职业妥协对产业工人反生产行为的作用机制，不仅响应 Deci 等（2017）学者号召，开展评估工作场所阻碍个体基本需要预测消极工作结果的研究，也丰富了产业工人反生产行为前因的理论解释，从组织职业生涯管理的角度为预防和干预反生产行为提供新思路。

（3）本研究基于自我决定理论，构建了职业妥协通过工作疏离感正向影响产业工人反生产行为的理论模型，揭示了工作疏离感在两者间的中介作用，为探讨职业妥协的影响效应提供了新的视角。尽管以往研究显示职业妥协对个体职场工作态度与情感产生消极影响，但对影响过程的内在心理机制关注不足。本研究结合产业工人生产工作实际，揭示出职业妥协通过阻碍产业工人基本心理需要满足和内在动机进而导致工作疏离感，引起更多反生产行为的过程机理，有利于从消极心理体验的角度来理解职业妥协为何引发反生产行为，对现有职业妥协理论进行了补充（Gati，1993）。

（4）本研究引入户籍这一反映身份地位差异的客观指标作为情境变量，从微观层面揭示了职业妥协对产业工人反生产行为影响效应的边界条件。研究发现，户籍在职业妥协与产业工人工作疏离感之间起调节作用。当户籍为农村时，职业妥协与产业工人工作疏离感及反生产行为之间的关系更强，反之更弱。这一结论进一步验证了户籍对工作场所中农村进城务工人员心理、行为产生的束缚（施丹等，2020），对当前宏观层面户籍歧视问题研究进行了有效补充（谢玉华，2017），为更好地识别户籍造成的隐性二元分割效应、有针对性地减少产业工人反生产行为提供新思路，为进一步深化户籍改革提供依据和启示。

5.3 实践启示

（1）应帮助产业工人降低职业妥协的消极影响。尽管产业工人可能在职业选择阶段经历妥协，但组织可在工作环境中通过减少控制性、增强自主感来缓解其不利影响。一方面，尽可能减少流水线工作给产业工人带来的控制感，如提高生产自动化水平，降低体力劳动强度，减少加班时间。例如，随着产业链智能化水平飞速提升，国内有些制造工厂已经告别三班倒的旧模式，成为关灯作业的"黑灯"工厂，工人也转型为操作机器的技术人才。另一方面，为产业工人提供自主性支持，鼓励他们在工作中自主选择和决策。例如，可以经常征求产业工人对生产任务的意见和建议，提供有挑战性的任务和有意义的反馈，鼓励开展技术创新活动等。

（2）应采取措施减少产业工人的工作疏离感。本研究证实了工作疏离感在职业妥协与反生产行为之间起部分中介作用。因此，企业应尽可能满足产业工人的基本需要，以缓解因职业妥协而产生的工作疏离感。首先，为产业工人提供更多学习与成长机会，让产业工人有能力、有机会自主选择适合自己的职业成长路线，更好地满足自主需求；其次，了解产业工人的专业能力、知识储备、经验积累以及兴趣方向，通过工作再设计、轮岗、内部调动的方式提高产业工人与岗位的匹配度，更好地满足胜任需求；最后，注重对产业工人职业价值观的塑造，引导其从国家战略层面来认识生产制造工作的意义和价值，认识到国家、社会对产业工人队伍的高度关注与认可，提升其关系需求的满足程度。

（3）对农村进城务工人员给予更多社会支持。本文发现，相较于城市工人，农村进城务工人员面对职业妥协更容易产生反生产行为。因此，首先，组织要注意对农村进城务工人员给予更多关注和照顾，除了基本的生存需要外，该群体的自主、胜任和关系需求都必须加以重视和满足，以尽可能地降低由于职业妥协而产生的工作疏离感，减少反生产行为倾向；其次，政府应进一步深化户籍制度改革，推动城镇基本公共服务均等化，消除农村进城务工人员在求职及工作场所遭受的歧视，加强对农村进城务工人员的就业指导与培训，不断提升其职业竞争力；最后，社会应大力宣传农村进城务工人员对城市建设做出的重要贡献，提升城市对农村进城务工人员的接纳度和认可度，促进农村进城务工人员更好地融入城市。

5.4　研究局限及未来研究方向

（1）在研究方法上，所有研究数据均来自产业工人同一时点的自我陈述报告，这主要是受限于调研工厂的产业工人工作不稳定、流动性大。为此，一方面，本研究选取户籍这一客观指标作为调节变量，以减少填答主观性；另一方面，本研究采用 Harman 单因子检验和潜因子控制法两种方法来验证共同方法偏差，结果显示这一问题并不严重。但是，本研究仍无法明确职业妥协与产业工人反生产行为之间的因果关系。未来研究可以通过开展多时间、多评价主体的跟踪研究，或采用实验法以更好地检验两者的因果关系链。

（2）本研究的样本来源为部分不同类型的制造企业的一线工人，由于不同行业工作性质和内容存在差异，本研究结果可能不具有普适性，未来研究可以扩大样本范围，如对食品饮料生产、仪器仪表制造等行业进行调查。

（3）本研究主要运用自我决定理论来探讨职业妥协对后续职场行为的消极影响。然而，最近的一项研究表明，职业妥协还可能产生积极影响，激发新生代农村进城务工人员趋利避害的本能，进而增加工作投入（刘雪梅和刘妍慧，2022）。因此，未来研究可以引入其他理论模型来开展双路径研究，以整合现有不一致结论。

◎ 参考文献

［1］蔡昉，都阳，王美艳．户籍制度与劳动力市场保护［J］．经济研究，2001（12）．

［2］何微微，胡小平．认同、归属与发展：新生代农民工留城意愿的影响研究——基于重庆市的调研数据［J］．农村经济，2017（8）．

［3］ 刘东，张震，汪默．被调节的中介和被中介的调节：理论构建与模型检验［M］//陈晓萍，徐
淑英，樊景立．组织与管理研究的实证方法．北京：北京大学出版社，2014.

［4］ 刘雪梅，刘妍慧．疫情影响下新生代农民工职业妥协对工作投入的影响［J］.农业技术经济，
2022（5）.

［5］ 农民日报·中国农网评论员．让更多大国工匠、大国农匠受到尊敬［N］.农民日报，2022-10-25
（1）.

［6］ 施丹，陈蕾，肖潇．户籍的束缚：领导—成员交换关系与产业工人敬业度［J］.珞珈管理评论，
2020（4）.

［7］ 孙婧芳．城市劳动力市场中户籍歧视的变化：农村进城务工人员的就业与工资［J］.经济研究，
2017，52（8）.

［8］ 万海远，李实．户籍歧视对城乡收入差距的影响［J］.经济研究，2013，48（9）.

［9］ 王弘钰，王辉．农民工反生产行为影响因素及其作用机制研究［J］.人口学刊，2016，38（1）.

［10］ 王星，徐佳虹．中国产业工人技能形成的现实境遇与路径选择［J］.学术研究，2020（8）.

［11］ 翁清雄，胡啸天，陈银龄．职业妥协研究：量表开发及对职业承诺与工作倦怠的预测作用
［J］.管理世界，2018，34（4）.

［12］ 吴彬彬，章莉，孟凡强．就业机会户籍歧视对收入差距的影响［J］.中国人口科学，2020（6）.

［13］ 谢文心，杨纯，周帆．资质过剩对员工工作形塑行为关系的研究——工作疏离感与心理弹性的
作用［J］.科学学与科学技术管理，2015，36（2）.

［14］ 谢玉华，刘熙，李倩倩，等．企业城乡劳动力参与"五险一金"差异的实证分析——基于非线
性模型的 Blinder-Oaxaca 分解方法［J］.湖南大学学报（社会科学版），2017，31（2）.

［15］ 叶鹏飞．观念与制度：国有企业产业工人职业地位提升的困境与反思——基于煤炭产业工人的
调查［J］.暨南学报（哲学社会科学版），2021，43（3）.

［16］ 张车伟，赵文，李冰冰．农民工现象及其经济学逻辑［J］.经济研究，2022，57（3）.

［17］ Aiken, L. S., West, S. G. Multiple regression: Testing and interpreting interactions-institute for
social and economic research［J］. Journal of the Operational Research Society, 1991, 45（1）.

［18］ Bai, Q., Lin, W., Lei, W. Family incivility and counterproductive work behavior: A moderated
mediation model of self-esteem and emotional regulation［J］. Journal of Vocational Behavior, 2016,
94.

［19］ Baron, R. M., Kenny, D. A. The moderator-mediator variable distinction in social psychological
research: Conceptual, strategic, and statistical considerations［J］. Journal of Personality and Social
Psychology, 1999, 51（6）.

［20］ Bennett, R. J., Robinson, S. L. The development of a measure of workplace deviance［J］. Journal of
Applied Psychology, 2000, 85（3）.

［21］ Creed, P. A., Blume, K. Compromise well-being and action behaviors in young adults in career transition [J]. Journal of Career Assessment, 2013, 21 (1).

[22] Creed, P. A. , Kaya, M. , Hood, M. Vocational identity and career progress: The intervening variables of career calling and willingness to compromise [J]. Journal of Career Development, 2018, 47 (2).

[23] Deci, E. L. , Olafsen, A. H. , Ryan, R. M. Self-determination theory in work organizations: State of the science [J]. Annual Review of Organizational Psychology and Organizational Behavior, 2017, 4 (1).

[24] Deci, E. L. , Ryan, R. M. The general causality orientations scale: Self-determination in personality [J]. Journal of Research in Personality, 1985, 19 (2).

[25] Fida, R. , Paciello, M. , Tramontano, C. , et al. An integrative approach to understanding counterproductive work behavior: The roles of stressors, negative emotions, and moral disengagement [J]. Journal of Business Ethics, 2015, 130 (1).

[26] Gagné, M. , Deci, E. L. Self-determination theory and work motivation [J]. Journal of Organizational Behavior, 2005, 26 (4).

[27] Gati, I. Career compromises [J]. Journal of Counseling Psychology, 1993, 40 (4).

[28] Gillet, N. , Fouquereau, E. , Forest, J. et al. The impact of organizational factors on psychological needs and their relations with well-being [J]. Journal of Business and Psychology, 2012, 27 (4).

[29] Gottfredson, L. S. Circumscription and compromise: A developmental theory of occupational aspirations [J]. Journal of Counseling Psychology, 1981, 28 (6).

[30] Holtom, B. C. , Burton, J. P. , Crossley, C. D. How negative affectivity moderates the relationship between shocks, embeddedness and worker behaviors [J]. Journal of Vocational Behavior, 2012, 80 (2).

[31] Jiang, H. , Chen, Y. , Sun, P. et al. Authoritarian leadership and employees' unsafe behaviors: The mediating roles of organizational cynicism and work alienation [J]. Current Psychology, 2019, 38 (6).

[32] Kanungo, R. N. The concepts of alienation and involvement revisited [J]. Psychological Bulletin, 1979, 86 (1).

[33] Marx, K. Economic and philosophic manuscripts of 1844 [M] //Longhofer, Winchester. Social theory re-wired. Routledge, 2016.

[34] Mottaz, C. J. Some determinants of work alienation [J]. The Sociological Quarterly, 1981, 22 (4).

[35] O'Boyle, E. H. , Forsyth, D. R. , Banks, G. , et al. A meta-analysis of the dark triad and work outcomes: A social exchange perspective [J]. Journal of Applied Psychology, 2012, 97 (3).

[36] Hirschfeld, R. R. , Field, H. S. Work centrality and work alienation: Distinct aspects of a general commitment to work [J]. Journal of Organizational Behavior, 2000, 21 (7).

［37］ Levesque, C. , Pelletier, L. G. On the investigation of primed and chronic autonomous and heteronomous motivational orientations ［J］. Personality and Social Psychology Bulletin, 2003, 29 （12）.

［38］ Preacher, K. J. , Hayes, A. F. SPSS and SAS procedures for estimating indirect effects in simple mediation models ［J］. Behavior Research Methods, Instruments, & Computers, 2004, 36 （4）.

［39］ Ratelle, C. F. , Baldwin, M. W. , Vallerand, R. J. On the cued activation of situational motivation ［J］. Journal of Experimental Social Psychology, 2005, 41 （5）.

［40］ Hirschfeld, R. R, . Feild, H. S. Work centrality and work alienation: Distinct aspects of a general commitment to work ［J］. Journal of Organizational Behavior, 2000, 21 （7）.

［41］ Ryan, R. M. , Deci, E. L. Self-determination theory and the facilitation of intrinsic motivation, social development, and well-being ［J］. American Psychologist, 2000, 55 （1）.

［42］ Seybolt, J. W. , Gruenfeld, L. The discriminant validity of work alienation and work satisfaction measures ［J］. Journal of Occupational Psychology, 1976, 49 （4）.

［43］ Sheldon, K. M. , Ryan, R. M. , Rawsthorne, L. J. , et al. Trait self and true self: Cross-role variation in the big five traits and its relations with authenticity and subjective well-being ［J］. Journal of Personality and Social Psychology, 1997, 73.

［44］ Van den Broeck, A. , Ferris, D. L. , Chang, C. H. , et al. A review of self-determination theory's basic psychological needs at work ［J］. Journal of Management, 2016, 42 （5）.

［45］ Weng, Q. , Mcelroy, J. C. Organizational career growth, affective occupational commitment and turnover intentions ［J］. Journal of Vocational Behavior, 2012, 80 （2）.

The Influence of Career Compromise on Industrial Workers Counterproductive Work Behavior

Xie Xiaofei[1]　Shi Dan[2]　Shen Jiaqi[3]

（1　Institute of Economics, Shandong University, Jinan, 250100;

2　College of Economics and Management, Huazhong Agricultural University, Wuhan, 430070;

3　School of Humanities and Social Sciences, Beijing Institute of Technology, Beijing, 102488）

Abstract: Industrial workers are the main force of manufacturing power construction. How to guide industrial workers occupational psychology and behavior deserve theoretical and practical attention. Based on self-determination theory, this study investigated the influencing mechanism of career compromise on industrial workers counterproductive work behaviors. Using the data collected from 312 industrial workers in manufacturing industry, our findings were as follows: Career compromise was positively related with industrial worker counterproductive work behaviors. Work alienation partly mediated such positive relationship. Household register moderated the strength of the mediated relationship between career compromise and industrial workers counterproductive work behaviors via work alienation. That is, compared with urban workers, the mediated relationship was stronger for rural migrant workers. These findings not only contributed to career compromise and household registration literature, but also provided insights into reducing counterproductive work behaviors and personnel development for industrial workers.

Key words：Industrial workers；Career compromise；Work alienation；Counterproductive work behaviors；Household registration

专业主编：杜旌

环境之痛，企业之伤：高管早期环境污染经历对企业盈余管理影响研究*

● 曾春影[1]　卜令通[2]　和　欣[3]　茅　宁[4]

（1　广西师范大学经济管理学院　桂林　541004；2　中华人民共和国审计署人事教育司　北京　100037；3　南京财经大学管理学院　南京　210023；4　南京大学商学院　南京　210008）

【摘　要】借鉴环境心理学的研究成果，运用高阶理论和烙印理论，本文手工搜集整理了 2003—2021 年中国沪深 A 股上市公司 CEO 环境污染经历独特数据集，研究了 CEO 的环境污染经历与企业盈余管理行为之间的关系，以及两者关系如何受到董事会的规模、成员任期和平均年龄三种结构特征的影响。研究结果表明，CEO 的环境污染经历会塑造 CEO 一系列的隐性心理特质，导致企业的盈余管理行为的发生，而董事会成员的平均年龄越大，越能抑制有环境污染经历的 CEO 所在企业的盈余管理行为；董事会规模越大、成员的任期越长，CEO 的环境污染经历对企业盈余管理行为的影响会越加剧。研究结论为盈余管理行为研究提供了新的视角，同时，对提高上市公司会计信息质量、完善公司治理机制和促进资本市场健康发展具有一定的启示意义。

【关键词】环境污染　经历　盈余管理　董事会　监督作用

中图分类号：F230　　　文献标识码：A

1. 引言

作为会计理论和公司治理研究的重要内容，企业盈余管理行为一直是实务界和理论界持续关注的热点问题。盈余管理是管理层有目的地干预对外财务报告，以误导利益相关者对企业基本业绩评

---

* 基金项目：广东省自然科学基金青年项目"小农户视角下农业数字化转型障碍因素及其包容性绿色发展机制研究"（2022A1515110614）；广西壮族自治区哲学社科规划青年项目"新发展格局下农村集体经济推动共同富裕的实现路径研究"（22CJL007）。

通讯作者：茅宁，E-mail：maong@ nju. edu. cn。

价的披露管理行为（Healy&Wahlen，1999），其目的在于获取某些私人利益，因此盈余管理被学者普遍认为是一种不道德行为（Choi&Pae，2011）。为了降低或者抑制企业的盈余管理行为，企业设计并执行各种治理机制和监督机制，但企业盈余管理行为仍然无法完全被制度抑制。其原因在于，盈余管理行为的实施主体是企业CEO，该行为受其个人心理特质影响，而且具有一定程度的惯性，较难被外在制度化的因素影响和改变（陈冬华等，2017）。

微观心理层面，学者从CEO的心理特质，如过度自信、自大、自恋和道德品性等角度探讨其对企业盈余管理的影响（何威风等，2011；Buchholz et al.，2020）。鉴于直接衡量CEO隐性心理特质的难度，部分学者将生物学和心理学的研究成果引入财务领域，探讨CEO的过往经历对其心理特质进而对企业财务行为的影响。现有文献中学者关注到CEO的从军经历、财务工作经历、学术经历、海外经历、贫困经历等对企业盈余管理的影响（权小锋等，2019；林晚发等，2019；徐铁祥和郭文倩，2020）。值得注意的是，CEO在其过往经历中受到环境的影响是多方面的，因而某一经历可能塑造CEO多种心理特质，进而对企业的盈余管理行为产生综合影响（曾春影等，2020）。

自然生态环境是对人的心理特质有决定性塑造作用的最早期、最直接的因素（Allen et al.，2019）。环境心理学研究领域的学者从自然连接视角，开展了环境污染对个体的心理状态和行为的广泛研究，这尚未引起财务研究领域学者的广泛关注。心理学研究发现，环境污染会影响个体的荷尔蒙水平，进而影响其跨期决策模式，使其更加关注短期而忽略长远利益（Li et al.，2017）。同时，环境污染也会增加个体的焦虑水平、激进程度和对外在制度的忽略等心理特质（Burkhardt et al.，2019），以上心理特质都与盈余管理行为密切相关。烙印理论进一步指出，如果环境污染经历发生在个体的敏感时期，该心理特质具有持续性和稳定性（Riis-Vestergaard et al.，2018）。将环境心理学领域的以上研究成果引入财务研究领域，我们推断，如果CEO在敏感时期受到环境污染影响，其所在的企业的盈余管理水平可能更高。如果以上推断成立，作为对CEO监督的典型公司治理结构，董事会能否有效抑制企业的盈余管理行为？

基于上述理论和现实分析，本研究手工整理了2003—2021年中国A股上市企业CEO早年环境污染经历数据集，详细分析了CEO早年环境污染经历对其所在企业的盈余管理水平影响的机制。同时，沿着董事会内部结构特征—董事会治理效力的逻辑思路，关注董事会的内部结构并测量董事会规模、董事会成员的任期和平均年龄，探究其对企业盈余管理行为的治理效应。相比以往研究，本研究的贡献主要体现在以下三个方面：第一，拓展了企业盈余管理影响因素领域的文献。本文建立了独特的数据集，从CEO的心理与行为特征因素方面，探究CEO环境污染经历对企业盈余管理行为的影响。第二，丰富了环境污染相关领域的研究成果。现有研究多关注环境污染对个体身体和心理健康、劳动供给和社会犯罪率的影响，本文研究结论表明，环境污染亦会影响微观企业的行为。第三，为公司治理实践提供一定的借鉴。本文研究了董事会内部结构特征对企业盈余管理行为的治理效应，有助于增进监管部门和实务界对董事会这一核心治理机制如何发挥监督约束作用的理解，也为公司利益相关者以及治理机制的制定者提供参考和数据支持。

2. 文献回顾

2.1 盈余管理影响因素研究

目前，学术界研究盈余管理影响因素的文献可归纳为两方面：理性视角的经济性激励因素和非理性视角的 CEO 特质因素。

（1）理性视角：经济性激励因素与盈余管理。已有文献研究认为，企业的业绩、债务水平等财务状况会影响盈余管理行为。企业为了获得上市资格、提高发行价格和增加融资额，可能会在上市前进行盈余管理（逯东等，2015）。当企业绩效较差时，管理层为缓解来自股东和其他利益相关者的压力，将更有动机操纵会计信息（温日光和汪剑锋，2018）。融资能力的差异以及债务契约条款的约束也可能使得企业通过盈余管理粉饰财务状况（徐朝辉和周宗放，2016）。企业薪酬激励制度也被认为会影响 CEO 盈余管理行为。CEO 会出于自身利益最大化的目的根据企业的薪酬、奖金、分红计划以及股权激励计划去管理各期盈余。CEO 会通过盈余管理以获取更高的薪酬，来缓解薪酬的不公平性对其带来的不安或者紧张情绪（罗宏等，2016）。而当企业的留存收益不能达到预期的股利目标时，企业更有可能采用盈余管理调增利润来避免现金股利下降（贾巧玉和周嘉南，2020）。是否可以达到行权业绩条件对 CEO 的个人财富增长有重要影响，CEO 会有强烈的动机通过盈余管理的手段以获取股权激励的行使权（谢德仁等，2019）。

（2）非理性视角：CEO 心理特质与盈余管理。CEO 的既有认知和隐性心理特质影响其对相关信息的理解和解释，进而影响企业的行为（Hambrick & Mason，1984）。"过度自信"或"过度乐观"的 CEO 会高估企业成功的概率，低估财务风险，产生控制虚幻认知偏差，所在企业的盈余管理水平更高（何威风等，2011）。而自恋的 CEO 更有可能进行盈余管理，通过操控企业的盈余指标来获取他人赞美和肯定以支持其膨胀的自我意识（Buchholz et al.，2020）。还有学者指出盈余管理实质上是 CEO 在现有收益和未来潜在风险之间进行权衡，因此偏好未来决策导向的 CEO 所在企业盈余管理水平更低（Kim et al.，2017）。受到 CEO 内在心理特质影响的企业盈余管理行为具有一定程度的惯性，这种行为惯性不容易被外在制度化的因素影响和改变（陈冬华等，2017）。这也在一定程度上解释了外在制度对 CEO 盈余管理行为约束作用有限的原因。

本文将引用环境心理学的研究成果，探究 CEO 敏感时期的环境污染经历对其心理特质进而对企业盈余管理行为的影响。病理学和心理学的学者对于环境污染对个体生理和心理的影响进行了详尽的研究。

2.2 环境污染对个体影响相关研究

世界卫生组织认定空气污染为目前人类健康的最大环境威胁。生理方面，空气污染与呼吸系统疾病、糖尿病和动脉粥样硬化的风险增加以及神经发育和认知功能不良等有关（Bowatte et al.，

2017）。心理方面，长期接触污染的个体，其情绪调节能力变差，增大了其罹患抑郁、焦虑等心理疾病的风险（Mather，2016）。同时，环境污染还会使得个体的认知能力受损（Rotton，1983）。

还有部分学者深入研究环境污染对个体行为的具体影响。研究表明，环境污染降低了个体的劳动生产率，如降低打包工人的包装速度和客服人员的接听电话数量（Chang et al.，2019）。环境污染还会降低分析师对于企业业绩的预测精准程度，导致投资者资源的错配程度增加。Lu 等（2018）认为环境污染使得个体的不道德行为增加，甚至引致犯罪率的提高。

2.3 环境污染对个体隐性心理特质影响的过程

环境污染是一种慢性的应激源，其对个体的影响是一个缓慢的、累积性的过程（Bernstein et al.，2003）。当个体受到环境污染的短暂影响，或者是环境污染强度低于对人体造成生理、心理危害的阈值时，个体会通过适应机制适应环境，表现出冷漠、麻木、烦恼等轻度消极情绪，以缓解个体因无法解决现实问题而产生的主观痛苦（Xu et al.，2017）。如果个体长期生活在存在污染源的环境中，频繁地受到环境中污染物的刺激，这些消极情绪会反复出现并逐渐固化为个体情绪特质的一部分（和欣等，2021）。

此外，环境污染对个体心理特质影响并非在任何时期都是相同的。烙印理论指出，当环境污染对个体的影响发生在其成长和发展的敏感期时，该影响具有持续性和稳定性（Marquis & Tilcsik，2013）。个体青少年时期是其大脑和应激反应系统生物编程的"敏感期"，在这一时期应激压力会对身心健康产生终生影响，尤其是像环境污染这种可能威胁到生命安全的应激压力源（Osofsky et al.，2015）。

3. 理论分析与研究假设

3.1 CEO 环境污染经历与企业盈余管理

CEO 在敏感时期的环境污染经历有可能会通过直接机制和间接机制影响 CEO 所在企业的盈余管理水平，具体而言，环境污染经历对 CEO 心理特质可能带来的影响分析如下：

3.1.1 环境污染经历与短视

盈余管理行为是 CEO 在即期收益和未来风险之间权衡的结果（Armstrong et al.，2013），与跨期决策的内涵一致。CEO 通过盈余管理实现预期收益，而该行为潜在的如罚金、诉讼等成本可能需要很长时间才发生甚至根本不会发生（Karpoff et al.，2008）。现有研究认为，环境污染经历会影响个体的跨期决策行为。一方面，环境污染会导致个体的压力荷尔蒙水平提高，使其进行跨期决策时更加偏重当下，而忽略对未来的影响（Riis-Vestergaard et al.，2018）。另一方面，个体的跨期决策过程受到热系统和冷系统两个子系统的影响（Roebers，2017）。热系统主要指以杏仁核为基础的情绪系统，冷系统指的是以海马和额叶为基础的认知系统，两种系统是共同发挥作用的。但是，环境污染会使得个体的杏仁核活动异常，热系统开始占据支配地位，而做出近期选择往往与热系统活动有关（Fareri & Tottenham，2016）。

3.1.2 环境污染经历与激进

有文献指出，个体长期处于被严重污染的环境中，其社会功能会受到严重损害，极容易陷入焦虑、暴躁、冲动、激进等负面情绪状态或行为反应（Lu et al.，2018）。个体频繁受到环境污染物的刺激，其情绪无法得到有效调节，情绪负荷不断累积，从而使其情绪调节能力受损，激进等负面情绪稳定为个体的特质（Chen & Baram，2016）。现有研究成果表明，激进的个体更有可能忽略外在制度和约束，不道德行为增加（Burkhardt et al.，2019）。

3.1.3 环境污染经历与认知能力

现有研究表明，长期受到环境污染影响的个体，其认知能力和工作效率会受到损害（Dong et al.，2021）。认知能力涉及思考与分析信息和情况的能力，对于从过去的经历中学习、识别反复出现的情况和理解因果关系极其重要。此外，认知能力与个体在学习中进行信息处理的效率和决策质量密切相关（Gioia & Sims，1986）。

基于以上分析，笔者推断，CEO 的环境污染经历可能会导致所在企业的盈余管理水平提高。直接机制方面，CEO 敏感时期的环境污染经历塑造了其短视和激进的心理特质，从而其决策导向更加重视当前利益，忽略其行为可能带来的未来损失。而激进的特质使其行为更加有冒险性，更重要的是，有该特质的 CEO 更易不顾及制度的约束作用。盈余管理是典型的以短期利益为先，未来可能会导致企业利益受损的非道德行为。间接机制方面，CEO 受到环境污染的长期影响，认知能力和工作效率降低。在企业决策的复杂环境中，其识别有用信息、做出切实可行决策的概率下降，从而企业绩效水平相对较低（Graham et al.，2005）。此外，如果 CEO 受到环境污染的影响，情绪调节能力受损，其情绪会更加不稳定，对外在的利益相关者的负面评价更加敏感（Chen & Baram，2016）。此种情况下，CEO 可能会选择盈余管理粉饰报表缓解利益相关者施加的压力，图 1 汇报了 CEO 环境污染经历对企业盈余管理影响的机制。基于此，提出假设：

H1：早期有环境污染经历的 CEO 所在企业的盈余管理水平更高。

3.2 董事会对盈余管理行为的监督约束作用

董事会作为公司治理的核心，负责降低投资者与管理层之间的信息不对称程度，对财务报告质量负有重要责任。现有文献对于董事会对企业盈余管理等不道德行为的监督治理作用进行了深入研究，但是得出的结论存在不一致性。其原因在于，董事会有多种属性，现有学者多从单一属性视角探究其对 CEO 行为的监督作用。基于此，本研究从董事会规模、董事会成员任期和平均年龄三个属性分别探讨董事会对有环境污染经历的 CEO 所在企业盈余管理行为的监督控制作用，即对 CEO 的环境污染经历与盈余管理行为关系的调节作用。

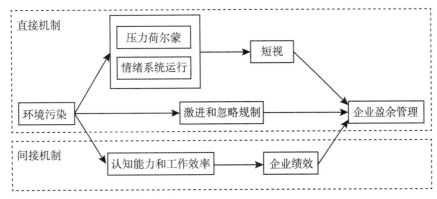

图 1　CEO 环境污染经历对企业盈余管理影响机制

3.2.1　董事会规模的调节作用

董事会规模影响董事的关系动态性、信息处理能力以及决策质量，最终影响董事会监督职能的发挥。当董事会规模较小时，董事间可以更好地进行沟通，监督和战略决策参与程度更高，其发挥的治理效应更有效（Walls & Hoffman，2013）。相比而言，随着董事会规模的扩大，其对 CEO 的监督和约束作用减弱。董事会规模较大时，董事的背景异质性更强，董事间的沟通成本更大，难以达成一致性结论，其对 CEO 的监督作用被削弱（Desai，2016）。同时，过大的董事会规模容易滋生一些董事的搭便车行为，"不求有功但求无过"的意识使得董事期待其他董事承担责任，减少了对 CEO 的诸如盈余管理行为的监督（杨清香等，2008）。较大规模的董事会还可能导致派系问题，影响了董事会成员监督职能的发挥，从而降低董事会对盈余管理行为的治理效果（吕景胜和赵玉梅，2016）。因此，较大的董事会规模给有环境污染经历的 CEO 更多的"发挥空间"，其对企业盈余管理行为影响加剧。基于此，提出假设：

H2：董事会规模越大，有环境污染经历的 CEO 所在企业的盈余管理水平越高。

3.2.2　董事会成员任期的调节作用

董事会成员的任期是另一个影响董事会的监督治理效应的因素。一些学者认为，随着董事会成员的任期的延长，对企业和产业的深入了解以及董事个人知识、经验和技能的积累等均会提高对董事会决策的参与程度，不仅有利于董事咨询与监督职能的行使，还会提高其对 CEO 业绩和激励的监督质量（陈冬华和相加凤，2017）。但是，越来越多的学者意识到董事任期延长对董事监督效应的损害作用。相关研究指出，任期较长的董事会与 CEO 建立情感联系，甚至形成利益团体，降低董事的独立性（Huang & Hilary，2018）。同时，为了维护董事与 CEO 之间建立的情感联系或者利益团体，有较长任期的董事往往会对 CEO 的非道德行为"视而不见"（郭放等，2019）。一旦董事对 CEO 盈余管理行为的容忍程度逐渐扩大，CEO 会更加胆大妄为，董事会的监督效应也会随之下降。可见，随着董事会成员的任期延长，董事发挥的咨询职能和监督职能之间不停博弈，最终可能以牺牲董事会的治理效应收场。基于此，提出假设：

H3：董事会成员任期越长，有环境污染经历的 CEO 所在企业的盈余管理水平越高。

3.2.3 董事会成员年龄的调节作用

作为重要的人口统计学特征之一，年龄可以反映董事会成员的能力积累、态度和职业忧虑等（Goergen et al.，2015），这些都可以进一步影响董事会对 CEO 不道德行为的治理效应。一方面，随着董事会成员的年龄的增长，董事会成员的社会阅历增加，其工作经验也得以积累，充分监督一个大而复杂的公司需要知识、技能和经验等方面的能力做支撑（Baran & Forst，2015）。同时，这种经验的积累与沉淀使得董事可以在复杂、动态的企业经营环境中更加审慎地评价 CEO 决策，进而提高董事会对 CEO 盈余管理行为的监督有效性（Xu et al.，2017）。另一方面，董事的年龄增大，其会更加注重声誉和职业安全性。企业的盈余管理行为，向外在的利益相关者提供了低质量的会计信息，其结果是企业声誉的受损。董事会成员的职业声誉与企业的声誉是高度绑定的，企业盈余管理行为有可能会对董事的声誉带来不利影响。同时，如果分析师和媒体等对企业的会计信息质量给予负面报道，企业股价和市值会下跌，企业投资者可能也会因董事会成员监督不力解雇董事，而年纪大的董事面临的风险更高（Xu et al.，2017）。因此，本研究认为董事会成员的平均年龄越大，其对 CEO 盈余管理行为监督的动机越强，提出假设：

H4：董事会成员平均年龄越大，有环境污染经历的 CEO 所在企业的盈余管理水平越低。

4. 研究设计

4.1 样本选取及数据来源

以 2003—2021 年中国沪深 A 股上市公司数据作为初始研究样本。研究数据主要来源于公开的企业数据库和财经网站。具体而言，环境污染数据来自于中国气象信息中心雾霾天气历史数据集，CEO 的个人特征数据来自 CSMAR 数据库和 CNRDS 数据库（中国研究数据服务平台），对于部分缺失的出生地和学历信息，通过新浪财经、必应搜索、维基百科以及各官方网站的公开信息手工搜集和补充，企业财务数据来源于 CSMAR 数据库和 Wind 数据库。

4.2 变量定义

（1）因变量：企业盈余管理行为（EM）。学者对于盈余管理的研究大多采用 Dechow 等（1995）的修正 Jones 模型计算盈余管理变量。具体计算步骤为：分行业、分年度对模型 1 进行 OLS，得到系数 β_1、β_2、β_3，将该系数代入模型 2，计算获得企业的非操纵应计盈余，最后将估计得到的非操纵应计盈余代入模型 3，计算出企业的操纵性应计盈余（EM）。

$$TA_t/A_{t-1} = \beta_1(1/A_{t-1}) + \beta_2(\Delta REV_t/A_{t-1}) + \beta_3(PPE_t/A_{t-1}) + \varepsilon_t \quad （模型 1）$$

$$NEM_t = \alpha_1(1/A_{t-1}) + \alpha_2(\Delta REV_t/A_{t-1} - \Delta AR_t/A_{t-1}) + \alpha_3(PPE_t/A_{t-1}) \quad （模型 2）$$

$$EM_t = TA_t/A_{t-1} - NEM_t \tag{模型3}$$

以上模型中，TA_t 为第 t 期企业的总应计利润，是企业经营利润与经营性活动的现金流之差；A_{t-1} 为企业第 $t-1$ 期期末总资产数值；NEM_t 表示根据企业第 $t-1$ 期期末总资产调整后第 t 期非操控应计盈余数值；ΔREV_t 为企业当期和上一期主营业务收入的差额；ΔAR_t 为企业当期和上一期应收账款的差额；PPE_t 为企业第 t 期期末固定资产原值。

（2）自变量：CEO 环境污染经历（pollu_exp）。基于我国企业公司治理的实际情况，参考已有研究的普遍做法（许年行和李哲，2016），将 CEO 定义为在企业中实际负责日常经营管理的最高级管理人员。环境污染方面，鉴于空气污染指标被最广泛地用来衡量环境污染程度，而雾霾被认为是最具代表性的用以衡量空气污染的指标（祁毓和卢洪友，2015），参考和欣等（2021）的研究，利用中国气象信息中心雾霾天气历史数据集中包含的中国国家级地面气象站的雾霾数据，与 CEO 出生地进行地域精准匹配，衡量 CEO 出生地的环境污染情况。该数据集中包含中国 2400 多个国家级地面气象站的雾霾观测数据，气象站每日 4 次定时观测当地雾霾数据，年份从 1951 年持续到 2010 年。同时，环境污染对于个体的影响是缓慢的过程，根据烙印理论，青少年时期（5~15 岁）处于个体身心发育的关键阶段，对环境污染的负面刺激更加敏感。最终，以企业 CEO 5~15 岁期间，其出生地行政区域年度雾霾天数占全年观测天数比例的 10 年累积之和衡量 CEO 的环境污染经历。指标数值越大，说明 CEO 受到环境污染影响越严重。

（3）控制变量。分别从 CEO、企业和行业层面对企业盈余管理的影响因素进行控制，具体包括 CEO 年龄、性别、学历、董事长和总经理两职合一情况、企业规模、盈利能力、财务杠杆、成长性、经营活动现金流量、独立董事比例、产权性质、股权制衡度、行业竞争度。此外，模型加入年度哑变量和行业哑变量，以控制年度和行业固定效应。

（4）调节变量。综合考察董事会规模、成员任期、成员年龄多个结构特征对 CEO 的环境污染的经历与企业盈余管理行为关系的调节作用，具体变量的定义和测量如表 1 所示。

表 1 主要变量的定义和测量

变量类型	变量	定义及测量
被解释变量	盈余管理（EM）	使用修正 Jones 模型得到的企业绝对操控应计数值
解释变量	CEO 环境污染经历（pollu_exp）	CEO 在 5~15 岁，其出生地行政区域内所有地面气象站年度雾霾天数占当年观测天数比例的连续 10 年累计总和
控制变量	年龄（age）	CEO 的年龄
	性别（gender）	若 CEO 为男性，标为 1，否则标为 0
	学历（degree）	1=中专及中专以下，2=大专，3=本科，4=硕士研究生，5=博士研究生
	董事长和总经理两职合一（isduality）	董事长、总经理为一人同时担任则变量赋值为 1，否则为 0
	企业规模（size）	年末总资产的自然对数
	盈利能力（roa）	资产收益率，企业净利润与资产比值

续表

变量类型	变量	定义及测量
控制变量	财务杠杆 （lev）	企业的资产负债率表示企业的财务杠杆，财务杠杆＝长期负债/总资产
	成长性 （growth）	主营业务收入增长率
	经营活动现金流量 （cashflow）	经营活动产生的现金流量净额与企业资产的比值
	托宾 q （tobin q）	（股票市值＋净债务）/净资产
	独立董事比例 （inderatio）	独立董事占董事会总人数的比例×100
	产权性质 （SOE）	当控股股东为国企时定义为 1，否则为 0
	股权制衡度 （sha_bal）	以第二至第十大股东持股比例之和与第一大股东持股比例的比值得到
	行业竞争度 （indu_com）	利用单个企业营业收入计算其所占行业市场份额
调节变量	董事会规模 （boardsize）	在职的董事会总人数
	董事会成员任期 （tenure）	董事会成员任期的平均值
	董事会成员年龄 （boa_age）	董事会成员的平均年龄

4.3 实证模型构建

首先，以模型 4 检验文中假设 H1，其中 $CV_{i,t}$ 为控制变量组，如果 β_1 显著为正，则说明有环境污染经历的 CEO 所在的企业的盈余管理水平更高。

$$EM_{i,t} = \beta_0 + \beta_1 \times pollu\_exp_{i,t} + \gamma \times CV_{i,t} + year_t + indus_j + \varepsilon_{i,t} \qquad （模型 4）$$

$$EM_{i,t} = \beta_0 + \beta_1 \times pollu\_exp_{i,t} + \beta_2 \times boardsize_{i,t} + \beta_3 \times boardsize_{i,t} \times pollu\_exp_{i,t} +$$
$$\gamma \times CV_{i,t} + year_t + indus_j + \varepsilon_{i,t} \qquad （模型 5）$$

$$EM_{i,t} = \beta_0 + \beta_1 \times pollu\_exp_{i,t} + \beta_2 \times tenure_{i,t} + \beta_3 \times tenure_{i,t} \times pollu\_exp_{i,t} +$$
$$\gamma \times CV_{i,t} + year_t + indus_j + \varepsilon_{i,t} \qquad （模型 6）$$

$$EM_{i,t} = \beta_0 + \beta_1 \times pollu\_exp_{i,t} + \beta_2 \times boa\_age_{i,t} + \beta_3 \times boa\_age_{i,t} \times pollu\_exp_{i,t} +$$
$$\gamma \times CV_{i,t} + year_t + indus_j + \varepsilon_{i,t} \qquad （模型 7）$$

以模型 5、6、7 检验文中假设 H2、H3、H4，即董事会的结构对 CEO 的环境污染经历与企业的盈余管理行为之间的关系的调节作用，依据交叉项的系数 β_3 分别检验董事会的规模、董事会成员的任期和董事会成员的年龄对以上关系的调节作用。

其次，决定是用面板数据方法还是使用混合 OLS 方法。当数据在跨年度的同一单位上（比如企业）包含了重复的观测值，并且这些观测值之间是相关的时候，宜使用面板方法。对于面板模型来说，还有一个重要的选择就是确定到底是用固定效应方法还是随机效应的方法。区分这两个模型关键在于无法观测的个体效应是否和模型中观测的解释变量相关，如果不相关，那么就选用随机效应，否则，用固定效应模型就更为合适。本研究进行了 Hausman 检验，检验结果显示解释变量和非观测的个体效应之间是相关的，因此使用固定效应模型进行数据分析以验证文中假设。

5. 实证结果分析

5.1 描述性统计

表 2 汇报了主要变量的描述性统计分析结果。由表 2 可以看出，上市企业的盈余管理 EM 均值为 0.648，最大值为 22.16，最小值为 −0.685，标准差为 0.994，上市企业的盈余管理行为存在一定的差异性。CEO 环境污染经历 pollu_exp 的均值为 0.903，最小值和最大值分别 0 和 8.299，标准差为 1.481，说明 CEO 受到环境污染影响的水平差异较大，探讨 CEO 的环境污染经历对企业盈余管理行为的影响具有较强的现实基础。

表 2 变量的描述性统计

variable	mean	p25	p75	sd	min	max
EM	0.648	0.203	0.793	0.994	−0.685	22.16
pollu_exp	0.903	0.024	1.034	1.481	0	8.299
age	47.21	43	51	5.863	29	64
gender	0.957	1	1	0.203	0	1
degree	3.646	3	5	1.26	1	5
isduality	0.329	0	1	0.47	0	1
size	10.56	9.520	11.39	1.434	5.731	17.03
roa	0.035	0.013	0.064	0.157	−20.55	1.992
lev	0.489	0.311	0.623	0.368	0.016	20.25
growth	0.341	−0.008	0.324	3.622	−0.995	461.0
cashflow	0.0550	0.009	0.102	0.077	−0.393	0.461
tobinq	1.906	1.161	2.127	1.348	0.711	25.33
inderatio	0.369	0.333	0.417	0.077	0	0.8
SOE	0.518	0	1	0.5	0	1
sha_ bal	1.816	1.211	2.196	0.748	1.007	7.565
indu_ com	0.287	0.085	0.392	0.279	0.0140	1

5.2 相关性分析

表 3 汇报了主要变量的 Pearson 相关系数矩阵，相关系数检验显示，CEO 的环境污染经历（pollu_exp）与企业盈余管理行为（EM）的相关系数为 0.205，在 1% 水平上显著，表明有环境污染经历的

表 3

主要变量的相关系数表

	EM	pollu_exp	age	gender	degree	isduality	size	roa	lev	growth	cashflow	tobinq	inderatio	SOE	sha_bal	indu_com
EM	1															
pollu_exp	0.205***	1														
age	-0.160***	-0.090***	1													
gender	0	-0.046***	-0.045***	1												
degree	-0.075***	0.125***	0.131***	0.011	1											
isduality	0.005	0.004	0.123***	0.022***	0.170***	1										
size	0	0.007	0.356***	-0.022***	0.183***	-0.162***	1									
roa	0.033***	0.003	0.026***	-0.007	0.023***	0.026***	0.061***	1								
lev	0.073***	-0.045***	-0.050***	-0.076***	0.014*	-0.117***	0.084***	-0.473***	1							
growth	0.300***	0.005	-0.033***	0.005	-0.01	0.005	-0.017**	0.020***	0.024***	1						
cashflow	0.027***	0.003	0.005	-0.031***	0.039***	-0.073***	0.099***	0.130***	-0.092***	0.027***	1					
tobinq	-0.062***	0.041***	0.024***	-0.049***	-0.031***	0.145***	-0.319***	-0.059***	0.045***	0.022***	0.072***	1				
inderatio	-0.025***	0.030***	0.188***	-0.143***	0.086***	0.203***	0.108***	0.042***	-0.121***	0.009	0.013*	0.084***	1			
SOE	0.056***	-0.055***	-0.086***	0.047***	-0.096***	-0.510***	0.234***	-0.048***	0.171***	-0.027***	0.012*	-0.197***	-0.205***	1		
sha_bal	0.032***	-0.065***	0.039***	0.089***	0	0.101***	-0.041***	-0.065***	0.099***	0.0120	-0.086***	0.023***	-0.018**	-0.205***	1	
indu com	0.009	0.035***	-0.012*	0.019*	0.003	-0.023***	0.020*	-0.013*	0.012*	0.001	0.015**	-0.005	0.013*	0.053***	-0.053***	1

注：*，**，*** 分别表示在 10%，5%，1% 的水平上显著相关。

CEO 所在的企业盈余管理水平更高。相关系数的结果初步支持了假设 H1 的论断。此外，企业业绩、资产负债率、企业成长性、现金流、产权性质和股权制衡程度与企业盈余管理行为呈正相关关系，而 CEO 年龄、学历、托宾 q、独立董事比例与企业盈余管理行为呈负相关关系。

此外，CEO 的环境污染经历（pollu_exp）与控制变量的相关系数较小（VIF 值为 1.27，远低于 10 的警戒线），说明回归模型不存在严重的多重共线性问题。限于篇幅，VIF 检验并未汇报。

5.3 回归分析

（1）CEO 环境污染经历与企业盈余管理的关系。表 4 列示了 CEO 环境污染经历对企业盈余管理影响的回归结果。表 4 第（1）列仅加入控制变量，第（2）列加入 CEO 环境污染经历变量，CEO 环境污染经历（pollu_exp）的回归系数为 5.431，且在 1% 水平上显著，假设 H1 得到了支持。控制变量方面，企业盈余管理与企业绩效水平、资产负债率、企业成长性显著正相关，而企业规模和企业现金流水平显著抑制企业的盈余管理水平。

（2）董事会结构特征的调节作用。表 4 第（3）列加入了董事会规模以及 CEO 的环境污染经历与董事会规模的交乘项，回归结果显示，董事会规模的系数在 1% 水平上显著为正，说明大规模的董事会并未对企业的盈余管理行为发挥有效的抑制作用。董事会规模与 CEO 的环境污染经历的交乘项系数在 1% 水平上显著为正，说明董事会规模越大，CEO 的环境污染经历与企业盈余管理行为的正向关系越明显，假设 H2 得到了支持。

表 4 第（4）列加入了董事会成员任期以及 CEO 的环境污染经历与董事会成员任期的交乘项，回归结果显示，董事会成员任期的系数在 1% 水平上显著为正，董事会成员的任期越长，其与 CEO 建立的职业联系和情感联系越会降低董事会对盈余管理行为的监督效应。董事会成员任期与 CEO 的环境污染经历的交乘项系数在 1% 水平上显著为正，说明董事会成员的任期越长，CEO 的环境污染经历对企业盈余管理行为影响越大，假设 H3 得到了支持。

表 4 第（5）列加入了董事会成员年龄以及 CEO 的环境污染经历与董事会成员年龄的交乘项，回归结果显示，董事会成员年龄的系数在 1% 水平上显著为负，董事会成员的平均年龄越大，越可以直接抑制 CEO 的盈余管理行为。董事会成员年龄与 CEO 的环境污染经历的交乘项系数在 1% 水平上显著为负，说明董事会成员的平均年龄增大，其技能和经验的积累提高了董事会的监督作用，同时，其对职业安全和声誉的考虑使其既有动机又有能力去抑制有环境污染经历的 CEO 的盈余管理行为。董事会成员的年龄负向调节 CEO 的环境污染经历与企业盈余管理行为的关系，假设 H4 得到了支持。

表 4　　　　　　　**CEO 的环境污染经历对盈余管理影响的回归结果**

	（1）EM	（2）EM	（3）EM	（4）EM	（5）EM
pollu_exp		5.431*** (3.84)	5.284*** (3.42)		

续表

	（1） EM	（2） EM	（3） EM	（4） EM	（5） EM
boardsize			0. 0285 ***		
			（7. 52）		
pollu_exp×boardsize			0. 502 ***		
			（3. 12）		
tenure				0. 302 ***	
				（6. 04）	
pollu_exp×tenure				0. 674 ***	
				（4. 20）	
boa_age					−0. 288 ***
					（−6. 14）
pollu_exp×boa_age					−0. 296 ***
					（−2. 64）
age	−0. 0135	−0. 0131	−0. 0357 ***	−0. 0322 ***	−0. 0273 ***
	（−1. 17）	（−1. 14）	（−6. 70）	（−6. 08）	（−5. 14）
gender	0. 0136	0. 0671	0. 0270	0. 0253	0. 0682
	（0. 08）	（0. 04）	（0. 22）	（0. 02）	（0. 57）
degree	0. 121 *	0. 119 *	−0. 453	−0. 121	−0. 294
	（1. 67）	（1. 65）	（−0. 05）	（−0. 13）	（−0. 32）
isduality	−0. 0170	−0. 0401	−0. 0630 *	−0. 0471	−0. 0608
	（−0. 12）	（−0. 28）	（−1. 66）	（−1. 23）	（−1. 60）
size	−0. 113 ***	−0. 113 ***	−0. 191 ***	−0. 182 ***	−0. 169 ***
	（−3. 85）	（−3. 86）	（−10. 78）	（−10. 19）	（−9. 47）
roa	0. 383 *	0. 376 *	−0. 381 ***	−0. 465 ***	−0. 602 ***
	（1. 75）	（1. 72）	（−3. 28）	（−3. 99）	（−5. 17）
lev	0. 350 ***	0. 342 ***	0. 141 ***	0. 0880 *	0. 0607
	（4. 28）	（4. 17）	（2. 80）	（1. 76）	（1. 22）
growth	0. 326 ***	0. 326 ***	0. 437 ***	0. 442 ***	0. 442 ***
	（38. 23）	（38. 23）	（144. 65）	（147. 51）	（147. 86）
cashflow	−1. 520 ***	−1. 513 ***	−1. 115 ***	−1. 136 ***	−1. 212 ***
	（−8. 97）	（−8. 93）	（−12. 68）	（−12. 85）	（−13. 74）
tobinq	0. 00268	0. 00352	−0. 454	−0. 156	0. 677
	（0. 23）	（0. 31）	（−0. 66）	（−0. 23）	（0. 98）

续表

	（1）	（2）	（3）	（4）	（5）
	EM	EM	EM	EM	EM
inderatio	0.137	0.136	0.554***	0.678***	0.753***
	(0.74)	(0.73)	(5.40)	(6.46)	(7.41)
SOE	0.0336	0.0360	−0.116***	−0.0564	−0.0413
	(0.41)	(0.44)	(−3.34)	(−1.58)	(−1.20)
sha_bal	−0.0350	−0.0353	0.851***	0.983***	0.985***
	(−1.15)	(−1.16)	(5.80)	(6.71)	(6.77)
indu_com	0.00348	0.00270	−0.0171	−0.0213	−0.0222
	(0.08)	(0.06)	(−0.99)	(−1.22)	(−1.28)
_cons	1.062***	3.035***	3.034***	3.129***	3.914***
	(3.23)	(10.16)	(10.08)	(10.45)	(11.23)
行业变量	控制	控制	控制	控制	控制
年度变量	控制	控制	控制	控制	控制
样本量	9522	9522	9522	9522	9522

注：括号内为 t 值，*、** 和 *** 分别代表在10%、5%和1%水平上显著，下同。

6. 内生性、稳健性和进一步研究

6.1 内生性分析

本研究探究了 CEO 的环境污染经历对其所在企业的盈余管理行为的影响，但是研究结论仍然可能受到内生性结论的影响。对研究结果的另一个解释是有高水平盈余管理的企业吸引了有环境污染经历的 CEO，即企业的盈余管理水平与有环境污染经历的 CEO 之间可能有内生性。这种内生性可能会造成本文的结果偏误。同时，尽管我们在回归设计中加入了很多控制变量，但仍存在遗漏变量的问题，这些无法观测的企业特征可能同时影响本文的回归结果。因此，借鉴已有研究的策略，本文使用了 PSM 法、Heckman 二阶段模型以及 CEO 变更的差分模型来解决这一内生性问题。

6.1.1 倾向得分匹配法（PSM 法）

本文采用倾向得分匹配方法（PSM 法）解决可能存在的内生性问题。研究对文中样本进行配对处理，主要考虑影响企业选聘何种类型的 CEO 的变量，包括企业成立年限（cor_age）、CEO 年龄（age）、CEO 性别（gender）、CEO 学历（degree）、企业的现金流量水平（cashflow）、资产规模

（size）、资产收益率（roa）、资产负债率（lev）、董事会规模（boardsize）、独立董事比例（inderatio）、托宾 q（tobinq）、企业的成长性（growth）和企业产权性质（SOE），根据模型中倾向性得分最接近但是 CEO 受到环境污染影响低于均值的企业作为配对样本。进行 PSM 匹配后，大多数变量的标准化偏差小于 5%，匹配后变量的 t 检验的 p 值不拒绝两个配对组之间无差异的假设，处理组和对照组的控制变量在分布上是一致的，匹配效果良好。

均衡性检验结果显示，各变量匹配后在实验组和对照组间是均衡的，但是企业的现金流（cashflow）、资产负债率（lev）和独立董事比例（inderatio）三个变量匹配前后实验组较对照组 p 值无变化，说明匹配前该变量实验组和对照组无差别，因此在建模的时候将 cashflow、lev 和 inderatio 三个变量排除重新对样本进行匹配，匹配结果显示，排除三个变量后匹配结果更为理想，囿于篇幅限制，未汇报变量的匹配结果。

在样本匹配基础上对模型进行重新回归，回归结果如表 5 所示。由表 5 的列（1）和（2）可知，在控制了行业变量、年度变量、企业特征变量、公司治理层面变量以及 CEO 个人特征变量后，CEO 的环境污染经历的系数为 4.819，在 1% 水平上显著为正。董事会规模、董事会成员的平均年龄与 CEO 环境污染经历的交互项的系数分别在 1% 水平上显著，董事会成员的任期与 CEO 环境污染经历的交互系数不显著。

表 5　　　　基于样本的 PSM 匹配的 CEO 环境污染经历对盈余管理影响回归结果

	（1）EM	（2）EM	（3）EM	（4）EM	（5）EM
pollu_exp		4.819*** (2.60)			
boardsize			0.0777*** (4.24)		
pollu_exp×boardsize			1.034*** (7.02)		
tenure				0.0603** (2.23)	
pollu_exp×tenure				0.0172 (1.12)	
boa_age					−0.0146** (−2.20)
pollu_exp×boa_age					−0.491*** (−5.03)
age	0.0231 (0.82)	−0.0268 (−0.93)	−0.0292** (−2.11)	−0.0118 (−0.88)	0.0473 (0.35)

续表

	（1） EM	（2） EM	（3） EM	（4） EM	（5） EM
gender	0.0995 （0.28）	0.0140 （0.39）	0.105 （0.36）	0.328 （1.12）	0.382 （1.30）
degree	0.379** （2.51）	0.384** （2.54）	−0.0306** （−2.52）	−0.00951 （−0.78）	−0.0309** （−2.52）
isduality	0.156 （0.30）	0.136 （0.26）	0.0990* （1.82）	0.117** （2.16）	0.0885 （1.61）
size	−0.0731 （−1.35）	−0.0728 （−1.34）	−0.258*** （−11.75）	−0.263*** （−11.92）	−0.246*** （−10.95）
roa	0.895** （2.49）	0.911** （2.53）	0.606*** （4.96）	0.413*** （3.38）	0.481*** （3.90）
lev	1.058*** （4.98）	1.065*** （5.00）	0.341*** （4.14）	0.345*** （4.18）	0.374*** （4.46）
growth	0.259*** （15.57）	0.260*** （15.57）	0.324*** （38.68）	0.336*** （41.15）	0.331*** （40.06）
cashflow	−1.037*** （−3.43）	−1.057*** （−3.48）	−0.884*** （−9.26）	−0.935*** （−9.88）	−0.991*** （−10.41）
tobinq	−0.0176 （−0.78）	−0.0185 （−0.81）	−0.102*** （−12.01）	−0.0916*** （−10.83）	−0.0957*** （−10.94）
inderatio	−0.0834 （−0.25）	−0.0842 （−0.25）	0.0243 （0.18）	0.445*** （3.34）	0.110 （0.85）
SOE	−0.111 （−0.59）	−0.111 （−0.59）	0.0506 （0.76）	0.0592 （0.90）	0.0386 （0.57）
sha_bal	−0.116 （−1.58）	−0.120 （−1.64）	−0.0360 （−1.36）	−0.0608 （−0.02）	−0.0255 （−0.97）
indu_com	0.0186 （0.25）	0.0174 （0.23）	−0.0127 （−0.69）	−0.0180 （−0.99）	−0.0181 （−0.98）
_cons	−2.742*** （−3.18）	2.608*** （4.10）	4.071*** （6.18）	2.869*** （4.56）	1.501** （2.14）
行业变量	控制	控制	控制	控制	控制
年度变量	控制	控制	控制	控制	控制
样本量	3832	3832	3832	3832	3832

6.1.2　Heckman 二阶段模型

本文将 CEO 早期受到环境污染大于均值的 CEO 定义为 CEO 环境污染经历，被解释变量 employ 定义为企业是否聘请早期受到环境污染经历影响的 CEO，第一阶段将其与可能会影响企业聘任决策的变量进行回归，估算出逆米尔斯比率 λ（Invers Mill's ratio）。接着，在第二阶段将逆米尔斯比率 λ 作为控制变量分别代入公式模型，检验 CEO 环境污染经历对企业盈余管理的影响。表 6 汇报了主效应和调节效应的回归结果，CEO 环境污染经历的回归系数在 1% 水平上显著为正。调节效应方面，董事会规模、董事会成员任期和董事会成员年龄与 CEO 环境污染经历的交互项系数在 1% 水平上显著。可见，在考虑了自选择偏误后，本文的结论依然成立。

表 6　**Heckman 二阶段模型回归结果**

	(1) EM	(2) EM	(3) EM	(4) EM
pollu_exp	5.645*** (3.57)	5.121*** (4.81)	5.490*** (2.64)	5.622*** (3.99)
λ	−24.53 (−0.28)	−42.67 (−0.49)	−17.14 (−0.18)	−23.98 (−0.27)
boardsize		0.809*** (3.02)		
pollu_exp×boardsize		7.610*** (3.31)		
tenure			0.0827* (1.77)	
pollu_exp×tenure			20.63*** (4.38)	
boa_age				−0.0562 (−0.76)
pollu_exp×boa_age				−0.423*** (−7.15)
age	−0.729*** (−3.95)	−0.725*** (−3.87)	−0.522*** (−2.59)	−0.751*** (−4.06)
gender	0.72433 (0.01)	0.7246 (0.01)	0.7920 (0.01)	0.7242 (0.01)
degree	0.0410 (0.45)	0.0253 (0.28)	0.0471 (0.50)	0.0461 (0.50)

续表

	（1）	（2）	（3）	（4）
	EM	EM	EM	EM
isduality	−0.615	−0.422	−1.193	−0.650
	（−1.10）	（−0.74）	（−1.52）	（−1.16）
size	1.264***	1.344***	0.600***	1.297***
	（6.93）	（7.31）	（2.66）	（6.70）
roa	3.622	8.418	2.828	3.352
	（0.16）	（0.37）	（0.11）	（0.15）
lev	6.448	11.47	4.314	6.594
	（0.27）	（0.48）	（0.17）	（0.28）
growth	−0.393	−0.471	−0.139	−0.477
	（−0.76）	（−0.92）	（−0.24）	（−0.93）
cashflow	2.836	3.808	5.571	2.829
	（0.56）	（0.75）	（1.00）	（0.56）
tobinq	0.0845	0.152	0.0807	0.0657
	（0.24）	（0.43）	（0.21）	（0.19）
inderatio	0.360	0.503	0.227	0.349
	（0.35）	（0.50）	（0.21）	（0.34）
SOE	−8.665	−15.07	−7.819	−8.534
	（−0.27）	（−0.47）	（−0.22）	（−0.26）
sha_bal	−0.717	−0.962	−0.529	−0.705
	（−0.44）	（−0.58）	（−0.30）	（−0.43）
indu_com	−0.0772	−0.0987	0.0579	−0.0752
	（−0.54）	（−0.70）	（0.36）	（−0.52）
_cons	0.304*	0.141	0.0899	−0.382
	（1.70）	（0.75）	（0.44）	（−1.52）
行业变量	控制	控制	控制	控制
年度变量	控制	控制	控制	控制
样本数	9187	9187	9187	9187

6.1.3 基于 CEO 变更事件的双重差分检验

针对可能存在的样本自选择偏误（self-selection bias）问题，本文采用基于 CEO 变更事件的双重差分检验。根据 CEO 早期受到环境污染影响的均值为界生成对应的 dummy 变量，大于样本均值的

CEO 界定为有环境污染经历的 CEO，反之则为不具备环境污染经历 CEO。

以企业 CEO 变更作为时点，将自变量分成处理组（Treat=1）和控制组（Treat=0）。具体而言，以公司 CEO 变更作为时点，由不具备环境污染经历 CEO 变更为有环境污染经历 CEO 的企业作为处理组，设置 Treat=1，并将变更前后均为不具备环境污染经历 CEO 的企业作为控制组，设置 Treat=0。选取 CEO 变更前后一年（包括变更当年，共 3 年）的样本数据作为测试数据，将 CEO 变更前三年的样本设置 Post=0，变更当年及变更后两年的样本设置 Post=1，同时，参考何瑛等（2019）的处理方式，CEO 连续变更事件的时间间隔不小于 4 年，否则只保留首次变更的样本。以 Treat 为因变量，影响 Treat 的控制变量为匹配变量，使用 Logit 回归，倾向分值选取最近邻方法，在两组之间进行 1∶1 有放回匹配，最后使用匹配后的样本进行回归。基于 CEO 变更事件的双重差分模型结果仍然支持本研究的结论。

6.2 稳健性分析

为了增加结果的稳健性，研究增加了如下过程：

（1）自变量的替代测量。为对主要结果进行稳健性检验，用替代指标重新衡量企业 CEO 的环境污染经历。采用 CEO 5~15 岁期间的年度雾霾天数的标准差，作为 CEO 环境污染经历的替代变量。采用替代性指标衡量变量后，CEO 的环境污染经历对企业盈余管理影响以及董事会特征的调节作用，回归结果如表 7 所示，CEO 的环境污染经历对其所在企业的盈余管理行为影响的回归系数为 7.861，在 1% 水平上显著为正。董事会成员规模越大，董事会成员任期越长，其对有环境污染经历的 CEO 所在企业的盈余管理行为监督和控制作用越弱。董事会规模与企业盈余管理在 1% 水平上显著为正，其与 CEO 的环境污染经历的交互项系数在 1% 水平上显著为正。董事会成员任期与企业盈余管理在 1% 水平上显著为正，其与 CEO 的环境污染经历的交互项系数在 5% 水平上显著为正。而稳健性回归结果显示，平均年龄较大的董事会显著降低企业的盈余管理，而且其负向调节 CEO 环境污染经历与企业盈余管理之间的关系。董事会成员年龄与企业盈余管理在 1% 水平上显著为负，其与 CEO 的环境污染经历的交互项系数在 10% 水平上显著为负。

表 7　　　　　　CEO 环境污染经历对其所在企业盈余管理影响稳健性回归结果

	（1） EM	（2） EM	（3） EM	（4） EM
pollu_exp_w	7.861 *** （2.98）	20.92 *** （6.21）	5.561 ** （1.99）	20.80 * （1.93）
boardsize		0.0240 *** （6.20）		
pollu_exp_w×boardsize		0.792 *** （3.92）		

续表

	（1） EM	（2） EM	（3） EM	（4） EM
tenure			0.0251 ***	
			(5.12)	
pollu_exp_w×tenure			0.0716 **	
			(2.36)	
boa_age				-0.0318 ***
				(-7.04)
pollu_exp_w×boa_age				-0.238 *
				(-2.03)
age	-0.0324 ***	-0.0335 ***	-0.0329 ***	-0.0324 ***
	(-6.00)	(-6.23)	(-6.07)	(-6.00)
gender	0.0642	0.0688	0.0325	0.0642
	(0.53)	(0.57)	(0.27)	(0.53)
degree	0.00281	0.00193	0.00232	0.00281
	(0.30)	(0.21)	(0.25)	(0.30)
isduality	-0.0547	-0.0567	-0.0604	-0.0547
	(-1.42)	(-1.48)	(-1.56)	(-1.42)
size	-0.187 ***	-0.190 ***	-0.181 ***	-0.187 ***
	(-10.50)	(-10.73)	(-10.11)	(-10.50)
roa	-0.508 ***	-0.374 ***	-0.459 ***	-0.508 ***
	(-4.38)	(-3.22)	(-3.94)	(-4.38)
lev	0.0877 *	0.147 ***	0.0963 *	0.0877 *
	(1.76)	(2.93)	(1.93)	(1.76)
growth	0.443 ***	0.438 ***	0.443 ***	0.443 ***
	(147.89)	(144.80)	(147.46)	(147.89)
cashflow	-1.159 ***	-1.114 ***	-1.154 ***	-1.159 ***
	(-13.14)	(-12.65)	(-13.06)	(-13.14)
tobinq	-0.0125	-0.0544	-0.00133	-0.00125
	(-0.18)	(-0.79)	(-0.19)	(-0.18)
inderatio	0.730 ***	0.569 ***	0.678 ***	0.730 ***
	(7.18)	(5.55)	(6.46)	(7.18)
SOE	-0.0637 *	-0.113 ***	-0.0579	-0.0637 *
	(-1.85)	(-3.26)	(-1.62)	(-1.85)

续表

	（1） EM	（2） EM	（3） EM	（4） EM
sha_bal	0.105***	0.0859***	0.0980***	0.105***
	(7.22)	(5.85)	(6.68)	(7.22)
indu_com	−0.0183	−0.0166	−0.0207	−0.0183
	(−1.05)	(−0.96)	(−1.19)	(−1.05)
_cons	3.071***	3.022***	3.122***	3.071***
	(10.21)	(10.03)	(10.36)	(10.21)
行业变量	控制	控制	控制	控制
年度变量	控制	控制	控制	控制
样本量	9522	9522	9522	9522

（2）Placebo 检验。如果主回归的结果在任何 CEO 出生地分布情境下都存在，那么 CEO 环境污染经历所引致的处理效应的显著性将失去意义。为此，我们参考许年行和李哲（2016）进行 Placebo 检验：首先，为每位 CEO 随机模拟分配一个出生地；其次，以模拟的出生地重新计算 CEO 受到环境污染的影响，并生成模拟解释变量 $pollu\_exp_n$；最后，利用模拟解释变量 $pollu\_exp_n$ 对盈余管理变量进行重复回归 100 次。回归结果中，系数显著为正和显著为负的占比差异较小，意味着研究构造的虚拟处理效应并不存在，表明确实是 CEO 环境污染经历提高了其所在企业的盈余管理水平，而不是其他因素或者噪音所导致的，验证了文中主要结论的稳健性。囿于篇幅限制，未汇报 Placebo 检验回归的结果。

6.3 进一步研究

前文的实证回归结果发现，有环境污染经历的 CEO 所在企业的盈余管理水平更高。本文认为其原因在于 CEO 在敏感时期的环境污染经历塑造了其激进和易于忽略规制等稳定的心理特质，这会体现在企业的盈余管理行为上。企业的盈余管理分为应计盈余管理和真实盈余管理两类，随着会计准则日臻完善和监管力度不断加强，应计盈余管理更容易引起监管方和其他利益相关者的审查，企业面临较高的诉讼风险，CEO 从应计盈余管理向真实盈余管理转换的动机加强（Ewert et al.，2005）。本文认为，如果 CEO 受到环境污染的影响形成稳定的心理特质，那么企业的真实盈余管理水平也会受到影响。基于此，本文实证检验 CEO 的环境污染经历对企业真实盈余管理水平的影响，以及董事会结构特征对以上关系的调节作用。真实盈余管理分为异常经营现金流（CFOEM）、异常产品成本（PROEM）和异常酌量费用（EXPEM）三类，根据 Zang（2012）的研究，真实盈余管理的综合指标 RM 为：$RM_{it} = PROEM_{it} - CFOEM_{it} - EXPEM_{it}$。表 8 汇报了 CEO 的环境污染经历对企业真实盈余管理影响的实证回归结果，回归结果显示，CEO 的环境污染经历与企业真实盈余管理行为之间在 10% 水平上显著正相关，其系数为 4.548。与预期一致，董事会的规模越大、董事会成员任期越长，CEO 的环境污染经历对企业真实盈余管理水平的影响越大。而成员平均年龄更大的董事会，对有环境污染经历的 CEO 所在企业的真实盈余管理进行了有效的抑制，交乘项的系数在 1% 水平上显著。

表8　　　　　　　　　　**CEO 环境污染经历与企业真实盈余管理水平回归结果**

	（1） RM	（2） RM	（3） RM	（4） RM
pollu_exp	4.548*	4.784***	2.479*	19.96***
	(1.78)	(3.21)	(1.71)	(3.59)
boardsize		0.147***		
		(3.057)		
pollu_exp×boardsize		0.061***		
		(4.019)		
tenure			0.094**	
			(2.060)	
pollu_exp×tenure			0.126**	
			(2.057)	
boa_age				-0.202
				(-0.129)
pollu_exp×boa_age				-0.101***
				(-4.032)
age	-0.0139	-0.0298***	-0.0267***	-0.0220***
	(-1.23)	(-5.80)	(-5.23)	(-4.30)
gender	-0.0165	0.0417	0.0171	0.0800
	(-0.01)	(0.36)	(0.15)	(0.69)
degree	0.110	-0.000588	-0.00103	-0.00278
	(1.56)	(-0.07)	(-0.11)	(-0.31)
isduality	-0.0540	-0.0692*	-0.0542	-0.0679*
	(-0.38)	(-1.90)	(-1.47)	(-1.86)
size	-0.124***	-0.188***	-0.179***	-0.167***
	(-4.33)	(-11.00)	(-10.44)	(-9.71)
roa	-0.0205	-0.729***	-0.807***	-0.938***
	(-0.10)	(-6.51)	(-7.18)	(-8.37)
lev	0.314***	0.0996**	0.0499	0.0241
	(3.90)	(2.06)	(1.04)	(0.50)

续表

	（1） RM	（2） RM	（3） RM	（4） RM
growth	0.330***	0.446***	0.450***	0.450***
	（39.24）	（152.93）	（155.86）	（156.22）
cashflow	−1.351***	−0.957***	−0.975***	−1.048***
	（−8.16）	（−11.29）	（−11.44）	（−12.33）
tobinq	0.00516	−0.00331	−0.000536	0.00739
	（0.46）	（−0.50）	（−0.08）	（1.11）
inderatio	0.156	0.575***	0.693***	0.763***
	（0.86）	（5.82）	（6.86）	（7.79）
SOE	0.0516	−0.0937***	−0.0389	−0.0237
	（0.64）	（−2.81）	（−1.13）	（−0.72）
sha_bal	−0.0309	0.0830***	0.0955***	0.0956***
	（−1.04）	（5.87）	（6.76）	（6.82）
indu_com	−0.0934	−0.0202	−0.0244	−0.0251
	（−0.23）	（−1.21）	（−1.45）	（−1.50）
_cons	2.070***	2.802***	2.905***	3.641***
	（3.69）	（9.66）	（10.06）	（10.84）
行业变量	控制	控制	控制	控制
年度变量	控制	控制	控制	控制
样本量	9041	9041	9041	9041

7. 研究结论、意义与未来研究方向

环境保护的重要性不言而喻，党的十九大把"坚持人与自然和谐共生"作为新时代坚持和发展中国特色社会主义的基本方略，这向世界宣告了中国治理环境的决心。然而，我们对于环境污染影响的认知仅仅停留在其对个体身心健康的层面。环境污染如何影响个体道德、经济行为甚至整个社会的福利，我们仍不得而知。基于此，笔者探究 CEO 的环境污染经历对盈余管理行为的影响。盈余管理行为是一种典型的非道德行为，导致交易成本的增加、资源的无效分配，降低整个社会的福利。面对 CEO 的这一不道德行为，董事会能否发挥抑制作用？具有不同特征的董事会对 CEO 的监督作用存在差异。笔者同时探究董事会的多种结构特征对有环境污染经历的 CEO 所在企业的盈余管理的治理效应。

7.1　研究结论

本研究利用上市企业的数据研究 CEO 的环境污染经历对其所在企业的盈余管理行为的影响。实证回归结果表明，CEO 在青少年时期受到环境污染的影响后，形成了一系列稳定的心理特质，这些心理特质通过直接和间接两个机制增加了企业的盈余管理水平。在经过不同变量替代回归和 Placebo 检验等一系列稳健性测试后结论依然成立。进一步研究的结果表明，有环境污染经历的 CEO 所在的企业真实盈余管理水平也会更高。并不是所有的董事会都会发挥公众期待的监督作用。董事会规模大，由此可能导致派系和搭便车等问题，减弱了其对 CEO 盈余管理行为的监管作用。董事会成员的任期长，董事会成员与 CEO 之间联系紧密，董事会可能未能发挥其该有的治理作用。即董事会规模越大、董事会成员任期越长，有环境污染经历的 CEO 所在企业的盈余管理行为越显著。董事会成员的平均年龄大，成员对声誉和职业安全性的考虑使其更有动机监督 CEO 的非道德行为。因此，董事会成员的平均年龄负向调节 CEO 的环境污染经历与企业盈余管理的关系。

7.2　研究意义

本研究有如下理论和实践意义：

第一，研究表明，CEO 的环境污染经历会影响企业盈余管理，该现象的背后是 CEO 内在道德的差异性。本研究扩展了影响盈余管理的因素和研究视角，为理解企业间盈余管理的差异提供了实践借鉴。本研究说明了 CEO 在公司治理和企业价值中的重要作用，表明对 CEO 的选择和聘任是企业的重要决策之一，因而具有重要的理论和实务意义。

第二，越来越多的学者开始关注 CEO 的过往经历对其心理特质进而对企业行为的影响，引用环境心理学的研究成果，研究 CEO 受到环境污染的影响进而对企业盈余管理行为的影响。一方面弥补了现有环境文献对环境污染经济后果的关注不足，另一方面也增强了高阶理论对管理实践的解释力度。

第三，从公司治理角度，学者和公众对董事会寄予厚望，期待董事会发挥其该有的对 CEO 的监督和控制作用。研究结果表明，具有一些特征的董事会可能会监督"失效"。企业可能会花费高昂的成本组建规模大的董事会或留任任期较长的董事会成员，但是其并未对制约盈余管理、改善公司治理发挥作用，甚至"助纣为虐"。研究为企业进行公司治理制度的设计提供借鉴参考，为企业的经营节省成本。

7.3　未来研究方向

本文基于环境心理学、高阶理论和烙印理论，通过理论构建和实证检验，提出了高管早期环境污染经历这一关于高管个人生活经历的代理变量，实证检验了其对企业盈余管理行为的影响。然而，本文仍存在一些不足，需要在未来进一步探索和完善。

首先，由于本文的研究对象是上市企业的 CEO，囿于数据的限制，未对高管短视等心理特质进行中介检验。未来研究可以采用访谈或者问卷的方式进一步验证高管经历对其心理特质的塑造作用，以打开高管经历影响企业战略和行为的"黑箱"。

其次，近年来对高管的多种经历的交互效应的研究正在兴起。例如，和欣等（2020）研究高管的大饥荒经历与教育经历的交互作用，提出后续的教育经历可能会塑造 CEO 其他心理特质，与 CEO 之前的经历塑造的心理特质的交互影响，会使得企业战略和行为出现更有趣的结果，期待未来有进一步的探索。

◎ 参考文献

[1] 陈冬华，相加凤 . 独立董事只能连任 6 年合理吗？——基于我国 A 股上市公司的实证研究 [J].
管理世界，2017（5）.

[2] 陈冬华，祝娟，俞俊利 . 盈余管理行为中的经理人惯性——一种基于个人道德角度的解释与实证
[J]. 南开管理评论，2017（3）.

[3] 郭放，黄国鸾，王立彦 . 上市公司独立董事独立性在两个任期内的变化 [J]. 产业经济评论，
2019（2）.

[4] 何威风，刘启亮，刘永丽 . 管理者过度自信与企业盈余管理行为研究 [J]. 投资研究，2011，30
（11）.

[5] 何瑛，于文蕾，戴逸驰，王砚羽 . 高管职业经历与企业创新 [J]. 管理世界，2019，35（11）.

[6] 和欣，曾春影，陈传明，孔锋 . CEO 早期居住地环境污染与企业战略差异——基于情绪特质的实
证研究 [J]. 经济管理，2021，43（1）.

[7] 和欣，曾春影，陈传明 . CEO 过往经历与企业利他慈善捐赠——基于烙印的动态性视角的实证研
究 [J]. 山西财经大学学报，2021，43（5）.

[8] 贾巧玉，周嘉南 . 我国上市公司的现金股利政策与盈余管理 [J]. 管理学报，2020，17（5）.

[9] 林晚发，刘颖斐，杨琴 . 高管财务经历与企业信用评级：基于盈余管理的视角 [J]. 管理科学，
2019，32（4）.

[10] 逯东，万丽，梅杨丹 . 创业板公司上市后为何业绩变脸？[J]. 经济研究，2015，50（2）.

[11] 罗宏，曾永良，宛玲羽 . 薪酬攀比、盈余管理与高管薪酬操纵 [J]. 南开管理评论，2016，19
（2）.

[12] 吕景胜，赵玉梅 . 董事会特征对内部控制失效的影响研究——基于中国上市公司的数据分析
[J]. 中国软科学，2016（5）.

[13] 权小锋，醋卫华，徐星美 . 高管从军经历与公司盈余管理：军民融合发展战略的新考察 [J].
财贸经济，2019，40（1）.

[14] 温日光，汪剑锋. 上市公司会因行业竞争压力上调公司盈余吗 [J]. 南开管理评论，2018，21 (1).

[15] 谢德仁，张新一，崔宸瑜. 经常性与非经常性损益分类操纵——来自业绩型股权激励"踩线"达标的证据 [J]. 管理世界，2019，35 (7).

[16] 徐朝辉，周宗放. 融资需求驱动下的盈余管理对公司信用风险的影响研究 [J]. 管理评论，2016，28 (7).

[17] 徐铁祥，郭文倩. 学者型高管对企业真实盈余管理行为的影响 [J]. 经济与管理评论，2020，36 (6).

[18] 许年行，李哲. 高管贫困经历与企业慈善捐赠 [J]. 经济研究，2016，51 (12).

[19] 杨清香，张翼，张亮. 董事会特征与盈余管理的实证研究——来自中国上市公司的经验证据 [J]. 中国软科学，2008 (11).

[20] 曾春影，徐菊，茅宁. 一切过往，皆为序章：管理者过往经历对企业决策影响的评述与展望 [J]. 外国经济与管理，2020，42 (11).

[21] Allen, S., Cunliffe, A. L., Easterby-Smith, M. Understanding sustainability through the lens of ecocentric radical-reflexivity：Implications for management education [J]. Journal of Business Ethics, 2019, 154 (3).

[22] Armstrong, C. S., Larcker, D. F., Ormazabal, G., Taylor, D. J. The relation between equity incentives and misreporting：The role of risk-taking incentives [J]. Journal of Financial Economics, 2013, 109 (2).

[23] Baran, L., Forst, A. Disproportionate insider control and board of director characteristics [J]. Journal of Corporate Finance, 2015, 35.

[24] Bernstein, B. Class, codes and control：Applied studies towards a sociology of language [M]. Psychology Press, 2003.

[25] Bowatte, G., Lodge, C. J., Knibbs, L. D., et al. Traffic-related air pollution exposure is associated with allergic sensitization, asthma, and poor lung function in middle age [J]. Journal of Allergy and Clinical Immunology, 2017, 139 (1).

[26] Buchholz, F., Lopatta, K., Maas, K. The deliberate engagement of narcissistic CEOs in earnings management [J]. Journal of Business Ethics, 2020, 167 (4).

[27] Burkhardt, J., Bayham, J., Wilson, A., et al. The effect of pollution on crime：Evidence from data on particulate matter and ozone [J]. Journal of Environmental Economics and Management, 2019, 98.

[28] Chang, T. Y., Graff Zivin, J., Gross, T., et al. The effect of pollution on worker productivity：Evidence from call center workers in China [J]. American Economic Journal：Applied Economics, 2019, 11 (1).

[29] Dechow, P. M., Sloan, R. G., Sweeney, A. P. Detecting earnings management [J]. Accounting

Review, 1995, 70 (2).

[30] Desai, V. M. The behavioral theory of the (governed) firm: Corporate board influences on organizations' responses to performance shortfalls [J]. Academy of Management Journal, 2016, 59 (3).

[31] Dong, R., Fisman, R., Wang, Y., et al. Air pollution, affect, and forecasting bias: Evidence from Chinese financial analysts [J]. Journal of Financial Economics, 2021, 139 (3).

[32] Fareri, D. S., Tottenham, N. Effects of early life stress on amygdala and striatal development [J]. Developmental Cognitive Neuroscience, 2016, 19.

[33] Gioia, D. A., Sims Jr, H. P. Cognition-behavior connections: Attribution and verbal behavior in leader-subordinate interactions [J]. Organizational Behavior and Human Decision Processes, 1986, 37 (2).

[34] Goergen, M., Limbach, P., Scholz, M. Mind the gap: The age dissimilarity between the chair and the CEO [J]. Journal of Corporate Finance, 2015, 35.

[35] Graham, J. R., Harvey, C. R., Rajgopal, S. The economic implications of corporate financial reporting [J]. Journal of Accounting and Economics, 2005, 40 (1-3).

[36] Hambrick, D. C., Mason, P. A. Upper echelons: The organization as a reflection of its top managers [J]. Academy of Management Review, 1984, 9 (2).

[37] Healy, P. M., Wahlen, J. M. A review of the earnings management literature and its implications for standard setting [J]. Accounting Horizons, 1999, 13 (4).

[38] Li, H., Cai, J., Chen, R., et al. Particulate matter exposure and stress hormone levels: A randomized, double-blind, crossover trial of air purification [J]. Circulation, 2017, 136 (7).

[39] Marquis, C., Tilcsik, A. Imprinting: Toward a multilevel theory [J]. Academy of Management Annals, 2013, 7 (1).

[40] Osofsky, J. D., Osofsky, H. J., Weems, C. F., et al. Trajectories of post-traumatic stress disorder symptoms among youth exposed to both natural and technological disasters [J]. Journal of Child Psychology and Psychiatry, 2015, 56 (12).

[41] Riis-Vestergaard, M. I., van Ast, V., Cornelisse, S., Joëls, M., et al. The effect of hydrocortisone administration on intertemporal choice [J]. Psychoneuroendocrinology, 2018, 88.

[42] Rotton, J. Affective and cognitive consequences of malodorous pollution [J]. Basic and Applied Social Psychology, 1983, 4 (2).

[43] Walls, J. L., Hoffman, A. J. Exceptional boards: Environmental experience and positive deviance from institutional norms [J]. Journal of Organizational Behavior, 2013, 34 (2).

[44] Xu, G., Yano, G. How does anti-corruption affect corporate innovation? Evidence from recent anti-corruption efforts in China [J]. Journal of Comparative Economics, 2017, 45 (3).

[45] Zang, A. Y. Evidence on the trade-off between real activities manipulation and accrual-based earnings management [J]. The Accounting Review, 2012, 87 (2).

The Pain of the Environment, the Injury of the Enterprise: Study on the Early Experience of Executives' Environmental Pollution and Corporate Earnings Management

Zeng Chunying[1] Bu Lingtong[2] He Xin[3] Mao Ning[4]

(1 School of Economics and Management, Guangxi Normal University, Guilin, 541004;

2 Personnel and Education Department of the Audit Office of the People's Republic of China, Beijing, 100037;

3 School of Management, Nanjing University of Finance and Economics, Nanjing, 210023;

4 School of Business, Nanjing University, Nanjing, 210008)

Abstract: Drawing on the research results of environmental psychology, using upper echelons theory and imprinting theory, based on manually a unique dataset of environmental pollution experience of senior executives of listed companies in Shanghai and Shenzhen A-share companies from 2003 to 2020, this paper explores the relationship between the experience of executives' environmental pollution and corporate earnings management and how the relationship is affected by three structural characteristics of board, namely board size, member tenure, and age. The results of the study show that the environmental pollution experience of executives will shape a series of implicit psychological traits of executives, leading to corporate earnings management behaviors. The average age of board members suppresses the earnings management , while the size of the board and the tenure of directors will aggravate the impact of environmental pollution experience on corporate earnings management . This paper provides a new perspective for the study of earnings management. At the same time, it enlightens us on improving the quality of accounting information of listed companies, improving the corporate governance mechanism and promoting the sustainable development of the capital market.

Key words: Environment pollution; Experience; Earnings management; Board of director; Supervision role

专业主编：陈立敏

珞珈管理评论
2024 年卷第 1 辑（总第 52 辑）

Luojia Management Review
No. 1，2024（Sum. 52）

大道至简：国有资产管理体制
变革如何影响企业创新？

● 刘 南 孔 军

（西北大学经济管理学院 西安 710127）

【摘 要】本文依据 2008—2021 年 A 股上市公司数据，运用双重差分法和三重差分法检验了国有资本投资、运营公司设立对其直接控股和参股企业创新产出的影响、作用机制及实施特征。研究表明：国有资本投资、运营公司设立显著促进了其参股和控股企业的创新产出，并展现出通过降低控股企业政策性负担、缓解参股企业融资约束的创新路径。上述中国特色国资治理政策效果在国有资本投资公司类、省属试点企业、采矿业等生产性行业、中部地区以及国有企业、中高持股比例的企业中更为显著。本研究有助于审视国有资本投资、运营公司试点影响在其参股和控股企业间的异质性，为加快推进国有资产监管体制改革提供经验借鉴与启示。

【关键词】国资改革 国有资本 研发投入 创新产出
中图分类号：F271 文献标识码：A

1. 引言

国有资产是在法律上由国家代表全民拥有所有权的各类资产，按照性质可划分为经营性国有资产、行政事业性国有资产和资源性国有资产（王军和刘传庚，2004）。党的十八届三中全会以来，党中央、国务院推动深化国资国企改革，加快推进行政事业单位各类国有资产盘活利用，实现自然资源资产的科学利用与合理保护，走出了一条具有中国特色的国资治理之路。在新时代十多年来的伟大变革中，国资监管体制得到健全重塑。各级国资委以管资本为主不断完善经营性国有资产监管体制，开展国有资本投资、运营公司试点，国有资本的功能作用进一步发挥，逐步形成了具有中国特色的国资监管新模式。

通讯作者：孔军，E-mail：kongjun@ nwu. edu. cn。

创新是引领发展的第一动力，科技创新决定企业发展的高度，企业只有持续创新才能在新一轮科技革命和产业变革中保持足够的市场竞争优势。目前，我国国有企业面对高风险创新活动缺乏主动性，难以肩负技术创新策源地重任；非国有企业公平获取创新资源的市场环境和政策条件还不完善，开展重大创新决策主动作为不够，企业创新能力不足。二十届中央全面深化改革委员会第一次会议提出"强化企业科技创新主体地位"，强调"要聚焦国家战略和产业发展重大需求，积极鼓励、有效引导民营企业参与国家重大创新，推动企业在关键核心技术创新和重大原创技术突破中发挥作用"，充分彰显了党中央坚定不移走中国特色自主创新道路的决心。

中共中央、国务院先后发文部署国有资本投资、运营公司试点。在具体推进上，中央层面国务院国资委先后于2014年、2016年、2018年分三批确定了19家国有资本投资公司试点；地方层面，截至2020年底，各省（区、市和计划单列市）改组组建国有资本投资、运营公司107家。国有资本投资、运营公司试点将国有资本从政府监管机构授权给企业投资运营，国有资本所有权与经营权分离，将原来的"政府—国资委—国有企业"的三级架构变成了"政府—国资委—国有资本投资、运营公司—企业"的四级国有资产授权经营体制，国有资本投资、运营公司依法自主开展国有资本运作。正所谓"大道至简"，其实蕴含着"善政至简"的道理，善政在于高效务实。国有资本投资公司和运营公司试点是国资治理的自我革命，有利于厘清政府和市场的关系，释放企业活力。作为新时代国资监管体制改革的重要制度创新，国有资本投资公司和运营公司试点在推动国有企业改革、优化国有资本布局等方面取得了明显成效（王治和黄文敏，2022）。国有资本投资、运营公司通过市场化运作国有资本，不仅会对其控股国有企业创新活动产生影响，还将影响国有资本参股企业的创新活动。但现有研究主要聚焦于国有资本投资、运营公司所控股的国有企业，鲜有涉及其他非控股企业，在后续的研究中还需进一步探讨对非控股企业的政策效应。在"强化企业科技创新主体地位"的背景下，全面、完整、准确地评估国有资本投资、运营公司试点改革的效应，为构建更加成熟的中国特色国资监管体制提供经验证据，具有重要的学术和实践价值。

本文依据2008—2021年A股上市公司数据，运用双重差分法检验了中央和地方（省级）政府直属国有企业设立国有资本投资、运营公司试点的政策效应，探究以"管资本"为主的国资监管体制改革对国有资本控股和参股企业创新的影响，并进一步探究了促进创新产出的影响机制，分析了国有资本投资、运营公司设立类型、中央和省级试点企业控股和参股上市公司在地区、行业及权属、持股程度等方面的异质性。研究发现：（1）国有资本投资、运营公司试点显著地促进了其参控股企业的创新产出。（2）机制检验发现，国有资本投资、运营公司通过缓解控股企业政策性负担和参股企业融资约束等路径影响企业创新。（3）异质性分析发现不同设立类型的试点企业中，国有资本投资、运营公司设立的创新促进效应最好，中央企业设立的国有资本投资公司较运营公司的效果更好，省级企业设立的国有资本投资运营公司影响最为显著；试点政策对采矿业等8个行业产生了显著的正向影响；对中部地区的影响效果更好，对西部和东北地区的促进作用也强于东部；从创新产出的角度，国有资本投资、运营公司的设立对国有企业创新的影响高于非国有企业；持有中高比例的股权更有利于参股企业获得流动性支持，促进企业创新。

本文可能的贡献在于：

其一，拓展了国有资本投资、运营公司试点效应评估的研究。现有研究从国有企业创新水平、企业价值、杠杆率、全要素生产率、投资效率和央企高管薪酬业绩敏感性等多个方面论证了国有资本投资、运营公司试点取得的积极成效，但对与试点改革相关联的非持股国有企业的效应评估的研究相对欠缺。本文综合考察了国有资本投资、运营公司试点对其控股国有企业和非控股国有企业创新的影响，提供了国有资本投资、运营公司试点对民营企业创新效果的直接经验证据。

其二，本文的研究也为探究国有资本投资、运营公司的设立对企业创新的作用机制提供了参考。实证结果表明，国有资本投资、运营公司试点通过降低控股企业政策性负担、缓解参股企业融资约束这两条不同的作用路径影响其关联国有企业和民营企业的创新活动。这有助于深入认识国有资本投资、运营公司试点的创新促进效应。

其三，在强化企业科技创新主体地位的背景下，从地理空间、行业布局、企业权属及股权架构角度展开异质性分析，探讨了国有资本投资、运营公司试点在不同条件下对其控股和参股企业创新影响的差异性，为进一步研究国有资本优化配置，发挥国有资本投资、运营公司对企业创新的促进效应提供了思考方向。

下文的结构安排如下：第二部分为理论基础与研究假设，第三部分为研究设计与描述性统计，第四部分为回归结果与分析，第五部分为作用机制分析，第六部分为进一步分析，第七部分为结论与启示。

2. 理论基础与研究假设

2.1 国资监管体制改革与企业创新

超产权理论认为，企业业绩提升取决于企业的产权结构改善和所处行业的市场竞争程度。在比较充分的竞争市场中，企业劳动效率在实现产权明晰化后会显著提高。由以管资产为主向管资本为主转变的国资监管体制改革，促使国资监管机构改变行政化的管理方式，而采用市场化、法治化的监管手段，从而减少因国资监管过程中的缺位、越位等问题导致的国有企业效率损失（杨良平，2021）。在国有资本投资、运营公司试点前，中央和地方各级国有资产监督管理委员会兼具了出资人和监管者的双重职能（李端生和宋璐，2020），国有企业的部分重大决策权受到国有资产监督管理委员会及政府的管控，国有资产所有权和经营权未能分离（杨兴全等，2022）。国有资本投资、运营公司试点坚持政企分离的改革原则，推动了国有资产的经营权从所有权中分离，明确了国有资产监管机构、国有资本投资运营公司、所出资企业的关系。中央和地方政府代表国家享有国有资产的所有权，将国有资产的经营权剥离，授权给企业性质的国有资本投资、运营公司具体履行出资人职责，投资运作国有资产，形成了权责明晰的国有资产授权经营体制（见图1）。

在国资监管授权经营体制框架下，国资监管机构将不再直接面对处于生产经营环节的国有企业，而是进行国有资本运作的国有资本投资、运营公司，有利于其关联企业增加研发投入，从而促进企业创新产出。一方面，在以经济增长为基础的晋升锦标赛模式下，地方官员关注的是行政晋升和仕途（周黎安，2007），往往具有干预资源相对充裕的国有企业的强烈动力。因此，在管资产为主的国

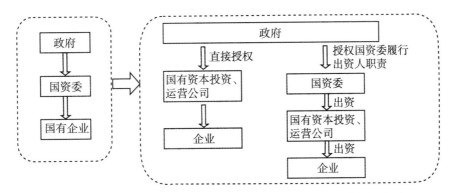

图 1　国有资本投资、运营公司试点与国资监管授权经营体制示意图

资监管体制下，国资监管机构往往采取行政干预的方式来监管所属企业，对企业经营决策进行干扰，这导致国有企业无法真正拥有企业自主经营权，造成国有企业资源配置扭曲，从而抑制了国有企业的创新产出。而国资监管方式向以管资本为主转变，国资监管机构从国有企业的直接管理者转变为基于出资关系的监管者，通过法人治理结构来行权履职，不能越权行使属于企业董事会或者对所属企业进行管理决策的职权，国有企业自主经营决策得到真正落实，从而强化了国有企业市场主体地位，激发企业创新活力。另一方面，在以管资本为主的国资监管体制下，国有资本投资运营公司负责国有资本专业化运作，也将推动国有资本投向的多元化，形成更多股权多元化的混合所有制企业，为民营企业提供更多流动性支持，助力民营企业获取创新资源，开展重大创新，不断提升企业创新能力。因此，本文提出如下假设：

H1：国有资本投资、运营公司的设立促进其关联的控股国有企业和参股企业创新产出水平的提升。

2.2　股权架构与企业创新

企业创新机制的优劣取决于参与市场竞争的程度和所有制形态。在理论上，所有权形态引致的代理问题是造成国有企业与民营企业创新差异的主要原因，多数研究表明国有企业创新效率普遍低于民营企业（徐晓萍等，2017）。政治观和经理人观分别从政府干预企业生产经营和国有企业经理人追求个人利益最大化解释了国有企业创新低效率的原因（Laffont and Tirole，1993；Shleifer et al.，1996）。促进市场竞争对于技术创新也是至关重要的，强有力的市场竞争将激发企业持续的创新和升级动力。国有企业对政府的依赖性和民营企业对市场的竞争性反映了国有企业和民营企业在制度、技术、市场、组织和管理等创新机制方面存在明显差异（王彦玲，2019）。已有的研究也表明，民营企业资金投入的创新效率高于国有企业，民营资本的进入对企业创新产出的积极影响主要来自企业创新效率的增长（竺李乐等，2022），但在大型技术创新产出方面要落后于国有企业（王彦玲，2019）。

国有资本投资、运营公司试点前期通过无偿划转或市场化方式重组整合国有资本，改组、新设方式设立的国有资本投资、运营公司其前身多为各省（区、市）国有企业旗舰劲旅、资金雄厚、福利待遇优厚、研发装备齐全，吸引高学历研发人员集聚，拥有较强的科技创新能力。而相比国有企业先天的资源优势，民营企业面对市场竞争虽然有较高的创新动力和创新意识，但受限于研发资金和高素质人才投入成本，在重大技术创新方面会落后于国有企业。因此，本文提出如下假设：

H2：国有资本投资、运营公司的设立对国有资本控股企业的创新产出促进效应高于参股企业。

2.3 国资监管体制改革对企业创新影响的传导路径分析

国有资本投资、运营公司试点本质上是对国资监管体制机制的重塑。总体来看，试点改革产生的影响主要是国资监管体制两个方面的变化：一是国有资本监管主体的变化，由国有资产监督管理委员会兼具出资人和监管者双重职能，转变为授权给企业性质的国有资本投资、运营公司去具体履行出资人职责，避免了各级国有资产监督管理委员会直接干预国有企业的具体经营活动，这主要是对参与市场活动的国有独资企业及国有资本控股企业产生影响。二是管理内容的变化，由原先的管企业变为了管资本，国有资本投资、运营公司是国有资本市场化运作的专业平台，促进国有资本合理流动，这是对国有资本投资、运营公司所持股企业获得国有资本投资、注入产生影响。因此，本文认为国资监管体制改革对企业创新的影响主要通过如下机制：

第一，通过优化制度设计架构，降低国有资产监管部门对参与市场活动的国有企业（国有独资和国有资本控股）的直接干预。政策性负担导致企业用于创新活动的资源减少，不利于进行技术性研发，从而制约国有企业创新产出。在以管资产为主的国资监管体制下，国资监管机构直接面对国有企业，为了实现特定目的，会利用其国有企业所有者代表的身份去干预国有企业经营决策行为，迫使企业承担如扩大就业等政策性目标，形成了国有企业的政策性负担，从而导致企业在创新活动中缺乏自主能力（林毅夫，2004）。已有的研究表明，条块分割、政企不分导致市场机制不能有效发挥作用（郭元晞，1997；王健，2001）；政资分开和国有资本经营预算制度能有效改善国有企业投资效率（张训常等，2021）。政府过度干预会导致国有企业帮助政府疏解政策性负担，给国有企业造成较重的经济压力，弱化企业市场竞争力（王勇等，2013），影响企业高管薪酬激励（沈永建和倪婷婷，2014）；特别是地方国有企业是当地的经济支柱，地方官员为了政治晋升而追求短期经济增长，出现过度干预国有企业经营的问题，也可能干预对国有企业违规的调查处罚，降低审计监督效能（郭檬楠和郭金花，2020）。政府放权有助于减轻国有企业政策负担，提高企业的创新能力（江轩宇，2016），提升企业绩效（毛剑峰等，2015），有利于国企可持续发展能力的提升（赵斌斌等，2020）。国有资本投资、运营公司试点将原来的"政府—国资委—国有企业"的三级架构变成了"政府—国资委—国有资本投资、运营公司—企业"的四级国有资产授权经营体制，国有资本投资运营公司成为一个"隔离层"，避免了各级国资委直接干预国有企业的具体经营活动；同时，授权给国有资本投资、运营公司具体履行出资人职责，投资运作国有资产，释放了经营权限，增加了企业可用于创新的资源。因此，国资监管体制改革引起的放权能够促进控股国有企业创新。

第二，通过优化国有资本布局，缓解非国有企业融资约束，获得国有资本流动性支持。顾群（2012）、Brown（2009）等国内外学者从企业融资视角探讨了融资约束与企业创新的关系，认为造成融资约束的客观原因在于企业研发活动中的信息不对称。融资约束对企业创新的抑制效应几乎是中小民营企业在发展过程中普遍面临的难题。相较于国有企业"量大价优"的融资优势而言，融资难、融资贵仍是非国有企业发展面临的突出问题（郭映江，2021）。众多研究表明，国有企业融资成本显著低于民营企业，甚至产生挤压效应（汪敏和陈东，2020；张雪莹和刘茵伟，2020）。国有企业和民营企业融资成本因政治身份不同而面对不同的资本价格，融资成本差异会带来资本价格扭曲。参考李冲和钟昌标（2015）构建的存在融资成本差异的两类企业创新均衡模型，国有企业和民营企业的整体创新产出可表示为：

$$Y_{\text{sum}} = (\mu_{\text{gov}} + \mu_{\text{pri}})^{\theta/\sigma} \left[\left(\frac{Br}{2P_m} \right)^2 \times \left(1 - \frac{1}{1+\gamma_{\text{gov}}} \right) \times \left(1 - \frac{1}{1+\gamma_{\text{pri}}} \right) \right]^{\theta/\sigma} \quad (1)$$

其中，μ_{gov}表示国有企业融资成本，μ_{pri}表示民营企业融资成本，P_m为国有企业和民营企业销售同质产品的售价，B为消费者的预算支付，γ为创新收益，θ为研发投入产出弹性系数。由式（1）可以看出国有企业与民营企业的融资成本差异越小，整体创新产出Y_{sum}值越大。民营企业虽然创新绩效较高，但融资成本高不利于企业科技创新。

国有资本投资、运营公司试点通过创新融资投资渠道模式，推动国有资本市场化运作，如果能够合理运用国有资本，投向涉及国家安全、国民经济命脉的重要行业和关键领域，为参股企业提供流动性支持，缓解参股企业融资约束，则有助于促进企业创新。

基于上述分析，本文提出研究假设：

H3：在国有企业中，弱化政府干预在国资监管体制改革影响企业创新的作用机制中起中介作用。

H4：在非国有企业中，缓解融资约束在国资监管体制改革影响企业创新的作用机制中起中介作用。

3. 研究设计与描述性统计

3.1 模型设定与变量定义

为检验国资监管体制改革对企业创新的影响，本文构建如下模型：

$$\text{Innovation}_{i,t} = \beta_0 + \beta_1 \text{Treat} \cdot \text{After}_{i,t} + \beta_i \text{Control}_{i,t} + \text{Company}_i + \text{Year}_t + \varepsilon_{i,t} \quad (2)$$

其中，Innovation 代表企业创新产出，本文采用企业专利申请数+1 取对数来刻画企业创新产出水平。Treat·After 为核心解释变量，Treat 为处理组和控制组虚拟变量，试点国有资本投资、运营公司参控股的企业取值为 1，否则为 0；After 为政策哑变量，2014 年及之后取值为 1，否则为 0。

Hausman 检验 p 值为 0.0000，显著拒绝原假设，模型选择固定效应。模型中还控制了企业个体固定效应和年份固定效应。关于控制变量，本文参考相关文献的做法（陈文磊，2021；肖土盛和孙瑞琦，2021；杨兴全等，2022），考虑了可能影响企业创新绩效的控制变量：企业规模（Size）、企业年龄（Age）、资产负债率（Lev）、总资产利润率（Roa）、企业成长性（Growth）、机构投资者持股比例（Instown）、独立董事比例（Ids）、董事会人数（Board）、政府补贴（Sub）、资本支出（Capital）、企业税负（Etr）。变量定义见表 1。

表 1   变 量 定 义

变量类型	变量符号	变量名称	变量说明
被解释变量	Innovation	创新产出	企业当年专利申请数+1 取自然对数
解释变量	Treat·After	政策交互项	实验期变量与处理变量的交互项
控制变量	Size	企业规模	企业总资产取自然对数
	Age	企业年龄	企业设立年限加 1 取自然对数
	Lev	资产负债率	年末总负债/总资产
	Roa	总资产利润率	净利润/总资产
	Growth	企业成长性	营业总收入年增长率
	Instown	机构投资者持股比例	机构投资者持股比例
	Ids	独立董事比例	独立董事人数/董事会人数
	Board	董事会人数	董事会人数取自然对数
	Sub	政府补贴	政府补贴+1 取自然对数
	Capital	资本支出	（购建固定资产+无形资产+其他长期资产所支付的现金）/总资产
	Etr	企业税负	（支付的税费-税费返还）/营业收入

3.2 样本选择

本研究中国有资本投资、运营公司的设立数据根据国务院和各省（区、市）国有资产监督管理委员会官网及企业网站手动整理得到。截至 2021 年，共搜集到国有资本投资、运营公司试点企业 145 家。其中，中央企业 19 家，地方各省（区、市）和青岛、宁波、厦门、深圳、大连等 5 个计划单列市试点企业 126 家。中央企业国有资本投资公司试点 17 家，国有资本运营公司试点 2 家；省属企业国有资本投资公司试点 70 家，国有资本运营公司试点 36 家，国有资本投资运营公司试点 20 家；中央和省级国有资本投资、运营公司控股和参股企业的有关数据来自国泰安数据库。

基于研究需要，本文选取 2008—2021 年我国 A 股上市公司数据，将样本中金融保险类、ST 类及数据缺失的上市公司数据剔除后，全样本中共计有 4363 家企业。其中，处理组即试点企业控股及参股上市公司 238 家，控制组的上市公司共 4125 家。此外，本文还对所有变量进行了 1%~99% 的缩尾处理，经处理后共有数据 36611 个。

3.3 描述性统计

描述性统计结果见表 2。研发费用的自然对数均值为 14.36，意味着每家上市公司平均研发费用 172.37 万元；专利申请数的自然对数均值为 2.476（约 11.89 个）。其余变量的分布和已有文献的特征近似。

表2   描述性统计分析

变量	平均值	标准差	最小值	最大值
Rd	14.36	7.099	0	24.41
Inovation	2.476	1.838	0	9.702
Size	22.09	1.313	19.55	26.15
Age	2.890	0.327	1.946	3.584
Lev	0.425	0.212	0.0497	0.941
Roa	0.0392	0.0636	−0.263	0.207
Growth	0.153	0.326	−0.564	1.688
Instown	0.443	0.246	0.00324	0.910
Ids	0.375	0.0533	0.308	0.571
Board	2.131	0.200	1.609	2.708
Sub	15.53	3.471	0	20.06
Capital	0.0509	0.0481	0.000194	0.231

4. 回归结果与分析

4.1 基准回归结果

表3是基于式（2）估计的国有资本投资、运营公司设立对其直接控股和参股企业创新产出影响的分析结果。列（1）和列（4）为全样本的回归结果，可以看出在未添加控制变量时，政策交互项 Treat·After 的系数为0.347，在添加控制变量后，政策交互项 Treat·After 的系数减小至0.343，且均在1%的显著性水平上显著，表明国有资本投资、运营公司设立显著促进了企业的创新产出水平。在国资监管授权经营体制框架下，国资监管机构将不再直接面对处于生产经营环节的国有企业，而是进行国有资本运作的国有资本投资、运营公司，企业市场主体的自主经营决策得到真正落实，有利于其关联企业优化配置创新资源，从而促进企业创新产出。据此，假设 H1 得以证实。

表3第（2）列和第（5）列为控股企业的回归结果，第（3）列和第（6）列为参股企业的回归结果。可以看出，控股企业和参股企业均在1%的显著性水平上显著为正。这表明国有资本投资、运营公司设立能够促进试点企业创新活动增加，但对促进两类企业创新活动的边际贡献程度略有不同，对于控股企业的促进作用更强。国有资本投资、运营公司控股企业一定程度上能够获得政府财政资金以及政治优势，相比非控股企业具有先天的资源优势，一旦需要重大技术创新，会很快取得成果。

实证结果支持了假设 H2。

表 3 基准回归结果

	（1）	（2）	（3）	（4）	（5）	（6）
	全样本	控股企业	参股企业	全样本	控股企业	参股企业
	Innovation	Innovation	Innovation	Innovation	Innovation	Innovation
Treat · After	0.347***	0.332***	−0.066***	0.343***	0.324***	0.09***
	（0.04）	（0.09）	（0.04）	（0.04）	（0.09）	（0.04）
Treat · After · Type		0.373***	0.324		0.389***	0.315***
		（0.08）	（0.04）		（0.08）	（0.04）
Size				0.444***	0.444***	0.448***
				（0.01）	（0.01）	（0.01）
Age				0.526***	0.525***	0.554***
				（0.08）	（0.08）	（0.08）
Lev				0.041***	0.040***	0.041***
				（0.01）	（0.01）	（0.01）
Roa				−0.000	−0.000	−0.000
				（0.00）	（0.00）	（0.00）
Growth				0.000	0.000	0.000
				（0.00）	（0.00）	（0.00）
Instown				−0.070	−0.061	−0.061
				（0.05）	（0.05）	（0.05）
Ids				−0.080	−0.069	−0.107
				（0.15）	（0.15）	（0.16）
Board				0.052	0.051	0.046
				（0.05）	（0.05）	（0.05）
Sub				0.012***	0.012***	0.011***
				（0.00）	（0.00）	（0.00）
Capital				0.389***	0.286***	0.405***
				（0.13）	（0.13）	（0.13）
Etr				0.022***	0.023***	0.022***
				（0.01）	（0.01）	（0.01）
Constant	1.297***	1.292***	1.301***	−9.561***	−9.567***	−9.674***
	（0.03）	（0.03）	（0.03）	（0.32）	（0.32）	（0.32）

续表

	（1）	（2）	（3）	（4）	（5）	（6）
	全样本	控股企业	参股企业	全样本	控股企业	参股企业
	Innovation	Innovation	Innovation	Innovation	Innovation	Innovation
样本量	36304	36304	36304	36304	36304	36304
R-squared	0.265	0.256	0.262	0.312	0.311	0.311
个体固定效应	是	是	是	是	是	是
时间固定效应	是	是	是	是	是	是

注：括号内为标准误，*** 表示 $p<0.01$，** 表示 $p<0.05$，* 表示 $p<0.1$。下同。

4.2 稳健性检验

4.2.1 平行趋势检验

本文主要借鉴薛晓珊等（2021）采用事件研究法进行平行趋势检验的思路，将年份虚拟变量乘以处理组虚拟变量，通过交互项系数反映在特定年份两组企业的差异。如果两组企业创新绩效符合平行趋势，那么预期在 2014 年前的那些交互项的回归结果应该是不显著的，而 2014 年后的将显著。通过生成年份虚拟变量与处理组虚拟变量的交互项（本文选择政策执行前 2 年及后 6 年）构建模型（3）：

$$\text{Innovation}_{i,t} = \theta_0 + \theta_1 \text{Before}_2 + \theta_2 \text{Before}_1 + \theta_3 \text{Current} + \theta_4 \text{After}_1 + \theta_5 \text{After}_2 + \theta_6 \text{After}_3 + \theta_7 \text{After}_4$$
$$+ \theta_8 \text{After}_5 + \theta_9 \text{After}_6 + \text{Company}_i + \text{Year}_t + \varepsilon_{it} \tag{3}$$

平行趋势检验回归结果见表 4。结果显示，以创新产出（Innovation）作为被解释变量，试点政策实施前 2 年的对应系数未通过显著性检验，而在政策试点后第一年系数显著，试点的影响具有一定的持续性。以研发投入（Rd）作为被解释变量，试点前 2 年的对应系数均未通过显著性检验，在 95% 的置信区间内均不显著异于 0，这意味着处理组与控制组的财务绩效变动趋势满足平行趋势假设，在试点政策实施的第四年才变得显著。这可能是由于 2018 年第三批中央试点企业正式确立，同年 7 月，国务院印发《关于推进国有资本投资、运营公司改革试点的实施意见》，地方开启了国有资本投资、运营公司改革试点的热潮，由此改革的效应凸显。

表 4   平行趋势检验回归结果

变量	（1）	（2）
	Innovation	Rd
Before2	0.001	0.267
	(0.08)	(0.32)

续表

变量	（1）	（2）
	Innovation	Rd
Current	0.088	0.305
	（0.08）	（0.31）
After1	0.129*	0.472
	（0.07）	（0.31）
After2	0.199***	0.454
	（0.07）	（0.31）
After3	0.158**	0.127
	（0.07）	（0.30）
After4	0.255***	0.785***
	（0.07）	（0.30）
After5	0.327***	0.719**
	（0.07）	（0.30）
After6	0.343***	0.976***
	（0.07）	（0.29）
Constant	1.292***	6.556***
	（0.03）	（0.11）
样本数	36462	36611
R-squared	0.264	0.305
个体固定效应	是	是
时间固定效应	是	是

注：通常以政策时点前一期为基准组，本文以 2013 年为基准组。

4.2.2　PSM-DID

为了避免样本选择偏误对回归结果的影响，本文又进一步运用了 PSM-DID 方法。在获得倾向得分匹配的 36304 个样本的基础上重新进行回归。表 5 列（1）展示了倾向匹配之后的双重差分的结果。可以看出排除样本自选择问题之后，Treat · After 的系数仍显著为正，国有资本投资、运营公司设立对其直接控股和参股企业创新产出影响的估计系数有所增大。PSM-DID 的结果再次支持了国有资本投资、运营公司的设立促进其关联的控股国有企业和参股企业创新产出水平提升的结论。

4.2.3　替换被解释变量

考虑到研发投入也是反映企业技术创新的重要标志，本文采用研发投入替代创新产出。表 5 列

（2）至（4）展示了以研发投入作为被解释变量的处理组分别包括全样本、控股企业、参股企业的回归结果。全样本政策交互项 Treat·After 的系数为 0.991，且在 1% 的显著性水平上显著，表明国有资本投资、运营公司试点改革显著促进了控股参股企业的创新投入。参股企业政策交互项的系数在 1% 的显著性水平上显著，控股企业的系数不显著。

表 5　　　　　　　　　　　　　　　基准回归结果

	（1）	（2）	（3）	（4）
	PSM-DID	全样本	控股企业	参股企业
	Innovation	Rd	Rd	Rd
Treat·After	0.367***	0.991***	0.380	1.159***
	(0.038)	(0.16)	(0.33)	(0.18)
控制变量	是	是	是	是
样本量	36304	36435	34307	35829
R-squared	0.31	0.322	0.318	0.324
个体固定效应	是	是	是	是
时间固定效应	是	是	是	是

5. 作用机制分析

5.1 缓解融资约束

从理论分析来看，国有资本投资、运营公司试点的影响机制可以从控股企业和参股企业视角分解为弱化政府干预和缓解融资约束等路径。本文借鉴温忠麟等（2014）提出的中介效应检验流程，构建如下模型：

$$Channel_{i,t} = \alpha_0 + \alpha_1 Treat \cdot After_{i,t} + \alpha_i Control_{i,t} + Company_i + Year_t + \varepsilon_{i,t} \quad (4)$$

$$Innovation_{i,t} = \beta_0 + \beta_1 Treat \cdot After_{i,t} + \beta_2 Channel_{i,t} + \beta_i Control_{i,t} + Company_i + Year_t + \varepsilon_{i,t}$$

$$(5)$$

Channel 为中介变量，若模型（4）中 Treat·After 系数 α_1 显著，说明试点能够显著影响企业的政策性负担和融资约束；若模型（5）中 Channel 的系数 β_1 显著，且 $\alpha_1 \cdot \beta_1$ 与模型（2）中 Treat·After 的符号相同则说明中介效应存在。

企业融资约束参考相关文献的做法（Hadlock et al.，2010；董小红等，2021；孔军和原靖换，2021），通过"SA 指数"刻画企业融资约束。SA = −0.737Size+0.043Size²−0.04Age，"SA 指数"取绝对值。将试点公司的参股企业设为处置组，结果见表 6 第（1）列。Treat·After 的系数为−0.022，且在 1% 的显著性水平上显著，表明试点显著降低了参股企业的融资约束。再将 Channel 和 Treat·After 同时纳入，Treat·After 的系数为 0.339，Channel 的系数为 -0.526，均在 1% 的显著性水平上显著，发挥了部分中介效应。结果验证了国有资本投资、运营公司试点通过缓解融资约束这一路径提升了参股企业的创新产出。

5.2 弱化政府干预

国有资本投资、运营公司试点从顶层设计上实现了"政企分开""政资分离"，避免了各级国资委直接干预国有企业的具体经营活动，在弱化政府干预的同时，还可减轻国有企业的政策性负担而增加创新所需的资源。此外，国有资本投资、运营公司被授权具体履行出资人职责，投资运作国有资产，进一步释放了经营权限，增加了企业可用于创新的资源。因此，国资监管体制改革引起的放权能够促进控股国有企业创新。借鉴杨兴全等（2020）的做法，选择国有企业超额雇员（OverLabor）来刻画控股国有企业承担的政策性负担，为员工人数的自然对数，其值越大，代表政府干预越强。表 6 第（3）列的结果显示，Treat·After 的系数为 -0.077，且在 1% 的显著性水平显著，表明国有资本投资、运营公司的设立弱化了控股国有企业的政府干预，体现为超额雇员的显著减少。再将国有企业超额雇员（OverLabor）和 Treat·After 同时纳入，Treat·After 的系数为 0.432，Channel 的系数为 -0.224，均在 1% 的显著性水平上显著，发挥了部分中介效应。结果验证了国有资本投资、运营公司试点通过弱化政府干预这一路径促进了控股国有企业的创新产出。

表 6   影响机制分析

变量	（1）	（2）	（3）	（4）
	SA	Innovation	OverLabor	Innovation
Channel		-0.526***		-0.224***
		(0.07)		(0.01)
Treat·After	-0.022***	0.339***	-0.077***	0.432***
	(0.00)	(0.04)	(0.04)	(0.08)
Constant	-5.929***	-13.225***	-8.086***	-7.724***
	(0.03)	(0.52)	(0.15)	(0.34)
控制变量	是	是	是	是
样本数	36383	36252	36305	34175
R-squared	0.879	0.316	0.508	0.311
个体固定效应	是	是	是	是
时间固定效应	是	是	是	是

6. 进一步分析：创新促进效应比较

由于中央和地方试点范围的广泛性，还需探讨不同因素在试点影响中的特征。考虑到国有资本投资、运营公司自身的异质性、管理体制、行业布局、所有制类型等特征的不同可能会影响国资监管体制改革下企业创新行为的选择，借鉴有关文献的做法（杨兴全等，2022；王治和黄文敏，2022），本文进一步加入代表国有资本投资、运营公司设立类型、行业分布、地理位置、企业所有制类型、股权结构的虚拟变量（Type），若是则取值为 1，否则取值为 0，并与 Treat·After 设定交叉项，模型设定如下：

$$Innovation_{i,j,t} = \beta_0 + \beta_1 Treat_i \cdot After_t \cdot Type_j + \beta_2 Treat_i \cdot After_t + \beta_3 After_t \cdot Type_j + \beta_4 Treat_i \cdot Type_j + \beta_5 Control_{i,t} + Company_i + Year_t + \varepsilon_{i,t} \tag{6}$$

6.1 不同设立类型的创新效应比较

按照功能定位，国有资本投资、运营公司可以分为国有资本投资公司、国有资本运营公司、国有资本投资运营公司 3 种类型。不同功能定位下，国有资本投资、运营公司的投资性质、投资方式、国有资本运作存在差异性，可能对企业创新资源配置产生影响。据此，为探究国有资本投资、运营公司设立类型特征对企业创新影响的差异，本文分析了国有资本投资公司、国有资本运营公司和国有资本投资运营公司等三类设立类型的效应。表 7 第（1）和（3）列中 Treat·After·Type 的系数显著为正，且均在 1%的显著性水平上显著。结果显示，国有资本投资、运营公司设立的创新促进效应在设立为国有资本投资公司和国有资本投资运营公司时更为凸显，对国有资本运营公司参股和控股的企业未形成明显的创新促进效应。形成这一结果的主要原因可能是，国有资本投资公司主要通过投资融资、产业培育和资本运作，以实现服务国家战略、优化国有资本布局、提升产业竞争力的目标，而国有资本运营公司主要以提升国有资本运营效率、提高国有资本回报为目标，以实现国有资本合理流动和保值增值，职能定位的不同决定了资本投向的灵活性和对创新的支持程度。

相较于地方国有企业，中央管理的企业规模大，且大多是行业内龙头企业，存在明显的垄断性；其战略地位、国际影响和对国民经济的稳定性作用也非地方管理的国有企业所能企及。中央和地方企业设立为国有资本投资、运营公司对企业创新的影响可能存在差异。本文按照管理体制的不同将试点企业区分为中央试点企业国有资本投资公司、国有资本运营公司和省属试点企业国有资本投资公司、国有资本运营公司、国有资本投资运营公司，并用虚拟变量表示。将虚拟变量与 Treat·After 相乘作为解释变量进行回归。回归结果见表 7 第（4）至（8）列。可以看出，中央企业设立的国有资本投资公司和省属企业设立的国有资本运营公司、国有资本投资运营公司在 1%的显著性水平上显著为正，中央企业设立的国有资本运营公司和省属企业设立的国有资本投资公司的估计系数为负，且不显著。这表明中央企业设立的国有资本投资公司和省属企业设立的国有资本运营公司、国有资本投资运营公司的创新促进效应较为突出，中央企业设立的国有资本运营公司和省属企业设立的国有资本投资公司的创新促进效应不明显。

表 7   试点企业不同设立类型及中央和地方公司估计结果比较

变量	全样本			中央试点企业		省属试点企业		
	投资公司	运营公司	投资运营	投资公司	运营公司	投资公司	运营公司	投资运营
	Innovation	Innovation	Innovation	Innovation	Innovation	Innovation	Innovation	Innovation
Treat·After·Type	0.193***	0.183	0.368***	0.226***	−0.042	−0.093	0.192***	0.481***
	(0.07)	(0.12)	(0.05)	(0.08)	(0.48)	(0.08)	(0.07)	(0.12)
Constant	−9.607***	−9.557***	−9.536***	−9.515***	−9.562***	−9.551***	−9.613***	−9.576***
	(0.32)	(0.32)	(0.32)	(0.32)	(0.32)	(0.32)	(0.32)	(0.32)
控制变量	是	是	是	是	是	是	是	是
样本量	36304	36304	36304	36304	36304	36304	36304	36304
R-squared	0.310	0.312	0.311	0.312	0.312	0.312	0.310	0.310
个体固定效应	是	是	是	是	是	是	是	是
时间固定效应	是	是	是	是	是	是	是	是

6.2 主要行业的创新效应比较

考虑到不同行业技术创新活动及需求不一致，国有资本投资、运营公司设立对企业创新的影响在不同行业之间也可能存在差异。试点企业的参控股企业主要来自采矿业等 17 个行业，本文对 17 个行业分别进行了回归，回归结果见表 8。其中，采矿业，电力、热力、燃气及水生产和供应业，建筑业，交通运输、仓储和邮政业，科学研究和技术服务业，农、林、牧、渔业，文化体育和娱乐业，制造业等 8 个行业的影响显著为正，主要是和社会生产相关的行业，也与这些行业需要技术创新的认识相吻合。批发零售业的影响不显著。房地产业，水利环境和公共设施管理业，信息传输、软件和信息技术服务业，住宿和餐饮业，租赁和商务服务业等 5 个行业的影响为负。这表明国有资本投资、运营公司设立的促进效应主要体现在生产性行业，对于服务性行业的效应较小。创新是生产性行业塑造竞争优势的重要引擎，生产性行业的增长不仅依靠企业内部提质增效，更重要的是产品创新。

表 8   试点企业参控股公司分行业估计结果比较

变量	采矿业	电热燃水业	房地产业	建筑业	交通邮政业	科技服务业	农林牧渔业
	Innovation	Innovation	Innovation	Innovation	Innovation	Innovation	Innovation
Treat·After·Type	0.358***	0.508***	−0.282*	0.465***	0.228**	0.622*	1.207**
	(0.15)	(0.12)	(0.17)	(0.14)	(0.13)	(0.35)	(0.61)

续表

变量	采矿业	电热燃水业	房地产业	建筑业	交通邮政业	科技服务业	农林牧渔业
	Innovation	Innovation	Innovation	Innovation	Innovation	Innovation	Innovation
Constant	-9.572***	-9.664***	-9.576***	-9.504***	-9.569***	-9.560***	-9.537***
	(0.32)	(0.32)	(0.32)	(0.32)	(0.32)	(0.32)	(0.32)
控制变量	是	是	是	是	是	是	是
样本数	36304	36304	36304	36304	36304	36304	36304
R-squared	0.310	0.313	0.310	0.312	0.310	0.312	0.312
个体固定效应	是	是	是	是	是	是	是
时间固定效应	是	是	是	是	是	是	是
变量	批发零售业	水环设施业	文体娱乐业	信息服务业	制造业	住宿餐饮业	商务服务业
	Innovation	Innovation	Innovation	Innovation	Innovation	Innovation	Innovation
Treat·After·Type	-0.064	-0.938***	1.064**	-0.785***	0.347***	-0.755***	-0.474*
	(0.14)	(0.29)	(0.49)	(0.25)	(0.06)	(0.39)	(0.30)
Constant	-9.377***	-9.574***	-9.617***	-9.584***	-9.624***	-9.584***	-9.560***
	(0.32)	(0.32)	(0.32)	(0.32)	(0.32)	(0.32)	(0.32)
控制变量	是	是	是	是	是	是	是
样本数	36304	36304	36304	36304	36304	36304	36304
R-squared	0.314	0.312	0.312	0.312	0.311	0.312	0.313
个体固定效应	是	是	是	是	是	是	是
时间固定效应	是	是	是	是	是	是	是

6.3　不同地理位置的创新效应比较

由于中央企业的参控股企业分布较为分散，不易确定属地，本文仅对省属试点企业设立的创新促进效应的地区异质性进行了分析。根据国家统计局东、中、西部和东北地区划分方法，将 31 个省区市和 5 个计划单列市划分为东、中、西部和东北地区。

如表 9 所示，东部、中部和西部地区在 1% 的显著性水平上显著为正，全样本下 Treat·After·Type 对企业创新产出的回归系数分别为 0.234、0.438 和 0.352，东北地区的回归结果不显著。这表明对创新的促进效应主要体现在中西部地区，对于东北地区产生的效应较小。可能的原因是，东部地区由于区位优势和制度体系，企业自身经营效率相对较好，所以改革带来的增进空间较少。而东北地区国有企业、重工业比重高，行业较为集中，经营效益低，工业转型与市场化转型进展缓慢等问题制约了企业自身的发展。

表 9 省级试点企业分地区估计结果比较

变量	东	中	西	东北
	Innovation	Innovation	Innovation	Innovation
Treat · After · Type	0.234***	0.438***	0.352***	−0.100
	(0.05)	(0.11)	(0.11)	(0.19)
Constant	−9.630***	−9.598***	−9.595***	−9.594***
	(0.32)	(0.32)	(0.32)	(0.32)
控制变量	是	是	是	是
样本数	36304	36304	36304	36304
R-squared	0.310	0.310	0.310	0.310
个体固定效应	是	是	是	是
个体固定效应	是	是	是	是

6.4 企业所有制形式的创新效应比较

接下来，本文分析企业所有制形式的异质性。为了进一步考察企业产权属性的特征，引入了企业权属的哑变量，区分国有企业（取值为 1）和非国有企业（取值为 0），并与政策交互项 Treat·After 设定交叉项，形成了非国有企业为参照基础的模型。回归结果见表 10 第（1）列，Treat·After·Type 的系数显著为正，表明试点对国有企业的促进作用更大，比非国有企业的影响高出 0.365 个单位。回归结果表明，试点对国有企业创新产出的促进作用更明显，这可能是由于改革的主要目的是完善国资监管体制，释放国有企业经营活力，促进国有企业聚焦技术创新，创新产出更多。

6.5 不同持股比例的创新效应比较

为进一步考察国有资本投资、运营公司设立对参股上市公司的影响，本文按照持股比例刻画企业特征，将持股比例划分为低持股比例（小于 5%）、中等持股比例（5%~25%）、高持股比例（25%~50%）3 组，对这几种比例分别设置了虚拟变量并进行回归，回归结果见表 10 第（2）至（4）列。可以看出，国有资本投资、运营公司设立对低持股比例参股企业的创新促进效应更为显著，对高持股比例参股企业的创新促进效应也高于中等持股比例。结果表明，试点企业持有上市公司较低比例股权和较高比例股权（尚未达到 50% 以上的控股地位），对参股公司的创新促进效应都是合理可靠的。相对而言，持有较高股权，更有利于参股企业获得稳定的流动性支持，纾解企业资金困境，加大资金投入、吸引人才集聚，促进企业增加研发投入，进行关键技术创新。

表10   不同权属及持股比例的估计结果比较

变量	企业权属	持股比例小于5%	持股比例5%~25%	持股比例25%~50%
	Innovation	Innovation	Innovation	Innovation
Treat · After · Type	0.365**	0.243***	0.140**	0.205***
	(0.14)	(0.07)	(0.06)	(0.06)
Constant	−9.544***	−9.539***	−9.583***	−9.583***
	(0.32)	(0.32)	(0.32)	(0.32)
控制变量	是	是	是	是
样本数	36290	36290	36290	36290
R-squared	0.312	0.312	0.310	0.310
个体固定效应	是	是	是	是
个体固定效应	是	是	是	是

7. 结论与启示

在新时代十多年来的伟大变革中，各级国资委以管资本为主不断完善经营性国有资产监管体制，开展国有资本投资、运营公司试点，国资监管体制得到健全重塑。本文运用上市公司数据检验了国有资本投资、运营公司设立对其直接控股和参股企业创新产出的影响。研究表明：国有资本投资、运营公司设立显著促进了其控股和参股企业的创新产出水平，但对促进两类企业创新活动的边际贡献程度略有不同，对于控股企业的促进作用更强。结果验证了国有资本投资、运营公司设立通过缓解融资约束这一路径提升了参股企业的创新产出，通过弱化政府干预这一路径提升了控股企业的创新产出。国有资本投资、运营公司设立的创新促进效应在设立为国有资本投资公司和国有资本投资运营公司时更为凸显，对国有资本运营公司参股和控股的企业未形成明显的创新促进效应。国有资本投资、运营公司的设立对中央企业设立的国有资本投资公司和省属企业设立的国有资本运营公司、国有资本投资运营公司创新的促进效应较为突出，对中央企业设立的国有资本运营公司和省属企业设立的国有资本投资公司的创新未形成明显的创新效应。国有资本投资、运营公司设立对采矿业，电力、热力、燃气及水生产和供应业，建筑业，交通运输、仓储和邮政业，科学研究和技术服务业，农、林、牧、渔业，文化体育和娱乐业，制造业等8个行业的参股和控股企业的创新活动产生了显著的正向影响。国有资本投资、运营公司设立对中西部地区企业创新的影响效果强于东部地区。国有资本投资、运营公司设立对国有企业创新的促进作用更明显，从创新产出的角度，试点政策对国有企业的影响高于非国有企业0.365个单位。国有资本投资、运营公司设立对低持股比例参股企业的创新促进效应最为显著，对高持股比例参股企业的促进效应也高于中等持股比例。相对而言，持有较高股权，更有利于参股企业获得稳定的流动性支持，促进企业技术创新。

基于研究结论，本文提出如下建议：

第一，充分发挥国有资本投资、运营公司对企业创新的促进效应。完善国有资本投资、运营公司现代法人治理结构和治理运作机制，充分考虑给予企业自主决策空间的同时，又确保对国企的监督权，真正实现政企分离，进而激发国有企业的创新动力。国有资本投资、运营公司设立可以弱化国有企业政府干预，国有企业作为市场主体的自主经营决策得到真正落实。因而，应坚持推进国资监管体制改革，中央和省级政府要明确本级政府的授权边界，科学建设对控股国有企业的授权放权体系。中央和省级政府要加快国有资本投资、运营公司设立，进一步发挥国有资本投资公司在中央企业、国有资本投资运营公司在省级企业促进企业创新的突出作用，推进国有企业科技攻坚，打造原创技术策源地。

第二，发挥国有资本投资、运营公司的国有资本市场化运作平台作用，优化国有资本配置。本文研究表明，国有资本投资、运营公司设立可以缓解非国有企业融资约束，从而促进企业创新；对采矿业、交通邮政业、科技服务业、制造业等 8 个生产性行业的企业创新产生了显著的正向影响。因而，国有资本投资、运营公司应紧盯世界科技革命和产业变革方向，围绕中央和省级重点发展行业领域，积极进行投资布局，服务国家和地方发展战略。优化国有资本投资、运营公司股权结构，由广投资向引领产业发展、扶持科技创新的重点投资聚焦。创新资本运作手段，推动国有资本更多投向先进制造、科学研究等领域，为市场主体提供强有力的流动性支持，促进企业技术创新。

第三，不断完善国有资本投资、运营公司市场化运作的政策制度和执行机制。中央和地方政府要因地制宜，综合考虑所属国有企业经营效率、国有资本投资运营公司的资本实力、设立类型、功能定位、股权架构等因素，通过合理的制度安排与机制设计来强化国资监管体制改革的创新促进作用。本文研究发现国有资本投资、运营公司设立对经济相对落后的中西部地区企业创新影响的效果强于经济发达的东部地区。因而，应着力改善中西部地区市场经营环境，提高国有企业经营效率，强化国资监管体制改革的创新促进效应。健全市场化经营机制，建立有竞争力的薪酬体系和激励制度，推进国有企业科技创新激励保障机制建设，畅通国有企业科技人才流动渠道。

◎ **参考文献**

［1］陈文磊 . 国有资产管理体制改革与国企创新投入——基于"管资本"的视角 ［J］. 财经问题研究，2021（9）.

［2］董小红，孙文祥，李哲 . 民营企业引入国有资本能缓解融资约束吗 ［J］. 管理学刊，2021，34（4）.

［3］顾群，翟淑萍，苑泽明 . 融资约束与研发效率的相关性研究——基于我国上市高新技术企业的

经验证据 [J]. 科技进步与对策，2012，29（24）.

[4] 郭檬楠，郭金花. 审计管理体制改革、地方政府干预与国有企业资产保值增值 [J]. 当代财经，2020（11）.

[5] 郭映江. "竞争中性"原则下的国企与民企融资差异 [J]. 金融市场研究，2021（4）.

[6] 郭元晞. 论政企分开与政资分开 [J]. 经济研究，1997（2）.

[7] 江轩宇. 政府放权与国有企业创新——基于地方国企金字塔结构视角的研究 [J]. 管理世界，2016（9）.

[8] 孔军，原靖换. "减税降费"下上市企业税负对创新产出的影响研究 [J]. 中国软科学，2021（S1）.

[9] 李冲，钟昌标. 融资成本差异与企业创新：理论分析与实证检验——基于国有企业与民营企业的比较研究 [J]. 科技进步与对策，2015，32（17）.

[10] 李端生，宋璐. 国有资本投资运营公司成立提高企业价值了吗？——来自中央企业和省级改革试点的经验数据 [J]. 经济与管理研究，2020，41（10）.

[11] 林毅夫，刘明兴，章奇. 政策性负担与企业的预算软约束：来自中国的实证研究 [J]. 管理世界，2004（8）.

[12] 毛剑峰，杨梅，王佳伟. 政府干预、股权结构与企业绩效关系的实证 [J]. 统计与决策，2015（5）.

[13] 沈永建，倪婷婷. 政府干预、政策性负担与高管薪酬激励——基于中国国有上市公司的实证研究 [J]. 上海财经大学学报，2014，16（6）.

[14] 汪敏，陈东. 民营企业融资被挤压与对国有企业的反向竞争 [J]. 当代财经，2020（11）.

[15] 王健. 国有企业的困境分析——兼论政府干预失灵及纠正 [J]. 中南财经大学学报，2001（6）.

[16] 王军，刘传庚. 国有资产的异质分类及管理 [J]. 经济管理，2004（13）.

[17] 王彦玲. 国企与民企创新机制和效率比较与改进研究 [J]. 科学管理研究，2019，37（2）.

[18] 王勇，刘志远，郑海东. 政府干预与地方国有企业市场竞争力——基于现金持有竞争效应视角 [J]. 经济与管理研究，2013（8）.

[19] 王治，黄文敏. 国有资本投资运营公司试点的价值 [J]. 北京社会科学，2022（8）.

[20] 温忠麟，叶宝娟. 中介效应分析：方法和模型发展 [J]. 心理科学进展，2014，22（5）.

[21] 肖土盛，孙瑞琦. 国有资本投资运营公司改革试点效果评估——基于企业绩效的视角 [J]. 经济管理，2021，43（8）.

[22] 徐晓萍，张顺晨，许庆. 市场竞争下国有企业与民营企业的创新性差异研究 [J]. 财贸经济，2017，38（2）.

[23] 薛晓珊，方虹，杨昭. 新能源汽车推广政策对企业技术创新的影响研究——基于PSM-DID方法 [J]. 科学学与科学技术管理，2021，42（5）.

[24] 杨良平. 国资监管体制转变对国有企业创新效率的影响研究 [D]. 吉林大学，2021.

[25] 杨兴全，任小毅，杨征. 国企混改优化了多元化经营行为吗？[J]. 会计研究，2020（4）.

[26] 张雪莹，刘茵伟. 民营企业融资约束的影响因素研究——基于民营企业债券数据的分析 [J].
金融发展研究，2020（8）.

[27] 张训常，刘晔，周颖刚. "政资分开" 能改善国有企业投资效率吗？ [J]. 管理科学学报，
2021，24（4）.

[28] 赵斌斌，连瑞瑞，蔡弘. 混合所有制改革、政府放权意愿与国企可持续发展 [J]. 经济与管
理，2020，34（6）.

[29] 周黎安. 中国地方官员的晋升锦标赛模式研究 [J]. 经济研究，2007（7）.

[30] 竺李乐，吴福象，张雯. 国有企业创新行为：特征事实与来自民营资本入股的影响 [J]. 财经
论丛，2022（8）.

[31] James R. Brown, et al. Financing innovation and growth: Cash flow, external equity, and the 1990s
R&D boom [J]. Journal of Finance, 2009（64）.

[32] Laffont, J. J., Tirole, J. A theory of incentives in procurement and regulation [M]. MIT Press,
1993.

[33] Shleifer, A., Boycko, M., Vishny, R. W. A theory of privatization [J]. Economic Journal, 1996,
106（435）.

Simplicity Is Great: How Does the Reform of the State-owned Capital Management System Affect Corporate Innovation?

Liu Nan   Kong Jun

（School of Economics and Management, Northwest University, Xi'an, 710127）

Abstract: This paper verifies the impact, mechanism of action and implementation characteristics of the establishment of state-owned capital investment and operation companies（hereafter refers to SOCIOCs）on the state-owned capital innovation performance for their holding and equity participation enterprises based on the data of Chinese listed companies from 2008-2021 by DID and DDD model. The results show that: the establishment of the SOCIOCs significantly promotes the innovation output of holding and equity participation enterprises, and reflects the innovation promotion path by reducing the policy burden of holding enterprises and alleviating the financing constraints of participating enterprises. The aforementioned effects of state-owned capital governance policies with Chinese characteristics are more pronounced in the category of state-owned capital investment companies, provincial pilot enterprises, productive industries such as mining, central regions of China, and state-owned enterprises, and enterprises with medium to high shareholding ratios that have participatory holding relationships. The above conclusions are helpful to examine the heterogeneity of the promote effect of SOCIOCs among equity participating enterprises and holding enterprises， and provide relevant practice and policy implications for accelerating the reform of state-owned assets supervision system.

Key words：Reform of state-owned capital；State-owned capital；R&D investment；Innovation output

专业主编：陈立敏

珞珈管理评论

2024 年卷第 1 辑（总第 52 辑）

Luojia Management Review

No. 1, 2024（Sum. 52）

董事网络能促进企业数字化转型吗？*
——基于独立董事网络中心度的考查

● 胡耀丹[1]　杜　红[2]　张爱琳[1]

（1　云南财经大学会计学院　昆明　650221；2　昆明文理学院　昆明　650221）

【摘　要】本文基于镶嵌理论和声誉理论，以 2007—2020 年沪深 A 股上市公司为样本，研究独立董事所处网络中心度对所任职企业数字化转型的影响。研究发现，独立董事所处的网络中心度越高，企业数字化转型的程度越大，说明董事网络显著促进了企业数字化转型。经稳健性检验后，该结论仍然成立。机制检验表明，独立董事网络中心度通过降低代理成本、缓解融资约束推动企业数字化转型进程。进一步研究发现，对于制度环境较差地区的企业、信息透明度较高的企业以及民营企业，独立董事网络中心度对企业数字化转型的推动作用更显著。研究结论对于如何推动数字经济与实体企业深度融合，实现企业高质量发展有重要的参考价值。

【关键词】董事网络　独立董事网络中心度　数字化转型　代理成本　融资约束

中图分类号：F272　　　文献标识码：A

1. 引言

近年来，随着大数据、云计算、人工智能等数字技术的迅猛发展，新一轮技术革命和产业变革正在悄然兴起。党的二十大报告再次强调"要加快发展数字经济，促进数字经济和实体经济深度融合，打造具有国际竞争力的数字产业集群"。作为一种新兴经济形式，数字经济有助于"降成本""强创新"，激发企业生产力和持续竞争优势，实现组织的提质增效（章文光等，2016；Mikalef and Pateli，2017），最终推动我国经济高质量、跨越式发展。尤其是疫情背景下"无接触经济"的发展，倒逼企业实施数字化转型。微软和 IDC 对中国企业的调查发现 63% 的企业尝试通过数字化转型来应

* 基金项目：国家自然科学基金地区科学基金项目"高管团队特征对企业数字化转型的影响研究"（项目批准号：72262033）；教育部人文社科基金项目"年报问询监管与上市公司融资行为研究"（项目批准号：20JYC630043）。

通讯作者：张爱琳，E-mail：476005094@qq.com。

对疫情带来的冲击与考验。数字经济时代，企业不管是被动顺应数字产业化和产业数字化的浪潮，还是主动迎合时代发展变化以提高自身竞争力，数字化转型均迫在眉睫。

现有研究显示，数字化转型有助于提高企业核心竞争力，具有提质（唐松等，2020）、增效（Gomber et al.，2018）、降成本（刘淑春等，2021）等功能。企业数字化转型成功与否是内外部多重要素联合互动决定的。企业数字化转型牵涉到企业的战略管理问题，是一项战略安排，公司战略制定和实施有赖于决策者的能力（Cheng et al.，2016），同时资源禀赋决定了企业数字化水平的提升效率和速度（黄节根等，2021），因此企业数字化转型依赖于决策人的能力和所获得的资源支持。其中，独立董事作为企业战略决策过程的重要力量，能够利用自己的专业知识为企业决策提供建议，提高企业决策的效率和效果。2023 年 4 月 14 日，国务院办公厅印发《关于上市公司独立董事制度改革的意见》（下称《意见》）厘清了独立董事的职责定位，明确其要履行参与决策、监督制衡、专业咨询三项职责，并将监督职责重点聚焦在公司与控股股东、实际控制人、董事、高级管理人员之间的潜在重大利益冲突事项上。《意见》将促使独立董事科学审视公司投资决策和运营管理所面临的风险，并在充分秉持独立性的前提下为如何平衡风险和收益建言献策。而在董事网络的背景下，独立董事所处的网络位置深刻影响着其治理能力和资源获取能力。董事网络是指董事会成员个体以及董事之间由于在同一个董事会任职而建立起直接或间接的联结关系（谢德仁和陈运森，2012），董事存在更多的兼任行为则在董事网络中处于更高的中心度（Kilduff & Tsai，2003）。

目前对于董事网络的公司治理效应主要存在两种观点：一种观点认为，过多的兼任行为导致董事过于忙碌，从而使精力分散无法尽责履行董事义务，成员间的共谋及对精英圈子的过度追求催生董事间的包容与妥协，影响董事治理的有效性和独立性（任兵等，2007）。另一种观点认为，董事网络促进企业间资源互通和信息共享，提高公司制定决策的理性程度和决策效率，并在获取和维持社会声誉过程中增加董事履职的积极性，提高公司治理水平（李敏娜和王铁男，2014；Schabus，2022）。董事网络对企业数字化转型具有何种效应？能否促进企业数字化转型？现有研究尚未给出答案，而对此问题的探讨有助于深入理解董事网络的公司治理效应，并为进一步驱动企业数字化转型提供新的思路。

基于此，本文以 2007—2020 年中国沪深 A 股上市公司为样本，探讨独立董事网络中心度对企业数字化转型的影响。研究发现，独立董事所处的网络中心度越高，企业数字化转型的程度越大，说明独立董事网络显著促进了数字化转型；为保证结论的稳健性，本文采用延长观测窗口、更换解释变量、PSM 以及 Heckman 两阶段回归法进行检验，结论仍然成立。机制检验表明，降低代理成本和缓解融资约束是独立董事网络促进企业数字化转型的主要路径。对于制度环境较差地区的企业、信息透明度较高的企业以及民营企业，独立董事网络中心度对企业数字化转型的推动作用更显著。经济后果检验显示，独立董事网络中心度促进数字化转型，有利于提升企业长期价值。

本文的贡献在于：

其一，从董事网络角度为独立董事的公司治理效应提供经验证据。理论界关于独立董事制度的有用性一直存在争议。独立董事在多个企业同时任职形成了网络联结，按照社会网络理论，网络位置是独立董事获取资源的重要渠道，对企业的发展具有积极作用。本文基于独立董事网络的资源效应和治理效应，实证检验了独立董事网络中心度对企业数字化转型进程有良好的推动作用，既验证了独立董事的有效性，又丰富了独立董事在公司治理中的经济后果研究。

其二，从微观企业层面为推动企业数字化转型提供新思路和新视角。目前对于数字化转型的研究多聚焦于其经济后果方面，或是从宏观层面来探讨企业数字化转型的影响因素，本文则从企业微观角度研究数字化转型的驱动力量，为企业数字化转型实践提供更为直接的参考借鉴，既在一定程度上拓展了研究视角，又有助于实践中推动数字经济与实体企业深度融合。

其三，丰富了社会网络经济后果方面相关研究。本文基于镶嵌理论和弱联结优势理论，探讨了独立董事网络中心度推动企业数字化转型的作用路径，并辅以大样本实证检验验证了董事网络的治理作用，丰富了相关研究，有助于理论界和实务界深入理解社会关系网络对微观企业的影响和作用。

2. 文献回顾、理论分析与假设提出

2.1 数字化转型的影响因素和经济后果相关研究

随着数字经济的蓬勃发展，企业进行数字化转型是大势所趋（陈其奇等，2021）。现有研究认为，由于数字化转型具有高风险、高投入和长期性的特点，企业需要制定有效的转型决策，持续投入大量的人力、物力和财力资源（史宇鹏等，2021），才能逐步推动数字化转型进程。从人力资源角度，企业数字化转型需要配备软件和掌握数字技能的人才，应对数据处理的复杂性和隐私保密问题（Agrawal et al.，2019；Chouaibi et al.，2022）。从组织层面来说，管理层决定了企业是否进行数字化转型，高层管理者的支持是前提（Sun et al.，2020）。管理层能力是制定数字化转型决策的主要影响因素之一，转型需要企业的数字化领导力（AlNuaimi et al.，2022）。从资源约束方面来说，数字化转型是变革性项目，需要大量资金支持，现有研究发现利率市场化（唐松等，2022）、税收激励（曾皓，2022）以及机构投资者治理（李华民等，2021）通过缓解企业融资难、融资贵等问题，激励企业加大研发投入，赋能企业数字化转型。

数字技术广泛应用为企业积累了丰富的数据资源（蔡跃洲，2021）。多数研究认为数字化转型能够为企业带来积极的经济影响，有助于企业提升财务绩效（章文光等，2016），形成持续竞争优势（Bruce et al.，2017；Benner and Waldfogel，2020；李坤望等，2015），进一步提升组织绩效（Johnson et al.，2017；郑国坚等，2016；周驷华和万国华，2016）。通过搭建数据中心，企业在信息收集、处理、分析等方面的能力和沟通的效率上有所提高，有助于帮助企业实现"降成本""强创新"，进而提高生产效率，实现提质增效（Mikalef and Pateli，2017；肖土盛等，2022）。此外，数字技术的应用将实现信息的高效匹配，提升会计信息可比性（聂兴凯等，2022）和审计效率（张永坤等，2021），降低信息不对称程度，提升股票流动性（吴非等，2021；聂兴凯等，2022；裴璇等，2023；陈红等，2023）。

2.2 独立董事的公司治理效应

独立董事具有独立性和专业性，能够监督管理层、改善公司治理水平以及缓解企业内外部的信息不对称程度。独立董事及其网络关系对企业的影响主要体现在内外部治理方面。在内部治理方面，研究发现独立董事的学术背景、政府关系、"海归"经历等往往能够识别企业的盈余操纵（沈艺峰和陈旋，2016），促进企业履行社会责任（Li and Guo，2022）。独立董事的独立性和客观性等特点有助于其有效监督抑制管理层自利（万寿义和王红军，2011）、大股东资金占用（张浩和黄俊凯，2022）和公司违规等行为（万良勇等，2014；Xing et al.，2022），有利于改善内部控制缺陷（杨小娟等，2022），最终实现企业价值的提升（孙懿珊等，2022）。在外部治理方面，独立董事具有信息优势，有助于提高信息披露质量（陈运森，2012；周建等，2023；Schabus，2022）。独立董事对企业的监督控制能力一定程度上体现了其工作能力，为维护其在董事网络中的声誉，独立董事有充足的动力监督企业的信息质量（张勇，2022；Omer et al.，2020）。独立董事网络中心度越高，企业的信息披露质量越高（陈运森，2012；Liang et al.，2022）。独立董事兼任的不同企业之间存在模仿披露现象，进而对其兼任企业信息披露产生正向影响（韩洁等，2015）。此外，独立董事的弱联结优势能够为企业获取异质性的资源，通过其网络关系进行信息交流，获取技术信息，降低融资成本，进而促进企业技术创新（吴伊菡和董斌，2020；尹佳伟等，2020；Wu and Dong，2020；邱强和朱睿彤，2023）。

2.3 研究假设

本文认为，独立董事可以通过为企业提供信息资源帮助其缓解融资约束，以及通过监督管理层来降低代理成本两条路径提高企业的决策效率，从而推动企业数字化转型进程。

一方面，基于资源效应，独立董事网络能够为企业获取信息优势和资金支持，缓解企业数字化转型的资源困境，从而推动企业数字化转型。谢德仁和陈运森（2012）根据点和线的定义，将董事网络界定为董事个体之间由于至少在一个董事会同时任职而建立的直接和间接联系的集合。基于镶嵌理论，独立董事在董事网络中扮演着信息桥的角色，促进信息在企业之间、管理层之间相互流通。独立董事的网络中心度越高，越有利于提高企业获取信息的速度、真实性和完整性，降低企业内外部的信息不对称。首先，独立董事可以从企业外部获取有利的数字技术异质性信息，提高企业的数字化转型决策效率。独立董事在不同企业兼职，有助于其获取创新技术、数字化转型相关的信息，如行业数字化发展趋势、新兴产业的核心技术和其他市场数据等，促进企业突破性技术创新（邱强和朱睿彤，2023）。特别是具备技术专家背景的独立董事会经常参加一些学术会议，了解和讨论技术前沿并为企业数字化转型战略的制定和实施提供建议，这能够满足企业在生产经营过程中不断提升数字化程度而产生的对前沿技术的需求。独立董事所处的网络中心度越高，通过其关系网络接触到的异质性信息越多，越有助于企业感知数字创新领域的最新发展情况，从而制定有效的数字化转型决策。其次，独立董事能够将企业内部的信息传递到外界，提高信息披露质量，增强企业的信息透明度，降低其融资成本（陈运森，2012；陆贤伟，2013）。值得注意的是，处于网络中心的独立董事往往会形成一个社交圈，大家来自各行各业，相互分享自己所掌握的信息资源（谢德仁和陈运森，2012）。比如来自银行的独立董事们能够为社交圈成员提供有关融资渠道的信息，有利于企业及时掌握融资信息，获取更优惠的贷款条件，降低融资成本。企业面临融资约束很大程度上是因为企业与外部投资者信息不对称所导致的，特别是在创新领域，外部投资者大多不清楚企业对数字化转型项目具体的投入水平和风险承担能力，因而缺乏对企业的相关创新项目进行投资的动力。处于董事网络中心的独立董事，不仅可以改善企业的信息披露政策，通过正式交流机制传递信息，还可以基于关系网络这种非正式交流机制将企业的信息传递给外部投资者，降低企业内外部信息不对称的程度，吸引更多的资金流入，进而缓解企业融资约束。企业进行数字化转型需要更新生产设备、投资软硬件研发、调整管理模式，伴随着高昂的协调成本，需要大量的资金支持（宋晶和陈劲，2022），一旦打破资源约束，将在很大程度上增强企业转型的信心，推动数字化转型。

另一方面，基于治理效应，独立董事网络能够降低代理成本，提高企业的决策效率，促进数字化转型。企业进行数字化转型使得管理层势必要面对技术开发的困难、经营模式的变革以及新旧程序的冲突等问题，是一种典型的冒险性决策，在这个过程中可能由于风险厌恶而发生管理层短视，为了逃避长期风险而发生代理冲突，不愿意推进数字化转型。独立董事负有勤勉义务并具备咨询功能，需维护公司整体利益，做出独立判断，为所任职公司发表有价值的意见。根据声誉理论，独立董事有动机和能力参与公司治理，缓解代理冲突。首先，独立董事的董事网络中位置越高，为了避免声誉风险，其越有动机去降低所任职企业的代理成本。独立董事在面对数字经济时代新兴技术的崛起和众多企业实施数字化转型战略决策的情况下，基于对精英人士团体认同程度的重视和对声誉的维持（谢德仁和陈运森，2012），为了避免负面言论在社会网络中快速传播，处于董事网络中心的独立董事在治理过程中会更加谨慎和负责。独立董事和其所任职的企业是一个声誉整体，二者中的任何一方出现声誉危机都会影响到另一方。因此，董事网络中心度高的独立董事更有动机去建议并说服所任职企业成为行业内领先的数字化转型企业。其次，独立董事所处网络中心度越高，会持有更多的声誉资本，越有能力去降低代理成本。他们可以通过参加企业股东大会、董事会及其专门委员会、独立董事专门会议以及与管理层非正式的私下交流来进行监督控制，缓解管理层与大股东之间的委托代理问题，激发管理层树立大局观念，关注企业长期发展，为提高企业价值而进行数字化变革。另外，独立董事能够为企业提供异质性的信息。独立董事通常是具备高校、法律等背景的学者型人士，善于对其在网络中所获取的异质性信息进行深度挖掘，提炼出有利于企业科学决策的信息，以此提高其在董事会中的地位和话语权，通过参与公司治理，抑制管理层短视，缓解代理冲突，让管理层重视研发创新，增加研发支出和创新投入，为企业数字化转型奠定技术基础，推进企业数字化转型。基于此，本文提出如下假设：

H1：企业嵌入独立董事所处的董事网络中心度越高，则企业数字化转型程度越高。

3. 研究设计

3.1 样本选取与数据来源

本文选取 2007—2020 年沪深 A 股上市公司的数据作为研究样本，数据来源如下：相关财务数据和数字化转型数据均来自 CSMAR 数据库，独立董事网络数据来源于中国研究数据服务平台（CNRDS）。考虑到数据的有效性和客观性，本文对原始数据作了如下常规处理：（1）剔除样本中金融业上市公司以及资不抵债的样本；（2）剔除样本期内 ST、＊ST 或 PT 以及处于退市整理期的样本；（3）剔除重要变量缺失的样本；（4）为消除极端值对实证结果的影响，对连续变量进行上下 1% 的缩尾处理。经过筛选，本文最终获得 3686 家上市公司 29913 条观测值。

3.2 模型设定与相关变量说明

我们以模型（1）来检验董事网络下独立董事对数字化转型的影响。

$$DT = \partial_0 + \partial_1 \times Score + \partial_2 \times Lev + \partial_3 \times Size + \partial_4 \times ROA + \partial_5 \times MAO + \partial_6 \times Growth + \partial_7 \times Dual + \partial_8 \times FirmAge + \partial_9 \times Top1 + \partial_{10} \times Indep + \partial_{11} \times TobinQ + \partial_{12} \times SOE + \partial_{13} \sum Ind + \partial_{14} \sum Year + \mu_1$$

$$(1)$$

模型（1）中被解释变量：数字化转型（DT）。借鉴何帆和刘红霞（2019）的做法，以"0—1"虚拟变量 DT_or 来表示企业是否存在数字化转型，以连续变量 DT_num 表示企业进行数字化转型的程度。借鉴吴非等（2021）的研究，首先，在参考数字化转型为主题的经典文献基础上，归纳整理出数字化转型的特征词图谱，包含归纳于人工智能技术、大数据技术、云计算技术、区块链技术和数字技术运用五类关键技术的关键词。然后通过 Python 爬虫功能归集沪深 A 股所有上市公司年报，以 Java PDFbox 库提取文本内容作为特征词筛选的数据池。最后，根据整理好的特征词图谱以 Python 软件对每个上市公司的数据池进行搜索、匹配和词频计数，分类归集每个上市公司五类关键技术的词频统计数，并最终加总词频，出现的次数越多，则说明上市公司相应的技术应用及数字化转型程度越高。对管理层讨论决策中出现"企业数字化转型"取"0—1"虚拟变量 DT_or 来衡量企业是否存在数字化转型；由于词频统计分布上具有明显的右偏倾向，本文对关键词加总的词频加 1 取对数后，以 DT_num 来衡量数字化转型程度。

模型（1）中解释变量：独立董事网络中心度（Score）。参考谢德仁和陈运森（2012）以及邢秋航和韩晓梅（2018）的研究，本文选用程度中心度（Degcentrl）、接近中心度（Clocentrl）和中介中心度（Betcentrl）三个指标的综合网络中心度指标。具体计算过程如下：（1）在中国研究数据服务平台（CNRDS）的独立董事研究数据库选取程度中心度、接近中心度和中介中心度三个指标。（2）

保留独立董事中心度数据，以年—公司分组后计算所有独立董事三个指标的最大值和平均值，以此表示公司层面的独立董事网络中心度。（3）采用三个中心度指标的综合指标。具体而言，本文将公司层面的三个中心度指标分别按年度排序并分成十组，赋值 1～10，将三个指标统一单位后加总除以 3，计算得出综合的公司网络中心度指标（Score_max 和 Score_mean）。

本文参考以往文献，还控制了企业财务和公司层面影响数字化转型的变量，具体定义如表 1 所示：

表 1   变量定义表

	变量	名称	定义或计算方法
被解释变量	数字化转型	DT_or	是否实施数字化转型
		DT_num	数字化转型程度
解释变量	独立董事网络中心度	Score_max	以所有独立董事三个指标最大值合成的综合指标
		Score_mean	以所有独立董事三个指标平均值合成的综合指标
控制变量	企业规模	Size	年末总资产的自然对数
	资产负债率	Lev	年末总负债/年末总资产
	审计意见类型	MAO	标准无保留意见为 0，否则为 1
	资产净利率	ROA	净利润/总资产平均余额
	营业收入增长率	Growth	本年营业收入/上一年营业收入−1
	独立董事比例	Indep	独立董事人数/董事会人数
	两职合一	Dual	董事长兼任总经理取 1，否则取 0
	托宾 Q 值	TobinQ	（流通股市值+非流通股股份数×每股净资产+负债账面值）/总资产
	产权性质	SOE	国有企业取值为 1，否则为 0
	公司成立年限	FirmAge	ln（当年年份−公司成立年份+1）
	第一大股东持股比例	Top1	第一大股东持股数量/总股数
	年份	Year	年度虚拟变量
	行业	Ind	行业虚拟变量

4. 实证结果与分析

4.1 描述性统计

各变量的描述性统计如表 2 所示。从表中的数据可以看出，DT_or 的均值为 0.46，表明有将近一半的上市公司响应数字经济政策号召加入了数字化转型行列，说明大多数的企业具有数字化转型意识。DT_num 的最大值为 6.114，而均值为 0.95，说明根据转型程度来看，虽然大部分企业有数字化转型意识，但转型程度并不高，且公司间数字化转型程度存在较大差异。独立董事网络中心度综合指标 Score_max 和 Score_mean 各方面数据差距不大。独立董事比例（Indep）的平均值为 37.4%，中位数为 33.3%，与以往研究结果相符，大部分样本企业设立独立董事比例均满足监管要求，但仅用独立董事比例来研究独立董事的治理作用说服力不足。

表 2   描述性统计表

variable	N	mean	p50	sd	min	max
DT_or	29913	0.460	0	0.498	0	1
DT_num	29913	0.950	0	1.288	0	6.114
Score_max	29913	5.608	5.667	2.692	1	10
Score_mean	29913	5.620	5.667	2.705	1	10
Size	29913	22.13	21.95	1.283	19.77	26.10
Lev	29913	0.436	0.433	0.204	0.055	0.885
MAO	29913	0.030	0	0.172	0	1
ROA	29913	0.040	0.038	0.074	−1.859	0.880
Growth	29913	0.176	0.108	0.431	−0.580	2.808
Dual	29913	0.256	0	0.436	0	1
FirmAge	29913	2.814	2.890	0.375	0.693	4.143
Top1	29913	0.347	0.327	0.149	0.087	0.742
Indep	29913	0.374	0.333	0.053	0.333	0.571
TobinQ	29913	2.052	1.626	1.325	0.871	8.735
SOE	29913	0.385	0	0.486	0	1

4.2 相关性分析

表 3 汇报了各个变量间的相关系数。从表 3 可以看出，核心变量间的相互作用关系都在 1% 的水平上显著，独立董事所处的董事网络中心度（Score_max 和 Score_mean）与企业是否数字化转型（DT_or）和数字化转型程度（DT_num）显著正相关，H1 得到初步验证。此外，主要变量间的相关系数都没有超过 0.5，且绝大多数并不超过 0.4，表明变量之间不存在严重的多重共线性问题。

表 3 相关系数表

	DT_or	DT_num	Score_max	Score_mean	Size	Lev	MAO	ROA	Growth	Dual	FirmAge	Top1	Indep	TobinQ
DT_or	1													
DT_num	0.798***	1												
Score_max	0.027***	0.031***	1											
Score_mean	0.028***	0.029***	0.946***	1										
Size	0.085***	0.055***	0.203***	0.204***	1									
Lev	-0.090***	-0.106***	0.118***	0.122***	0.473***	1								
MAO	-0.010*	0	-0.018***	-0.021***	-0.049***	0.107***	1							
ROA	0.001	-0.006	0.009	0.011*	0.019***	-0.314***	-0.278***	1						
Growth	0.003	0.024***	0.003	0.005	0.041***	0.040***	-0.054***	0.229***	1					
Dual	0.105***	0.123***	-0.064***	-0.068***	-0.156***	-0.145***	0.005	0.030***	0.014**	1				
FirmAge	0.115***	0.090***	0.029***	0.036***	0.186***	0.133***	0.058***	-0.095***	-0.065***	-0.058***	1			
Top1	-0.087***	-0.127***	0.042***	0.039***	0.203***	0.062***	-0.083***	0.126***	0.019***	-0.060***	-0.127***	1		
Indep	0.069***	0.076***	-0.026***	-0.056***	0.021***	-0.018***	0.009	-0.012*	0.003	0.116***	0.007	0.038***	1	
TobinQ	0.063***	0.088***	-0.053***	-0.060***	-0.396***	-0.273***	0.072***	0.137***	0.026***	0.074***	-0.002	-0.122***	0.042***	1
SOE	-0.177***	-0.197***	0.130***	0.130***	0.315***	0.284***	-0.051***	-0.062***	-0.046***	-0.291***	0.096***	0.247***	-0.063***	-0.150***

注：*** 表示 $p<0.01$，** 表示 $p<0.05$，* 表示 $p<0.1$。下同。

4.3 回归结果分析

表 4 展示了独立董事所处的董事网络中心度与企业数字化转型的回归结果。第（1）列和第（2）列表示独立董事网络中心度（Score=Score_max）分别与企业是否转型（DT_or）和转型程度（DT_num）的回归结果，结果显示 Score_max 与 DT_or 和 DT_num 在 1% 的水平上显著正相关，验证了本文假设，独立董事所处的董事网络中心度越高，企业进行数字化转型的程度越高。第（3）（4）列表示在替换独立董事网络中心度的衡量方式后，解释变量系数依然显著为正，独立董事网络有利于促进企业数字化转型，原假设仍成立。

表 4   多元回归结果

	（1） DT_or	（2） DT_num	（3） DT_or	（4） DT_num
Score_max	0.006*** （6.00）	0.016*** （7.44）		
Score_mean			0.006*** （6.32）	0.017*** （7.59）
Size	0.045*** （17.95）	0.119*** （19.73）	0.045*** （17.93）	0.119*** （19.75）
Lev	−0.090*** （−5.72）	−0.248*** （−6.46）	−0.090*** （−5.74）	−0.249*** （−6.49）
MAO	−0.061*** （−4.08）	−0.121*** （−3.26）	−0.060*** （−4.05）	−0.120*** （−3.24）
ROA	−0.038 （−1.16）	−0.191** （−2.16）	−0.039 （−1.18）	−0.193** （−2.19）
Growth	0.016*** （2.80）	0.091*** （6.14）	0.016*** （2.79）	0.090*** （6.13）
Dual	0.030*** （5.02）	0.110*** （7.15）	0.030*** （5.02）	0.110*** （7.15）
FirmAge	−0.015*** （−3.85）	−0.021** （−2.21）	−0.015*** （−3.93）	−0.022** （−2.31）
Top1	−0.067*** （−3.74）	−0.330*** （−7.99）	−0.067*** （−3.74）	−0.331*** （−8.00）
Indep	0.203*** （4.35）	0.663*** （5.66）	0.212*** （4.54）	0.689*** （5.87）

续表

	（1）	（2）	（3）	（4）
	DT_or	DT_num	DT_or	DT_num
TobinQ	0.009***	0.038***	0.009***	0.038***
	（3.86）	（6.70）	（3.88）	（6.73）
SOE	−0.078***	−0.219***	−0.078***	−0.219***
	（−12.49）	（−15.06）	（−12.47）	（−15.03）
Constant	−0.916***	−2.627***	−0.918***	−2.635***
	（−16.34）	（−20.89）	（−16.39）	（−20.97）
N	29913	29913	29913	29913
Fixed effects	Year and Industry	Year and Industry	Year and Industry	Year and Industry
Pseudo R^2	0.246		0.246	
R-squared		0.389		0.335

5. 稳健性检验

5.1 延长观测窗口

为了探究独立董事网络中心度能否在长周期内保持对企业数字化转型稳定的正向激励，本文对被解释变量（DT）采用提前 1 期和 2 期处理。回归结果如表 5 所示，（1）至（4）列为对 DT 提前 1 期后，独立董事网络中心度对数字化转型程度都呈现出高度的正向促进作用（回归系数在 1% 的水平上显著为正），且这种促进作用并没有伴随着时间窗口的延长表现出显著衰减。（5）至（8）列为对 DT 提前 2 期后，独立董事网络中心度的促进作用依旧保持稳健，说明独立董事网络对企业数字化转型的助推作用在较长的时间周期内显示出叠加效果。

表 5　　　　　　　　　　稳健性检验：延长观测窗口

	（1）	（2）	（3）	（4）	（5）	（6）	（7）	（8）
	fDT_or	fDT_num	fDT_or	fDT_num	f2DT_or	f2DT_num	f2DT_or	f2DT_num
Score_max	0.004***	0.016***			0.005***	0.016***		
	（4.25）	（6.70）			（4.60）	（6.11）		

续表

	（1）fDT_or	（2）fDT_num	（3）fDT_or	（4）fDT_num	（5）f2DT_or	（6）f2DT_num	（7）f2DT_or	（8）f2DT_num
Score_mean			0.005*** (4.90)	0.017*** (6.87)			0.006*** (5.45)	0.019*** (6.95)
Controls	Yes	Yes	Yes	Yes	Yes	Yes	Yes	Yes
Constant	−1.004*** (−14.67)	−3.027*** (−19.31)	−1.005*** (−14.69)	−3.036*** (−19.39)	−0.893*** (−11.91)	−2.794*** (−16.13)	−0.893*** (−11.92)	−2.797*** (−16.17)
N	24858	24858	24858	24858	21414	21414	21414	21414
Fixed effects	Year and Industry	Year and Industry	Year and Industry	Year and Industry	Year and Industry	Year and Industry	Year and Industry	Year and Industry
Pseudo R^2	0.237		0.237		0.220		0.220	
R-squared		0.388		0.388		0.378		0.379

5.2 基于独立董事网络中心度口径的分解

主回归中 Score_max 和 Score_mean 衡量的是独立董事网络中心度的综合指标。本文参考邢秋航和韩晓梅（2018）的研究不再使用综合指标，而是以公司为单位得出所有独立董事三个指标的最大值和均值后直接与企业是否进行数字化转型和转型程度进行回归。其中，程度中心度能够很好衡量独立董事在网络中的重要程度，接近中心度表示独立董事的接近程度，中介中心度表示其充当"中介"的次数。回归结果如表6所示，Panel A是基于最大值计算的三个指标回归结果，Panel B是基于均值计算的三个指标回归结果。两种方式计算的程度中心度（Deg）、接近中心度（Clo）和中介中心度（Bet）的分指标回归结果依旧都在1%的水平上显著正相关，支持原假设。

表6　　　　　　　　独立董事网络中心度口径的分解

Panel A：Score_max 口径的分解

	（1）DT_or	（2）DT_num	（3）DT_or	（4）DT_num	（5）DT_or	（6）DT_num
Deg_max	0.001*** (4.26)	0.002*** (4.23)				
Clo_max			0.287*** (5.12)	1.004*** (7.82)		
Bet_max					4.244*** (5.38)	9.933*** (6.11)

续表

	（1）	（2）	（3）	（4）	（5）	（6）
	DT_or	DT_num	DT_or	DT_num	DT_or	DT_num
Controls	Yes	Yes	Yes	Yes	Yes	Yes
Constant	−0.825***	−2.538***	−0.823***	−2.517***	−0.811***	−2.506***
	（−12.81）	（−16.96）	（−12.79）	（−16.84）	（−12.57）	（−16.72）
N	29913	29913	29913	29913	29913	29913
Fixed effects	Year and Industry	Year and Industry	Year and Industry	Year and Industry	Year and Industry	Year and Industry
Pseudo R^2	0.227		0.227		0.227	
R-squared		0.367		0.368		0.367

Panel B：Score_mean 口径的分解

	（1）	（2）	（3）	（4）	（5）	（6）
	DT_or	DT_num	DT_or	DT_num	DT_or	DT_num
Deg_mean	0.001***	0.003***				
	（4.26）	（3.60）				
Clo_mean			0.322***	1.100***		
			（5.37）	（7.98）		
Bet_mean					8.989***	21.690***
					（4.88）	（5.67）
Controls	Yes	Yes	Yes	Yes	Yes	Yes
Constant	−0.831***	−2.555***	−0.822***	−2.515***	−0.818***	−2.522***
	（−12.91）	（−17.09）	（−12.77）	（−16.82）	（−12.69）	（−16.83）
N	29913	29913	29913	29913	29913	29913
Fixed effects	Year and Industry	Year and Industry	Year and Industry	Year and Industry	Year and Industry	Year and Industry
Pseudo R^2	0.227		0.227		0.227	
R-squared		0.367		0.368		0.367

5.3　倾向得分匹配法（PSM）

前文结论还可能受到独立董事样本自选择的干扰，即高中心度独立董事在样本中有可能不是随机分布的。重视声誉的独立董事，往往会更倾向于选择经营状况和资信条件优秀的企业任职，这类企业同时也优先选择网络中心度高的独立董事，以此助力企业提高声誉、拓宽网络联系，因此影响公司聘任高中心度独立董事的多种因素可能同时影响企业数字化转型。为排除这一内生性问题，本文采取倾向得分匹配法（PSM）进行配对处理。具体而言，根据 Score_max 和 Score_mean 是否高于中位数，构成高中心度独立董事（实验组）和低中心度独立董事（对照组）的虚拟变量，分别以 dum_Smax 和 dum_Smean 表示。参照以往的研究选择资产负债率（Lev）、企业规模（Size）、两职合一（Dual）、董事会规模（Dep）、产权性质（SOE）、企业成立年限（FirmAge）、第一大股东持股比例（Top1）和独立董事比例（Indep）为协变量进行 Logit 回归，按照 1∶1 的最近邻匹配选择对照组。

对协变量的平衡趋势检验结果来看，匹配后的 bias 值均小于 5%，且 t 值和 p 值均不显著，表明匹配效果良好。表 7 Panel A 列示了匹配后样本的回归结果，从回归结果来看，不论是 dum_Smax 还是 dum_Smean 对企业是否进行数字化转型和转型程度的回归系数依旧在 1% 的水平上显著正相关，表明对样本自选择问题进行控制后，独立董事网络中心度仍然具有促进企业数字化转型的效果。表 7 Panel B 是对样本总体的平均效果检验（ATT），ATT 的 t 值在样本匹配前为 3.30 和 3.40，匹配后 t 值为 3.52 和 5.02，t 值依旧显著，在匹配前后实验组和对照组对企业数字化转型的影响依旧有显著差异，进一步验证了结论的稳健性。

表 7　　　　　　　　　　　　　　稳健性检验：PSM 配对检验

Panel A：PSM 配对样本的回归结果

	（1） DT_or	（2） DT_num	（3） DT_or	（4） DT_num
dum_Smax	0.016*** (2.34)	0.055*** (3.33)		
dum_Smean			0.025*** (3.78)	0.079*** (4.79)
Controls	Yes	Yes	Yes	Yes
Constant	−0.849*** (−9.55)	−2.557*** (−12.44)	−0.847*** (−9.53)	−2.547*** (−12.41)
N	15879	15879	15879	15879
Fixed effects	Year and Industry	Year and Industry	Year and Industry	Year and Industry
Pseudo R^2	0.236		0.236	
R-squared		0.369		0.370

Panel B：PSM ATT 检验结果

变量	样本	控制组	对照组	差异	标准差	t 值
DT_or	Unmatched	0.47018	0.45115	0.01902	0.00577	3.30
	ATT	0.47014	0.44218	0.02796	0.00795	3.52
DT_num	Unmatched	0.97630	0.92557	0.05073	0.01490	3.40
	ATT	0.97623	0.87426	0.10197	0.02033	5.02

5.4　Heckman 两阶段法

考虑到独立董事网络中心度样本选择偏差引起的内生性问题可能对研究结论造成影响，本文采用 Heckman 两阶段法对样本选择偏差问题进行控制。在第一阶段，本文构建独立董事网络中心度影响因素的概率模型（2），进行 Probit 回归拟合计算得出逆米尔斯比率（imr）。模型（2）中 dum_Score 是独立董事网络中心度的虚拟变量，根据 Score_max 和 Score_mean 是否高于中位数，构成高中心度独立董事和低中心度独立董事的虚拟变量，以 dum_Smax 和 dum_Smean 表示。参考陈运森和谢德仁（2011）、张勇（2021）的研究，等式右边是能够影响独立董事网络中心度的财务与公司治理方面的自变量，包括公司规模、资产负债率、资产净利率、两职合一、公司成立年限、第一大股东持股比例、独立董事比例、产权性质、高管持股比例。在第二阶段，将第一阶段得到的 imr 放入模型（1）中重新进行回归。

$$\text{dum\_Score} = \partial_0 + \partial_1 \times \text{Size} + \partial_2 \times \text{Lev} + \partial_3 \times \text{ROA} + \partial_4 \times \text{Dual} + \partial_5 \times \text{FirmAge} + \partial_6 \times \text{Top1} + \partial_7 \times \text{Indep} +$$
$$\partial_8 \times \text{SOE} + \partial_9 \times \text{Mshare} + \partial_{10} \sum \text{Ind} + \partial_{11} \sum \text{Year} + \mu_2 \tag{2}$$

表 8 Panel A 和 Panel B 列示了分别以 dum_Smax 和 dum_Smean 表示独立董事网络中心度的 Heckman 两阶段回归结果。可以看到 imr1 和 imr2 的回归系数均显著不为 0，表明样本存在选择偏误。在控制了样本选择偏误的情况下，dum_Smax 和 dum_Smean 表示的独立董事网络中心度与企业是否进行数字化转型和转型程度依旧显著正相关，说明独立董事网络中心度对企业数字化转型的影响不受样本选择偏误可能造成的内生性问题影响。

表 8　　　　　　　　　　　　　　　Heckman 两阶段回归结果

Panel A：dum_Smax 的 Heckman 两阶段回归结果

第一阶段回归		第二阶段回归		
	（1）		（2）	（3）
	dum_Smax		DT_or	DT_num
Size	0.058 ***	dum_Smax	0.012 **	0.034 ***
	（19.42）		（2.27）	（2.77）
Lev	0.017	imr1	1.591 ***	2.813 **
	（0.88）		（4.23）	（2.07）
ROA	0.116 ***	Size	0.096 ***	0.221 ***
	（2.69）		（8.22）	（5.32）
Dual	−0.015 **	Lev	−0.042 **	−0.131 ***
	（−2.17）		（−2.49）	（−3.03）
FirmAge	−0.019 **	ROA	−0.020	−0.313 **
	（−1.98）		（−0.46）	（−2.32）

续表

第一阶段回归		第二阶段回归		
	（1）		（2）	（3）
	dum_Smax		DT_or	DT_num
Top1	−0.032	Dual	0.016 **	0.086 ***
	（−1.50）		（2.29）	（4.26）
Indep	−0.158 ***	FirmAge	−0.090 ***	−0.230 ***
	（−2.83）		（−10.41）	（−10.21）
SOE	0.045 ***	Top1	−0.087 ***	−0.371 ***
	（6.15）		（−4.53）	（−7.71）
Mshare	−0.048 ***	Indep	0.076	0.405 **
	（−3.98）		（1.29）	（2.39）
		SOE	−0.036 ***	−0.136 ***
			（−3.05）	（−3.56）
		MAO	−0.083 ***	−0.185 ***
			（−5.40）	（−4.81）
		Growth	0.016 ***	0.094 ***
			（2.69）	（6.06）
		TobinQ	0.009 ***	0.040 ***
			（4.09）	（6.85）
Constant	−0.770 ***		−2.723 ***	−5.922 ***
	（−10.71）		（−6.06）	（−3.68）
N	28904		28904	28904
Fixed effects	Year and Industry		Year and Industry	Year and Industry
Pseudo R^2	0.025		0.224	
R-squared				0.367

Panel B：dum_Smean 的 Heckman 两阶段回归结果

第一阶段回归		第二阶段回归		
	（1）		（2）	（3）
	dum_Smean		DT_or	DT_num
Size	0.056 ***	dum_Smean	0.020 ***	0.056 ***
	（18.97）		（3.89）	（4.49）
Lev	0.030	imr2	1.601 ***	3.009 **
	（1.62）		（4.60）	（2.21）
ROA	0.115 ***	Size	0.095 ***	0.224 ***
	（2.66）		（8.90）	（5.47）
Dual	−0.016 **	Lev	−0.031 *	−0.108 **
	（−2.31）		（−1.76）	（−2.27）

续表

第一阶段回归		第二阶段回归		
	（1）		（2）	（3）
	dum_Smean		DT_or	DT_num
FirmAge	−0.009	ROA	−0.023	−0.309 **
	（−0.91）		（−0.52）	（−2.31）
Top1	−0.042 **	Dual	0.015 **	0.082 ***
	（−2.01）		（2.16）	（3.98）
Indep	−0.355 ***	FirmAge	−0.081 ***	−0.215 ***
	（−6.38）		（−9.90）	（−10.51）
SOE	0.049 ***	Top1	−0.095 ***	−0.389 ***
	（6.74）		（−4.84）	（−7.50）
Mshare	−0.052 ***	Indep	−0.085	0.091
	（−4.33）		（−1.03）	（0.32）
		SOE	−0.032 ***	−0.125 ***
			（−2.69）	（−3.01）
		MAO	−0.082 ***	−0.183 ***
			（−5.37）	（−4.79）
		Growth	0.016 ***	0.093 ***
			（2.68）	（6.06）
		TobinQ	0.010 ***	0.040 ***
			（4.14）	（6.89）
Constant	−0.739 ***		−2.712 ***	−6.106 ***
	（−10.29）		（−6.57）	（−3.81）
N	28904		28904	28904
Fixed effects	Year and Industry		Year and Industry	Year and Industry
Pseudo R^2	0.027		0.224	
R-squared				0.367

6. 进一步分析

6.1 作用机制分析

6.1.1 缓解融资约束

企业数字化转型是一个颠覆性的技术变革过程（李琦等，2021），需要更换硬件设施、更新软件设备、改革管理流程，促进企业经营生产过程与人工智能、区块链、大数据、云计算等数字技术的有效融合，提升企业数字化程度，为此，企业需要持续投入大量的资金。然而企业对于新开支的需求和新知识的摄入通常具有较大不确定性，因此企业数字化转型的具体实施容易受融资约束的制约。独立董事所处董事网络中心度带来的融资能力的提升可满足企业数字化转型对新开支的需求。独立董事具备的流动性和复杂性使其在董事网络中更易建立人脉关系，从而获取更多信息和资源，并且向外界传递企业经营良好的信号，吸引外部投资者投资、提高银行对企业的信任水平、降低贷款门槛等。只有当企业有足够的资金支持时，企业才有能力提供数字化转型进程中所需的各种资源投入。因此，本文认为独立董事网络中心度可通过降低企业的融资约束来促进企业数字化转型程度。

本文采用 SA 指数来衡量公司面临的融资约束程度，SA 计算过程如模型（3）所示：

$$SA = 0.043 \times (SI)^2 - 0.040 \times AG - 0.737 \times SI \tag{3}$$

其中，SI 表示总资产的自然对数，AG 表示公司年龄。SA 指数是经过通货膨胀调整后的指标。因 SA 指数是负数，值越小（绝对值越大），则表示企业面临的融资约束程度越低。中介检验回归结果如表 9 所示，Score_max 和 Score_mean 与 SA 的回归系数都在 1% 水平上显著为负，说明独立董事网络中心度越高，越有助于缓解企业的融资约束程度。列（3）和列（6）独立董事网络中心度的系数依旧在 1% 的水平上显著为正，同时列（3）和列（6）Score_max 和 Score_mean 的系数绝对值均小于列（1）和列（4），表明企业融资约束发挥着部分中介作用，即独立董事所处网络中心度越高，越有助于缓解企业的融资约束，从而推动企业进行数字化转型。

表9 融资约束路径检验

	（1） DT_num	（2） SA	（3） DT_num	（4） DT_num	（5） SA	（6） DT_num
Score_max	0.014*** (6.44)	−0.0022*** (−7.09)	0.0133*** (5.91)			
Score_mean				0.015*** (6.78)	−0.0022*** (−7.22)	0.0139*** (6.22)
SA			−0.2603*** (−6.09)			−0.2598*** (−6.08)
Controls	Yes	Yes	Yes	Yes	Yes	Yes
Constant	−3.030*** (−21.63)	−2.965*** (−88.36)	−3.290*** (−16.43)	−3.039*** (−21.72)	−2.964*** (−88.41)	−3.293*** (−16.46)
N	29913	29913	29913	29913	29913	29913
Fixed effects	Year and Industry	Year and Industry	Year and Industry	Year and Industry	Year and Industry	Year and Industry
R-squared	0.366	0.727	0.368	0.366	0.727	0.368

6.1.2 降低代理成本

股东与管理层的代理冲突主要是股东与管理层各自追求的利益目标不一致造成的。企业数字化转型必然包含一定的风险，股东通常为了企业能够长远发展会支持转型，但若管理层只关注短期收益而不愿意承担更多转型风险时，增加的代理冲突必然阻碍企业数字化转型。同时，数字化转型要求管理层掌握更多专业知识和技术，需要了解如何有效数字化才得以改进原有业务，故增加了股东的信息盲区，使得二者之间的信息不对称程度提升，加重了代理冲突。独立董事则可以通过对管理层的制约监督来缓解他们之间的内部利益冲突（Fama，1983），若独立董事所处网络中心度越高，越有动机和能力认真履行其职责，从而降低代理成本。具体来说，一方面，独立董事为了维护所在董事网络中的声誉价值而有动机进行有效监督。独立董事越靠近董事网络中心，越在乎网络中其他精英对自己的认同感，更加注重自己的声誉积累，从而有动机去监督股东和管理层的行为，努力推动二者目标一致。另一方面，独立董事所处网络中心度越高，社会关系越强，能够获得更多的社会资本，因此不必过度担心是否会因为得罪股东或管理层而失去董事席位，从而能够更加独立地履行监督职能。因此，独立董事网络中心度能够通过缓解代理冲突来促进企业数字化转型。

为检验以上推论，参考王亮亮等（2021）的做法，采用总资产周转率（TO）来衡量企业的代理成本，总资产周转率越高，代理成本越低。中介检验回归结果如表 10 所示，独立董事网络中心度综合指标在 1% 的水平上显著提高了企业的总资产周转率，即显著降低了代理成本，而降低代理成本有助于企业提高数字化转型的程度，表明代理成本在独立董事网络中心度对企业数字化转型程度的影响中发挥了部分中介作用。因此，独立董事的网络位置有利于其参与公司治理，监督管理层行为，缓解代理冲突，继而推动企业进行数字化转型。

表 10 代理成本机制检验

	（1） DT_num	（2） TO	（3） DT_num	（4） DT_num	（5） TO	（6） DT_num
Score_max	0.014 *** （6.44）	0.005 *** （6.15）	0.014 *** （6.18）			
Score_mean				0.015 *** （6.78）	0.006 *** （6.61）	0.014 *** （6.50）
TO			0.114 *** （7.15）			0.113 *** （7.12）
Controls	Yes	Yes	Yes	Yes	Yes	Yes
Constant	−3.030 *** （−21.63）	0.514 *** （9.11）	−3.089 *** （−21.98）	−3.039 *** （−21.72）	0.511 *** （9.06）	−3.097 *** （−22.06）
N	29913	29913	29913	29913	29913	29913

续表

	（1）	（2）	（3）	（4）	（5）	（6）
	DT_num	TO	DT_num	DT_num	TO	DT_num
Fixed effects	Year and Industry	Year and Industry	Year and Industry	Year and Industry	Year and Industry	Year and Industry
R-squared	0.366	0.248	0.367	0.366	0.248	0.367

6.2 调节效应分析

6.2.1 企业外部制度环境的调节作用

现有研究往往将社会网络视作非正式制度，而将辖区内具有法律效力的市场交易机制视为正式制度。正式制度往往和非正式制度相比存在"此强彼弱"的态势。具体来说，若是在一个制度环境较好的地区，企业数字化转型过程中所需掌握的制度信息会更加透明化，相应的交易条款受到司法和行政机关保护程度更高，转型中所需的资源供给还可借助于政府的一部分帮扶。此时，转型企业对于独立董事提供资源的依赖程度将会被弱化。相反，若是在一个制度环境较差的地区，基于社会网络的非正式制度深刻影响着独立董事和所任职企业的决策行为，并进一步对企业资源配置效率和效果都产生重大影响，即企业数字化转型战略决策的制定与提高转型程度过程中依赖独立董事网络中心度提供资源的程度会极大地受所处地区制度环境的影响。正如 Peng 等（2000）研究指出，在经济转型初期市场机制不够健全的条件下，会迫使企业管理层利用与其他企业的联结关系来获取所需的政策解读信息和市场信息及所需的资源帮扶。因此，理论上认为独立董事所处的董事网络中心度对企业数字化转型的影响在正式制度环境欠缺的地区效果更加显著。

为了检验制度环境对独立董事网络中心度和企业数字化转型关系的调节作用，本文采用王小鲁等编著的《中国分省份市场化指数报告（2018）》中的"市场中介组织的发育和法制环境"指数衡量各地区制度环境，高于同年度"市场中介组织的发育和法制环境"指数均值的表明当地的制度环境较好，低于均值的则制度环境较差。鉴于制度环境是一个缓慢演变的过程，本文采用平均增长率计算所得替代缺失年份指数。

回归结果如表 11 所示，在其他条件相同的情况下，地区法制环境水平 Law 的系数均在 1% 的水平上显著为正，Score_max 和 Score_mean 也与主假设一致，与是否制定数字化转型战略决策和转型程度在 1% 的水平上显著正相关，表明良好的制度环境和独立董事网络中心度均有助于企业数字化转型。独立董事网络中心度与制度环境的交乘项 Score_max×Law 和 Score_mean×Law 的回归系数均至少在 5% 的水平上显著为负，表明在促进企业数字化转型上，独立董事网络中心度与所处地区制度环境发展水平存在一定替代效应，即在制度环境越差的地区，独立董事网络中心度对企业数字化转型的促进作用越显著。

表 11 制度环境、独立董事网络中心度与企业数字化转型

	（1）DT_or	（2）DT_num	（3）DT_or	（R）DT_num
Score_max	0.008***	0.017***		
	(5.81)	(5.85)		
Law	0.108***	0.250***	0.109***	0.252***
	(9.45)	(9.08)	(9.53)	(9.21)
Score_max×Law	−0.007***	−0.010**		
	(−3.84)	(−2.29)		
Score_mean			0.008***	0.018***
			(6.15)	(6.20)
Score_mean×Law			−0.007***	−0.010**
			(−3.92)	(−2.42)
Controls	Yes	Yes	Yes	Yes
Constant	−0.834***	−2.534***	−0.834***	−2.539***
	(−12.96)	(−17.00)	(−12.98)	(−17.04)
N	29913	29913	29913	29913
Fixed effects	Year and Industry	Year and Industry	Year and Industry	Year and Industry
Pseudo R²	0.231		0.231	
R-squared		0.373		0.373

6.2.2 企业内部信息透明度的调节作用

独立董事往往作为董事网络中的"桥梁"，具有信息优势和控制优势，但独立董事并不参与企业的日常经营活动，对于企业内部信息的获取和掌握程度，独立董事显著弱于内部董事。若企业的信息透明度较差，独立董事并不能及时准确掌握有关任职企业的实际情况，个体的注意力和处理信息的总量是有限的，即便接触到的外部信息总量丰富，如果不能与企业自身状况特征相结合，独立董事在董事网络中获取海量信息时就无法对信息进行有针对性的筛选、匹配和解读。这就意味着企业自身的信息透明度不高时，独立董事在董事网络中获取的信息对于企业而言所发挥的增量作用可能并不显著。

为了检验上市公司信息透明度对独立董事网络中心度促进企业数字化转型的调节作用，本文以盈余激进度（EA）来衡量企业的信息透明度，若 EA 值越大，则表明企业的信息透明度越低。回归结果如表 12 所示，在其他条件相同的情况下，Score_max 和 Score_mean 与上市公司信息透明度的交乘项 Score_max×EA 和 Score_mean×EA 对是否制定数字化转型战略决策是负相关但不显著，这也从侧面说明企业数字化转型受独立董事网络中心度的影响，要大于所任职企业内部情况变化产生的影响。

独立董事网络中心与信息透明度交乘项 Score_max×EA 和 Score_mean×EA 对数字化转型程度在10%的显著性水平上负相关，说明处于网络中心的独立董事对企业数字化转型程度的影响会受上市公司信息透明度的影响，信息透明度越高（EA 值越小）则独立董事网络中心对企业数字化转型程度的促进作用越显著。同时，这也意味着处于网络中心度的独立董事所具有的信息优势和控制优势要与企业的内部信息进行有效结合才能有助于企业数字化转型程度的提高。

表 12　　　　　　　　信息透明度、独立董事网络中心度与企业数字化转型

	(1) DT_or	(2) DT_num	(3) DT_or	(4) DT_num
Score_max	0.004 *** (3.52)	0.015 *** (5.68)		
EA	0.045 *** (2.86)	0.143 *** (2.68)	0.038 ** (2.20)	0.122 ** (2.56)
Score_max×EA	−0.003 (−1.63)	−0.011 * (−1.84)		
Score_mean			0.004 *** (3.84)	0.016 *** (6.10)
Score_mean×EA			−0.002 (−1.03)	−0.009 * (−1.84)
Controls	Yes	Yes	Yes	Yes
Constant	−0.744 *** (−10.29)	−2.205 *** (−13.58)	−0.745 *** (−10.31)	−2.211 *** (−13.62)
N	22425	22425	22425	22425
Fixed effects	Year and Industry	Year and Industry	Year and Industry	Year and Industry
Pseudo R^2	0.233		0.233	
R-squared		0.364		0.364

6.2.3　企业产权异质性的调节作用

独立董事能够为企业带来的主要是治理效应和资源效应，而国有企业与民营企业在管理体制、经营目标等方面存在诸多差异，这可能会影响独立董事网络中心度对企业数字化转型的促进作用。一方面，国有企业的董事、高管等主要通过国资委任命，而非从人力资源市场上通过竞争进行招聘，并且国有企业需要完成更多政治任务，承担社会责任，因此独立董事在公司治理过程中的话语权不强（黄海杰等，2016），所能发挥的治理效应有限。而民营企业以股东利益最大化为目标，通过市场

招聘董事和高管，更加注重独立董事的作用，因此其独立董事能够更好地依靠网络来发挥治理效应。另一方面，国有企业具有天然的资源优势，与民营企业相比更易于获取信息资源、政府补贴、税收优惠等。在融资方面具有天然劣势的民营企业面对融资约束更加需要独立董事的关系网络来获取信息，拓宽融资渠道，降低融资成本。这意味着，在民营企业中，独立董事网络中心度对数字化转型程度的促进作用要更加显著。

为了检验上市公司产权异质性对独立董事网络中心度促进企业数字化转型的调节作用，本文以产权性质（SOE）来表示企业产权，上市公司为国有企业取值为 1，否则为 0。回归结果如表 13 所示，在其他条件相同的情况下，Score_max 和 Score_mean 与产权异质性的交乘项 Score_max×SOE 和 Score_mean×SOE 与是否进行数字化转型负相关但不显著，说明从是否进行数字化转型维度，国有企业与民营企业中独立董事的治理效应不存在显著差别，但当被解释变量为数字化转型程度时，交乘项显著为负。表明在民营企业中，网络中心度高的独立董事对提升企业数字化转型程度的作用更显著，进一步验证了独立董事网络中心度在企业数字化转型方面具有的治理效应和资源效应。

表 13　　　　　　　产权异质性、独立董事网络中心度与企业数字化转型

	（1） DT_or	（2） DT_num	（3） DT_or	（4） DT_num
Score_max	0.006 *** (5.56)	0.019 *** (6.26)		
SOE	−0.061 *** (−4.83)	−0.141 *** (−4.99)	−0.061 *** (−4.81)	−0.133 *** (−4.72)
Score_max×SOE	−0.003 (−1.41)	−0.012 *** (−2.91)		
Score_mean			0.007 *** (5.88)	0.020 *** (6.67)
Score_mean×SOE			−0.003 (−1.41)	−0.014 *** (−3.21)
Controls	Yes	Yes	Yes	Yes
Constant	−1.040 *** (−16.98)	−3.108 *** (−21.77)	−1.043 *** (−17.04)	−3.117 *** (−21.87)
N	29913	29913	29913	29913
Fixed effects	Year and Industry	Year and Industry	Year and Industry	Year and Industry
Pseudo R^2	0.246		0.246	
R-squared		0.366		0.366

6.2.4 数字化转型的价值效应检验

独立董事的网络位置有助于促进企业数字化转型，一方面是缓解融资约束，满足转型过程中的资金需求；另一方面是降低代理成本，提高转型效率。那么综合来看，独立董事网络位置促进数字化转型到底是否有利于企业可持续发展呢？掌握数字技术能够让企业以更低成本获取大量信息资源，并提高信息的利用率，基于此实现快速抢占市场的目标，增强其长期竞争优势；在管理过程中进行数字化转型有助于实现流程优化，使流程架构更加精细化、柔性化、智能化，提升企业的管理效率，最终提升企业的价值（陶峰等，2023）。数字化转型是一个高投入、高风险的长期项目，势必会在一定程度上挤占其他经营项目的资源，但企业发展是一个长远的计划，不能仅仅依靠短期绩效来做决策。因此，有必要进一步分析数字化转型是否会影响企业的长期价值。

本文采用 TobinQ 来衡量企业的长期价值，通过构建中介效应模型来检验企业独立董事网络中心度对数字化转型的经济后果。表 14 的结果显示，独立董事网络中心度越高越有助于提高企业价值，企业进行数字化转型发挥了部分的中介效应，提升长期价值。

表 14　　　　　　　　　独立董事网络中心度、企业数字化转型与企业价值

Panel A：解释变量为 Score_max

	（1）	（2）	（3）	（4）	（5）
	TobinQ	DT_num	DT_or	TobinQ	TobinQ
Score_max	0.012 ***	0.016 ***	0.006 ***	0.012 ***	0.012 ***
	(5.16)	(7.44)	(6.00)	(4.83)	(4.99)
DT_num				0.047 ***	
				(7.42)	
DT_or					0.071 ***
					(4.78)
Controls	Yes	Yes	Yes	Yes	Yes
Constant	10.883 ***	−2.627 ***	−0.916 ***	11.007 ***	10.948 ***
	(62.13)	(−20.89)	(−16.34)	(62.69)	(62.40)
N	29913	29913	29913	29913	29913
Fixed effects	Year and Industry	Year and Industry	Year and Industry	Year and Industry	Year and Industry
R-squared	0.335	0.389		0.337	0.336
Pseudo R^2			0.246		

Panel B：解释变量为 Score_mean

	（1）	（2）	（3）	（4）	（5）
	TobinQ	DT_num	DT_or	TobinQ	TobinQ
Score_mean	0.009 ***	0.017 ***	0.006 ***	0.008 ***	0.009 ***
	(3.87)	(7.59)	(6.32)	(3.53)	(3.69)

续表

	（1） TobinQ	（2） DT_num	（3） DT_or	（4） TobinQ	（5） TobinQ
DT_num				0.048 ***	
				（7.47）	
DT_or					0.071 ***
					（4.82）
Controls	Yes	Yes	Yes	Yes	Yes
Constant	10.869 ***	−2.635 ***	−0.918 ***	10.994 ***	10.934 ***
	（62.06）	（−20.97）	（−16.39）	（62.62）	（62.32）
N	29913	29913	29913	29913	29913
Fixed effects	Year and Industry	Year and Industry	Year and Industry	Year and Industry	Year and Industry
R-squared	0.335	0.389		0.336	0.335
Pseudo R^2			0.246		

7. 研究结论与启示

本文以 2007—2020 年沪深 A 股上市公司为样本，从独立董事所处的董事网络中心度考查了独立董事对企业数字化转型战略决策和转型程度的影响。研究发现，独立董事网络中心度越高，企业数字化转型的程度越大，说明独立董事网络能够显著推进企业数字化转型进程。经稳健性检验后，该结论仍然成立。机制检验表明，独立董事网络中心度通过缓解融资约束和降低代理成本两条路径促进企业数字化转型。进一步研究发现，正式制度弱化了独立董事网络对数字化转型的促进作用，而内部信息透明度强化了二者之间的关系；产权异质性检验结果显示，独立董事网络对民营企业数字化转型的促进作用更强；经济后果检验显示，独立董事网络促进数字化转型，从而有利于提升企业长期价值。

本文的研究有以下启示：首先，由独立董事所构建的这种非正式社会网络有助于独立董事在推进数字化转型方面发挥资源效应和治理效应，且这种非正式制度能在一定程度上弥补正式制度的不足，推进企业的质量发展。

其次，数字化转型需要大量信息、资金资源的持续投入，更离不开股东、管理层、员工的共同努力，企业应提高人才的数字素养，利用数字化进行流程优化，提升企业生产管理过程中的数字化、智能化和系统化程度，优化企业长期价值，以此提高企业数字化转型的动力，实现良性循环。

最后，独立董事在学术界和社会公众眼中往往扮演"不作为""不独立""不懂事"的角色，但是处于网络中心的独立董事将发挥积极的公司治理作用。本文的结论为企业聘用独立董事时应考虑的因素提供参考，同时，企业应当重视和利用好独立董事从关系网络中获取的信息和资源，充分发挥独立董事在网络中心的"明星效应"，向外界传递信号，降低内外部信息不对称程度，以争取更多发展机会。

◎ 参考文献

[1] 蔡跃洲. 中国共产党领导的科技创新治理及其数字化转型——数据驱动的新型举国体制构建完善视角 [J]. 管理世界，2021，37 (8).

[2] 陈红，王稳华，刘李福，胡耀丹. 人工智能对企业成本黏性的影响研究 [J]. 科研管理，2023，44 (1).

[3] 陈其齐，杜义飞，薛敏. 数字化转型及不确定环境下中国管理研究与实践的创新发展——第11届"中国·实践·管理"论坛评述 [J]. 管理学报，2021，18 (3).

[4] 陈运森. 独立董事网络中心度与公司信息披露质量 [J]. 审计研究，2012 (5).

[5] 陈运森，谢德仁. 网络位置、独立董事治理与投资效率 [J]. 管理世界，2011 (7).

[6] 韩洁，田高良，李留闯. 连锁董事与社会责任报告披露：基于组织间模仿视角 [J]. 管理科学，2015，28 (1).

[7] 黄节根，吉祥熙，李元旭. 数字化水平对企业创新绩效的影响研究——来自沪深A股上市公司的经验证据 [J]. 江西社会科学，2021，41 (5).

[8] 李坤望，邵文波，王永进. 信息化密度、信息基础设施与企业出口绩效——基于企业异质性的理论与实证分析 [J]. 管理世界，2015 (4).

[9] 李琦，刘力钢，邵剑兵. 数字化转型、供应链集成与企业绩效——企业家精神的调节效应 [J]. 经济管理，2021，43 (10).

[10] 刘淑春，闫津臣，张思雪，林汉川. 企业管理数字化变革能提升投入产出效率吗 [J]. 管理世界，2021，37 (5).

[11] 陆贤伟，王建琼，董大勇. 董事网络、信息传递与债务融资成本 [J]. 管理科学，2013，26 (3).

[12] 聂兴凯，王稳华，裴璇. 企业数字化转型会影响会计信息可比性吗 [J]. 会计研究，2022 (5).

[13] 裴璇，陆岷峰，王稳华. 共同富裕背景下企业数字化转型的劳动收入分配效应研究 [J]. 现代财经（天津财经大学学报），2023，43 (4).

[14] 邱强，朱睿彤. 董事网络异质性与企业突破性技术创新——基于并行双重中介机制的研究 [J]. 调研世界，2023 (1).

[15] 任兵，区玉辉，彭维刚. 连锁董事与公司绩效：针对中国的研究 [J]. 南开管理评论，2007 (1).

[16] 沈艺峰，陈旋．无绩效考核下外部独立董事薪酬的决定 [J]．南开管理评论，2016，19（2）.

[17] 史宇鹏，王阳，张文韬．我国企业数字化转型：现状、问题与展望 [J]．经济学家，2021（12）.

[18] 宋晶，陈劲．企业家社会网络对企业数字化建设的影响研究——战略柔性的调节作用 [J]．科学学研究，2022，40（1）.

[19] 唐松，伍旭川，祝佳．数字金融与企业技术创新——结构特征、机制识别与金融监管下的效应差异 [J]．管理世界，2020（5）.

[20] 万良勇，邓路，郑小玲．网络位置、独立董事治理与公司违规——基于部分可观测 Bivariate Probit 模型 [J]．系统工程理论与实践，2014，34（12）.

[21] 王亮亮，张海洋，张路，郭希孺．子公司利润分回与企业集团的代理成本——基于中国资本市场"双重披露制"的检验 [J]．会计研究，2021（11）.

[22] 吴非，胡慧芷，林慧妍，任晓怡．企业数字化转型与资本市场表现——来自股票流动性的经验证据 [J]．管理世界，2021，37（7）.

[23] 谢德仁，陈运森．董事网络：定义、特征和计量 [J]．会计研究，2012（3）.

[24] 邢秋航，韩晓梅．独立董事影响审计师选择吗？——基于董事网络视角的考察 [J]．会计研究，2018（7）.

[25] 张勇．独立董事关系网络位置与企业商业信用融资——基于程度中心度和结构洞视角 [J]．中南财经政法大学学报，2021（2）.

[26] 章文光，Ji Lu，Laurette Dubé．融合创新及其对中国创新驱动发展的意义 [J]．管理世界，2016（6）.

[27] 张永坤，李小波，邢铭强．企业数字化转型与审计定价 [J]．审计研究，2021（3）.

[28] 郑国坚，林东杰，谭伟强．系族控制、集团内部结构与上市公司绩效 [J]．会计研究，2016（2）.

[29] 周驰华，万国华．信息技术能力对供应链绩效的影响：基于信息整合的视角 [J]．系统管理学报，2016，25（1）.

[30] Agrawal, P., Narain, R., Ullah, I. Analysis of barriers in implementation of digital transformation of supply chain using interpretive structural modelling Approach [J]. Journal of Modelling in Management, 2019, 15（1）.

[31] AlNuaimi, B. K., Singh, S., Ren, S., et al. Mastering digital transformation: The nexus between leadership, agility, and digital strategy [J]. Journal of Business Research, 2022, 11.

[32] Benner, M. J., Waldfogel, J. Changing the channel: Digitization and the rise of "middle tail" strategies [J]. Strategic Management Journal, 2020, 15.

[33] Cheng, Q., Lee, J., Shevlin, T. Internal governance and real earnings management [J]. The Accounting Review, 2016, 91（4）.

[34] Gurbaxani, V., Dunkle, D. Gearing uo for successful digital transformation [J]. MIS Quarterly

Executive，2019，18（3）.

［35］Johnson，G. A. ，Lewis，R. A. ，Reiley，D. H. When less is more：Data and power in advertising experiments［J］. Marketing Science，2017，36（1）.

［36］Li，Q. ，Guo，M. Do the resignations of politically connected independent directors affect corporate social responsibility? Evidence from China［J］. Journal of Corporate Finance，2022，12.

［37］Liang，S. ，Fu，R. ，Yang，X. Concurrent independent directors in the same industry and accounting information comparability［J］. China Journal of Accounting Research，2022，15（4）.

［38］Matt，C. ，Hess，T. ，Benlian，A. Digital transformation strategies［J］. Business & Information Systems Engineering，2015，57（5）.

［39］Mikalef，P. ，Pateli，A. Information technology-enabled dynamic capabilities and their indirect effect on competitive performance：Findings from PLS-SEM and fsQCA［J］. Journal of Business Research，2017，70.

［40］Peng，M. ，Luo，Y. D. Managerial ties and firm performance in a transition economy：The nature of a micro-macro link［J］. Academy of Management Journal，2000，43（3）.

［41］Schabus，M. Do director networks help managers forecast better? ［J］. Accounting Review，2022，97（2）.

［42］Wu，Y. ，Dong，B. Independent director network and corporate innovation：Evidence from a natural experiment in China［J］. Applied Economics Letters，2020，10.

［43］Xing，J. ，Zhang，Y. ，Xiong，X. ，et al. Covering or monitoring? Independent director connection and corporate fraud in China［J］. China Journal of Accounting Research，2022，15（4）.

Can the Network of Directors Promote the Digital Transformation of Enterprises?
—Based on Network Centrality of Independent Directors

Hu Yaodan[1]　Du Hong[2]　Zhang Ailin[1]

（1　School of Accounting, Yunnan University of Finance and Economics, Kunming, 650221;

2　Kunming College of Arts and Sciences, Kunming, 650221）

Abstract：This article is based on the embedding theory and reputation theory, and uses A-share listed companies in Shanghai and Shenzhen from 2007 to 2020 as samples to study the impact of the network centrality of independent directors on the digital transformation of the companies they serve. Research has found that the higher the network centrality of independent directors, the greater the degree of digital transformation of enterprises, indicating that the director network significantly promotes digital transformation of enterprises. After robustness testing, the conclusion still holds. Mechanism testing shows that the centrality of the independent director network drives the digital transformation process of enterprises by reducing agency costs and alleviating financing constraints. Further research has found that for enterprises in areas with poor institutional environments, enterprises with high information transparency, and private enterprises, the centrality of the independent director network has a more significant driving effect on the digital transformation of enterprises. The research conclusions have important reference value for promoting the deep integration of the digital economy and physical enterprises, and achieving high-quality development of enterprises.

Key words：Directors network；Network centrality of independent directors；Digital transformation；External institutional environment；Internal information transparency

专业主编：陈立敏

珞珈管理评论
2024 年卷第 1 辑（总第 52 辑）

Luojia Management Review
No. 1, 2024（Sum. 52）

董事会非正式层级与企业绿色创新

● 林朝南　泮佳怡

（厦门大学管理学院　厦门　361000）

【摘　要】党的二十大报告指出，要站在人与自然和谐共生的高度谋划发展。绿色创新是解决目前环境问题与经济发展之间矛盾的有效手段。在中国关系本位社会的文化和制度背景下，董事会非正式层级能否在企业绿色创新实践中发挥治理作用是值得关注的重要问题。本文以我国 2010—2020 年沪深 A 股上市公司为样本，研究发现董事会非正式层级越清晰，企业的绿色创新水平越高，包括绿色创新数量与质量双重维度的提升。机制检验表明，管理者自利行为在两者之间发挥中介作用。进一步分析结果显示，在企业内部控制较好、媒体关注度较高、融资约束程度较低以及政府环保补助较多的情境下，董事会非正式层级对绿色创新的促进效应更为明显。本文从微观运作层面为理解董事会治理和绿色创新提供一种新的视角和结论，对于优化董事会治理和提高企业绿色创新水平具有重要借鉴意义。

【关键词】董事会治理　非正式层级　绿色创新

中图分类号：F272.3　　　文献标识码：A

1. 引言

改革开放四十多年来，我国经济社会蓬勃发展，但这种粗放型的经济增长模式背后隐藏着巨大的生态环境危机。现如今，我国经济发展正处于从高速度发展向高品质发展过渡的关键时期，生态文明建设的重要性日益凸显。2022 年 10 月，党的二十大报告深刻阐明中国式现代化是人与自然和谐共生的现代化，强调尊重自然、顺应自然、保护自然，是全面建设社会主义现代化国家的内在要求。绿色创新作为一种协调企业创新与绿色发展的重要途径，是破解我国绿色发展难题、推动生态文明建设的有力依托，日益被社会公众与国内外学者广泛关注。2022 年 12 月，国家发展改革委、科技部联合印发了《关于进一步完善市场导向的绿色技术创新体系实施方案（2023—2025 年）》，强调应

通讯作者：泮佳怡，E-mail：838007748@qq.com。

充分发挥绿色技术对绿色低碳发展的关键支撑作用，进一步完善市场导向的绿色技术创新体系，推动形成绿色技术创新新格局，同时还指出了要加快培育绿色技术创新领军企业。然而在现阶段，不同企业的绿色创新程度不尽相同，其一方面受到了法规制度的影响，另一方面则很大程度上取决于企业的意愿。绿色创新战略具有技术和环境的双重外部性，此外还包含了一般的技术创新所具有的风险高、投资回报时间长等特征（Rennings，2000），从而降低了诸多企业推进绿色创新战略的积极性。正式法规制度的约束固然重要，然而仅仅依靠这些规章制度并不能有效地促进企业的绿色创新活动，为了更为有效地引领企业推动绿色低碳发展，还应当考虑公司内部治理对企业绿色创新意愿的影响。

董事会作为公司治理的中心环节，深刻影响着公司战略和公司绩效。董事会在企业绿色战略制定和绿色决策中起着至关重要的作用，是完善绿色治理结构、决定企业绿色创新水平的关键环节。有些学者已经关注到了董事会治理对于企业绿色创新的影响，但这些研究仅停留在董事会正式结构和个人特征的视角，探究诸如董事会性别多样性、董事会规模等特征对企业绿色创新的影响，然而董事会作为一个决策机构，董事会成员之间的交流与互动对董事会治理同样发挥着重要作用。基于社会学理论，层级的存在影响着每一个群体决策，包括正式层级与非正式层级。虽然董事会是一个相对正式的组织，但董事会成员由于个体能力、影响力等差异而在董事会内部自发形成了一种隐性的、非正式的层级结构（He and Huang，2011），这股隐性力量在董事会集体决策过程中发挥着重要作用（Baron and Kerr，2003）。然而，现有研究关于董事会非正式层级对公司决策行为影响的结论并不一致。一些学者认为非正式层级为董事会内部带来了一种协调与整合机制，减少董事会内部冲突以及对权力的争夺，促进成员之间的交流与合作，从而提升董事会决策和监督效力（张耀伟，2015；王晓亮，2020）；另一些学者则认为董事会非正式层级导致压抑的决策氛围，阻碍多元化思想的碰撞，抑制不同意见，减少可供选择的决策方案，导致企业内部非理性决策增多（李长娥等，2017；武立东等，2018）。在中国关系本位社会和高权力距离的文化和制度背景下，董事会非正式层级在董事会决策中将发挥更为关键的作用，其究竟在企业的绿色创新决策中发挥积极作用还是消极作用有待进一步探讨，因此，本文试图从微观运作层面探讨董事会非正式层级对公司绿色创新的影响效应以及其中的作用机制。

与现有文献相比，本文可能的创新点在于：（1）丰富了从董事会成员之间相互影响的角度研究绿色创新的研究。当前有关董事会治理与绿色创新的研究大多从董事会结构特征等角度入手，本文试图聚焦于董事会成员之间的交流与互动关系，探究董事会非正式层级对企业绿色创新的影响，为企业绿色创新实践提供全新的方向。（2）补充了关于董事会非正式层级经济后果的研究。与一般的企业创新不同，绿色创新注重的是经济效益和环境效益的双重发展，是企业可持续发展不可或缺的一环，董事会非正式层级很有可能在企业绿色创新决策中产生截然不同的正负两种效应，因此有必要单独并且全面探讨分析董事会非正式层级与企业绿色创新之间的影响机理。（3）本文进一步探析了董事会非正式层级与企业绿色创新两者关系的情境因素，拓展了企业绿色创新的影响因素方面的研究。

2. 文献回顾

2.1 董事会非正式层级相关研究

先前的学者主要集中于研究董事会非正式层级对公司财务绩效的影响，研究发现非正式层级在董事会内部起到了积极协调的作用，有效提高了企业的财务绩效（He and Huang，2011；曾江洪和何苹，2014；张耀伟，2015；黄文锋，2017）。后续的研究试图打开董事会非正式层级与企业财务绩效之间的"黑箱"，验证了董事会非正式层级通过在集体决策中发挥作用进而影响企业绩效的结论。例如，Johnson 等（2013）认为清晰的董事会非正式等级增加了董事会成员之间的信任感，能够有效化解董事会成员之间的冲突，构建和睦的董事会氛围，提高决策效率。谢永珍（2017）通过构建"董事地位差异—会议频率—财务绩效"的理论模型，研究证实了董事会非正式层级通过决策行为强度这个中介变量来对企业绩效产生影响。随着企业财务绩效效应相关研究的不断深入，学者们开始关注董事会非正式层级的其他治理效应，例如其对民营企业创新战略（李长娥，2017）、公司战略变革（王凯，2018）、股价崩盘的风险（Jebran，2019）、高管薪酬契约（张耀伟，2020）、董事会异议行为（陈仕华，2020）、企业创新（薛坤坤，2021）、企业并购绩效（何瑛和马添翼，2021）、企业的债务期限结构（吴兴宇，2022）等的影响。

2.2 绿色创新影响因素相关研究

总结关于绿色创新的现有研究，可以发现先前的文献主要从制度层面、组织层面以及高管个人层面探讨有关绿色创新的影响因素。

（1）制度层面的影响因素。在制度层面，学者们主要从环境规制与利益相关者角度来进行研究分析。部分学者研究表明，适当的环境规制有利于企业进行绿色创新（Pascual，2013）。同时，部分研究表明环境规制诱发"挤出效应"，会对企业的绿色创新产生负面影响（Ramanathan，2010；李婉红，2013；张文卿，2022）。其他学者则认为环境规制与绿色创新之间呈现非线性关系（杨秋月，2017；汪明月，2022）。此外，还有部分学者研究了利益相关者，如消费者（Wagner，2007）、投资者（毕克新，2011）等群体对公司采取的绿色创新战略的影响。

（2）组织层面的影响因素。在组织层面，已有文献主要从组织基本特征、资源和能力以及战略行为和动机等方面研究其对公司绿色创新的影响。在组织基本特征方面，学者们主要研究了企业规模（Pereira and Vence，2012）、企业文化（潘楚林和田虹，2017）以及环境伦理（姜雨峰和田虹，2014）等对绿色创新战略的影响。在资源与能力方面，充足的资源与独特的能力是企业进行绿色创新活动的必备条件，冗余资源（张钢和张小军，2014）、政府补助（陈晓，2019）、企业整合利用能力（梁敏，2022）等均能够有效提升企业的绿色创新水平。在战略行为和动机方面，现有文献则主要从降低成本（Frondel et al.，2007）、企业自身战略（Chen and Liu，2019）以及提升形象（解学梅和朱琪玮，2021）等出发，探究其对绿色创新的影响。

（3）高管个人层面的影响因素。在个体层面，主要针对企业的高管个人特征以及高管团队特征。在个人特征方面，学者们主要探究了高管的年龄（Baiker et al.，2002）、任期长短（田丹和于奇，2017）、环保意识（曹洪军和陈泽文，2017）以及学术背景（董佳宇等，2021）等对绿色创新的影响。在高管团队特征方面，高管团队性别异质性（Horbach and Jacob，2018）、学术经验（He et al.，2021）、高管团队注意力（吴建祖和华欣意，2021）等都可以成为影响企业绿色创新的内生因素。

2.3　董事会治理与绿色创新相关研究

董事会成员是公司战略决策的核心主体，其对企业绿色创新战略的作用毋庸置疑，但仅有少部分学者开始细化到董事会治理领域，探究董事会特征对企业绿色创新的影响。例如，王锋正等（2018）实证证明了董事会治理会对企业的绿色技术创新产生正向影响。Muhammad 等（2019）研究发现国际化董事有利于提高企业的绿色创新水平。肖小虹等（2021）研究发现董事高管责任保险对管理层的激励效应抑制了高管的短视行为，有效地提升了企业的绿色创新。沈菲等（2022）研究发现海归董事对企业的绿色创新活动有着积极的影响效应。Bin 等（2022）研究发现董事会社会资本对企业的绿色创新水平具有积极的促进作用。

综上所述，关于董事会非正式层级治理效应的研究还有待丰富，虽然有文献关注到了董事会非正式层级与企业创新之间的关系，但学者们并未将绿色技术创新与一般创新进行区分，且仅仅停留在董事会非正式层级对企业创新的正向治理效应，并未对其负面效应进行探究。绿色技术创新不同于一般的技术创新，其融合了"绿色"的概念，强调企业在注重经济目标的同时也要重视环境目标，实现经济绩效与环境绩效的二元协调（马媛等，2014）。因此，本文将基于这一视角来探究董事会非正式层级究竟是促进抑或阻碍了企业的绿色创新。

3.　理论基础与研究假设

董事会是公司治理的核心机构，深刻影响着公司战略和公司绩效。董事会在企业绿色战略制定和绿色决策中起着至关重要的作用，是完善绿色治理结构、优化绿色治理机制的关键环节。董事会是会议型决策机构，董事会成员在决策时采取的是一人一票的具备公平性的决策原则，因此由于董事会成员个体能力及影响力等方面的差异所自发形成的隐性的非正式层级会对董事会治理的效率及效果产生重要的影响。具体而言，非正式的层级结构可能基于关系治理、声誉约束等因素对公司的绿色创新产生积极的影响，同时也有可能由于团队功能失调、"权威效应"等原因而影响绿色创新战略的全面性与科学性。因此，董事会非正式层级究竟是推动还是阻碍企业的绿色创新，有待进一步研究。公司董事会肩负战略决策、监督和咨询等重要职能，本文将主要从董事会的决策职能和监督职能两方面来进行解释。

3.1　董事会的决策职能

一方面，非正式层级使得董事会内部自发地形成特定的等级次序，提高决策效率，进而推动绿色创新战略。在监管严格的环保领域，企业更愿意了解和参照其他企业的环境战略的选择，即经济学上的"羊群效应"和"从众行为"，前沿信息与资源的获取就显得尤为必要，而地位较高的董事会成员具有更丰富的社会资本和更高的社会影响力，可以获取有关绿色创新的具有竞争力的独特资源，对绿色创新前沿认知和政策变化更加敏锐，更有能力制定科学的绿色创新决策，这也使得低层级董事更加期待高层级董事在绿色创新决策中所起的作用，在决策过程中也对高层级董事更为依赖，由此产生的期待与依赖会进一步转换为低层级董事的尊重与信任（He and Huang，2011），这种基于尊重与信任的关系契约的建立能够缓解董事会内部的矛盾与冲突内耗，促进信息在董事会成员之间有效地流动与整合（Anderson and Brown，2010；陈仕华和张瑞彬，2020），进而使得董事会在有限时间内关注到有关绿色创新的重要问题，短时间内在组织内部达成共识，做出更好的绿色创新决策。同时，清晰的非正式层级有利于在董事会成员间形成畅通的沟通渠道，促成决策参与者之间信息交换与知识分享（Mayer，2012），使得董事会获取了更多与绿色创新相关的有用信息，有效降低了信息不对称程度，进而提高了企业绿色创新的决策效率与质量，达到绿色创新产出"增量提质"的双重效应。此外，绿色创新决策是事关企业利益与可持续发展的重大决定，董事会成员在讨论过程中难免会出现思维的碰撞，这时高层级董事基于自身的权威和影响力，在决策过程中充当"仲裁员"的角色，充分发挥协调和整合作用，减少讨论过程中与组织共同目标和愿景相冲突的争论，使董事间更快达成统一意见（He and Huang，2011），从而提升董事会绿色创新决策效率，优化企业资源配置。

另一方面，董事会非正式层级可能导致低层级的董事"边缘化"或"盲从"，进而降低绿色创新决策的效率和质量。根据功能失调论，权力层级导致团队内部的冲突，高层级董事很有可能利用自身的权威去打压低层级董事，没有受到尊重的董事会成员处于边缘地位（李长娥和谢永珍，2017），压抑且不自由的会议氛围使得低层级董事不敢发表个人的看法，阻碍思想碰撞与信息共享，导致不明智的绿色创新战略选择。此外，长期处于压抑状态的低层级董事很有可能会对高层级董事产生不满甚至嫉妒的情绪，由此产生地位冲突，在董事会成员之间形成竞争性行为（Bunderson et al.，2003），大量时间被用于争论，降低了董事会绿色创新决策的效率和质量。与此同时，还存在一种情形，由于地位较高的董事在董事会中拥有较大的权威，其他董事可能过于听信高层级董事的观点，盲目"顺从"，阻碍了低层级董事不同意见的表达，而绿色创新决策更需要多元化的信息交流，因而可能出现一个人主导甚至决定公司绿色创新战略决策，从而导致绿色创新决策质量低下。

3.2　董事会的监督职能

一方面，清晰的非正式层级增强了董事会对管理层以及董事会内部的监督效力，降低代理成本，提高企业的绿色创新水平。其一，绿色创新除了具备"创新"属性，还具有"绿色"特征（马骏等，2020），企业需要在研发初期投入大量的资源，转化周期长，具有较高的风险（李青原和肖泽华，2020），从而导致管理层绿色创新意愿下降，减少资金投入以规避绿色创新有可能带来的风险。董事会负责统筹企业的长期方针和策略，管理层能否满足利益相关者关于改善生态环境问题、提升环境绩效的诉求，在很大程度上取决于董事会是否进行了有效监督。董事会非正式层级通过引入关系治理增加了团队成员间的互动与讨论，减少董事会成员对权力的争夺，增强了董事会的凝聚力、制衡力和独立性，有效避免因董事之间相互制衡而导致的管理层权力过大（张耀伟等，2020），使得董事会与管理层之间合谋成本更为高昂，进而提升董事会监督效率，有效识别和阻碍管理层在绿色创新决策中的机会主义行为（王晓亮，2020），提高企业的绿色创新水平。其二，基于关系契约理论的观点，非正式层级的存在使得团队成员对自身声誉更为关注。由于高层级董事往往拥有更多的兼职或更强的社会影响力，享有较高的社会声誉和专业声誉，高声誉给他们带来一定的报酬和任职机会，使得高层级董事更加重视其在行业中的"声誉"不受到损害（Fama，1983），这种声誉机制给他们带来激励和约束，因此层级较高的董事为维护自身声誉会更好地履行社会责任，而低层级董事也很有可能基于自身声誉的考虑而支持高层级董事关于履行企业社会责任的想法。在倡导生态文明建设的当代，绿色创新能给企业带来绿色、生态、节能、环保的标签，是企业履行社会责任的一个重要方面，有利于树立良好的企业形象，拥有较高层级的董事倾向于对企业的道德性做出一定的要求以提高自身形象，其具有强烈的动机利用董事会内部的非正式层级所赋予的地位与话语权，来监督整个董事会和其他董事个体的行为，低层级董事也愿意接受来自其他董事会成员的监督，协助促进绿色创新决策的达成。

另一方面，董事会非正式层级可能助长高层级董事的机会主义行为，引发高层级董事过度自信，不利于董事会内部以及对管理层的监督。绿色创新本身存在较高的风险和不确定性，其更需要董事会内部成员的相互监督以更好地规避风险，清晰的非正式层级使得高层级董事有更多的机会去操纵决策进程（武立东，2018），引发"一言堂"的现象，但高层级董事仅仅代表了部分群体的利益，在绿色创新决策过程中很有可能做出有利于其所代表的部分主体利益而牺牲企业整体利益的机会主义行为，其他董事迫于高层级董事的权威无法对其行为进行有效的监督，进而导致代理问题日渐严峻，影响绿色创新战略的全面性和科学性。同时，对于管理层由于风险规避而不愿进行绿色创新的问题，层级较高的董事可能会因为自身在董事会内部拥有较高的地位而对自己的判断能力过度自信，忽视管理层的短视行为，而管理层可能也会基于高层级董事的权威而对其言听计从，将其余成员的重要观点拒之门外，进而对企业的绿色创新水平产生负面影响。除此之外，企业的董事会非正式层级越清晰，外界倾向于认为高层级董事越具有能力去引导低层级董事做出科学的绿色创新决策，这种"权威效应"有可能会使得外部投资者对企业的绿色创新战略决策更为信任，从而降低了外部的监督效力，反而不利于推进企业的绿色创新活动。

基于上述分析，本文提出以下竞争性假设：

H1a：董事会非正式层级越清晰，企业的绿色创新水平越高。

H1b：董事会非正式层级越清晰，企业的绿色创新水平越低。

4. 研究设计

4.1 样本选择与数据来源

本文以 2010—2020 年我国沪深 A 股上市公司为研究对象，按照如下的原则进行样本的筛选：（1）剔除晚于 2010 年上市的公司；（2）剔除金融类上市公司；（3）剔除 ST、*ST 及退市公司；（4）对变量进行 1% 和 99% 分位数的 Winsorize 处理，以此降低异常值的干扰。经过筛选、匹配，共收集到 26781 个企业—年份观测样本。其中，计算董事会非正式层级的数据来自国泰安数据库（CSMAR）、中国研究数据服务平台（CNRDS），并结合 Wind 数据库、巨潮资讯网等进行数据补充。企业绿色创新数据来自中国研究数据服务平台（CNRDS），其它数据来源于国泰安数据库（CSMAR）和沪深交易所披露的上市公司年报，统计分析软件为 Stata15.1。

4.2 变量界定及说明

4.2.1 被解释变量

本文的被解释变量为绿色创新（GI）。考虑到企业的绿色创新投入很难从企业的研发投入中剥离，本文参照李青原和肖泽华（2020）的研究中关于专利指标的构建方法，以企业当年绿色专利申请数与 1 之和所取的自然对数作为绿色创新数量（GItal）的代理变量。同时，考虑到发明专利的技术含量较高，可能会对企业的绿色创新活动产生更为重要的影响，本文参考申明浩等（2022）的研究，以企业当年绿色发明专利申请数加 1 取自然对数的形式，来对绿色创新质量（GIinv）加以衡量。

4.2.2 解释变量

本文的解释变量为董事会非正式层级（Gini）。借鉴陈仕华等（2020）的研究方法，构建能够代表董事会成员相对地位的指标以衡量非正式层级。首先，对董事会成员兼职数量、政治关联以及媒体关注度这三个基础性指标加以衡量，具体衡量方式如下：（1）董事会成员兼职数量，对兼职数量进行对数化处理；（2）董事会成员政治关联，具有中央政府政治关联取值为 2，地方政府政治关联取值为 1，其它取值为 0；（3）董事会成员媒体关注度，选取中国证券报、中国经营报、证券日报等具有影响力的中国媒体，统计董事正面和中性报道数量并进行对数化处理。其次，采用主成分分析法将上述三个基础性指标合成以获得衡量董事会成员地位的指标。最后，参考现有研究（He and Huang, 2011；武立东等，2016；张耀伟等，2015）的做法，使用 Gini 系数（Gini, 1912）测量董事会非正式层级清晰度：

$$G = \frac{2\mathrm{cov}(y, r_y)}{N \bar{y}}$$

其中，G 为 Gini 系数，表示董事会非正式层级的清晰度；y 表示董事会中某一董事的地位指标；r_y 表示这名董事的地位指标在董事会中的排名；$cov（y, r_y）$ 表示 y 与 r_y 的协方差；N 表示董事会规模；$\bar{y}$ 表示 y 的平均值。

4.2.3 控制变量

借鉴绿色创新影响因素的研究，本文选取以下控制变量：公司规模（Size）、财务杠杆（Lev）、盈利能力（ROA）、公司成立年限（FirmAge）、现金流比率（Cashflow）、成长性（Growth）、董事会人数（Board）、独立董事比例（Indep）、管理层持股比例（Mshare）、第一大股东持股比例（Top1）、两职合一（Dual）、产权性质（SOE），并且对年度（Year）、行业（Industry）的可能影响加以控制。具体变量定义如表 1 所示：

表 1 变量定义表

变 量 名 称	变量符号	变 量 定 义
绿色创新数量	GItal	ln（当期的绿色专利申请数+1）
绿色创新质量	GIinv	ln（当期的绿色发明专利申请数+1）
董事会非正式层级	Gini	基尼系数
公司规模	Size	公司总资产的自然对数
财务杠杆	Lev	总负债/总资产
盈利能力	ROA	净利润/总资产平均余额
公司成立年限	FirmAge	ln（当年年份-公司成立年份+1）
现金流比率	Cashflow	经营活动产生的现金流量净额/总资产
成长性	Growth	（当期营业收入-上期营业收入）/上期营业收入
董事会人数	Board	董事会人数取自然对数
独立董事比例	Indep	独立董事人数/董事会人数
管理层持股比例	Mshare	管理层持股数据/总股本
第一大股东持股比例	Top1	第一大股东持股数量/总股数
两职合一	Dual	当 CEO 兼任董事长时取 1，否则取 0
产权性质	SOE	国有控股企业取值为 1，其他为 0
年度效应	Year	年份虚拟变量
行业效应	Industry	行业虚拟变量

4.3　模型设计

为了考察董事会非正式层级与企业绿色创新之间的关系，同时考虑到绿色创新的产出需要一定的时间，因此将绿色创新变量进行滞后一期处理，得到的待检验模型设计如下：

$$GI_{i,\,t+1} = \alpha_0 + \alpha_1\,Gini_{i,\,t} + \sum \beta_k\,CV_{i,\,t} + \theta_m Year + \vartheta_n Industry + \varepsilon_{i,\,t} \tag{1}$$

其中，GI 为被解释变量绿色创新，包括绿色创新数量（GItal）和绿色创新质量（GIinv）；Gini 为解释变量董事会非正式层级；CV 代表控制变量；α_0 为常数项，α_1 为董事会非正式层级与绿色创新之间的回归系数，β 为控制变量的系数，ε 代表随机扰动项；Year 代表年度虚拟变量，Industry 代表行业虚拟变量。

5.　实证结果与分析

5.1　描述性统计

表 2 报告了主要变量的描述性统计。在 2010—2020 年 26781 个样本中，企业绿色创新数量（GItal）的最大值为 5.407，平均值和中位数分别为 1.181 和 0，标准差为 1.460；而企业绿色创新质量（GIinv）的最大值为 4.920，平均值和中位数分别为 0.837 和 0。通过综合观察有关绿色创新数量与质量的统计数据，可以发现样本中不同企业的绿色创新水平参差不齐，这也是当前我国企业绿色创新的现状，即没有统一的强制性要求，导致了企业与企业之间绿色创新行为的差异。董事会非正式层级（Gini）的平均值为 0.149，标准差为 0.060，这意味着上市公司内部存在非正式层级，而不同企业的非正式层级清晰度不尽相同。其他控制变量的描述性统计结果与现有文献研究结果基本保持一致，在此不赘述。

表 2　　　　　　　　　　　　　　　　主要变量的描述性统计

变量名称	观测值	平均值	中位数	标准差	最小值	最大值
GItal	26781	1.181	0.000	1.460	0.000	5.407
GIinv	26781	0.837	0.000	1.242	0.000	4.920
Gini	26781	0.149	0.147	0.060	0.000	0.322
Size	26781	22.156	21.985	1.262	19.885	25.861
Lev	26781	0.427	0.420	0.206	0.057	0.880
ROA	26781	0.041	0.038	0.060	−0.193	0.207
FirmAge	26781	2.851	2.890	0.351	1.609	3.466

续表

变量名称	观测值	平均值	中位数	标准差	最小值	最大值
Cashflow	26781	0.046	0.045	0.069	−0.150	0.228
Growth	26781	0.168	0.107	0.387	−0.549	2.213
Board	26781	2.131	2.197	0.196	1.609	2.639
Indep	26781	0.375	0.333	0.053	0.333	0.571
Mshare	26781	0.136	0.006	0.199	0.000	0.681
Top1	26781	0.342	0.320	0.147	0.090	0.726
Dual	26781	0.273	0.000	0.446	0.000	1.000
SOE	26781	0.345	0.000	0.475	0.000	1.000

5.2　相关性分析

主要变量的 Pearson 相关系数如表 3 所示。董事会非正式层级（Gini）与企业绿色创新数量（GItal）、绿色创新质量（GIinv）的相关系数都为 0.07 且在 1% 的置信水平上显著，初步表明董事会非正式层级会对企业绿色创新水平产生正向影响。企业规模（Size）、财务杠杆（Lev）、盈利能力（ROA）等变量与企业绿色创新水平（包括 GItal 和 GIinv）均显著相关，因此将以上变量纳入控制组具有一定的合理性。不难发现，除了公司规模（Size）与财务杠杆（Lev）、董事会人数（Board）与独立董事比例（Indep）之间相关系数的绝对值超过 0.5 之外，其他变量之间相关系数的绝对值均较小。为了进一步确定模型不存在严重的多重共线性问题，本文计算各主要变量的方差膨胀因子 VIF 值，所有变量的 VIF 值均在 3 以内，VIF 均值均小于 1.5，故模型不存在严重的多重共线性问题。

5.3　回归结果分析

表 4 报告了主假设的检验结果，即探讨董事会非正式层级对企业绿色创新的影响。其中，第（1）列选取企业绿色创新数量（GItal）作为被解释变量，董事会非正式层级（Gini）作为解释变量，在加入所有控制变量并控制年度与行业效应后进行 OLS 回归，可以发现董事会非正式层级与企业绿色创新数量之间的回归系数为 0.679，t 值为 4.708，在 1% 的置信水平上显著，表明董事会非正式层级正向影响企业绿色创新数量；第（2）列则列示了董事会非正式层级（Gini）与企业绿色创新质量（GIinv）之间的回归结果，两者之间的回归系数为 0.647，t 值为 5.051，也在 1% 的置信水平上显著，表明董事会非正式层级会对企业绿色创新质量产生正向的影响效应。综合上述分析可以发现，清晰的董事会非正式层级能显著提高企业的绿色创新水平，包括绿色创新的数量与质量，由此验证了假设 H1a。

表3　　主要变量间的相关系数

	GItal	GIinv	Gini	Size	Lev	ROA	FirmAge	Cashflow	Growth	Board	Indep	Mshare	Top1	Dual
GItal	1													
GIinv	0.92***	1												
Gini	0.07***	0.07***	1											
Size	0.39***	0.38***	0.10***	1										
Lev	0.16***	0.15***	0.01	0.51***	1									
ROA	0.01**	0.02***	0.09***	-0.01	-0.37***	1								
FirmAge	0.02***	0.03***	-0.08***	0.19***	0.18***	-0.11***	1							
Cashflow	0.01**	0.02***	0.01**	0.06***	-0.17***	0.39***	0.03***	1						
Growth	0.03***	0.03***	0.05***	0.04***	0.03***	0.26***	-0.08***	0.01	1					
Board	0.08***	0.08***	0.03***	0.26***	0.15***	0.01	0.03***	0.04***	-0.01	1				
Indep	0.01*	0.02***	0.02***	-0.01	-0.01**	-0.02***	-0.02***	-0.01**	0	-0.54***	1			
Mshare	-0.04***	-0.05***	0.02***	-0.34***	-0.32***	0.17***	-0.26***	0.01**	0.07***	-0.20***	0.08***	1		
Top1	0.01*	0	0.03***	0.19***	0.06***	0.13***	-0.10***	0.09***	0	0.02***	0.04***	-0.10***	1	
Dual	-0.03***	-0.02***	0.04***	-0.17***	-0.14***	0.04***	-0.10***	-0.01*	0.03***	-0.18***	0.12***	0.25***	-0.05***	1
SOE	0.06***	0.07***	-0.07***	0.34***	0.29***	-0.10***	0.17***	0	-0.07***	0.27***	-0.07***	-0.47***	0.23***	-0.29***

注：***、**、*分别表示在1%、5%、10%水平下显著。

表 4   董事会非正式层级与企业绿色创新回归结果

变量	(1) 因变量：GItal		(2) 因变量：GIinv	
	系数	t 值	系数	t 值
Gini	0.679***	4.708	0.647***	5.051
Size	0.504***	53.195	0.436***	50.097
Lev	0.139**	2.570	−0.008	−0.170
ROA	1.558***	8.756	1.279***	8.280
FirmAge	−0.203***	−7.284	−0.154***	−6.265
Cashflow	−0.649***	−5.016	−0.452***	−4.000
Growth	0.047**	2.113	0.026	1.306
Board	0.133**	2.385	0.122**	2.438
Indep	0.120	0.629	0.403**	2.394
Mshare	0.037	0.783	−0.033	−0.801
Top1	−0.382***	−6.332	−0.385***	−7.187
Dual	0.013	0.679	0.032*	1.880
SOE	0.043**	1.988	0.067***	3.517
_cons	−10.336***	−42.132	−9.142***	−40.794
年度	控制		控制	
行业	控制		控制	
观测值个数	22556.000		22556.000	
Adj. R^2	0.326		0.286	

注：括号内为 t 值，***、**、* 分别表示在 1%、5%、10%水平上显著，下同。

5.4 稳健性检验

5.4.1 滞后期检验

考虑到绿色创新产出周期较长，董事会非正式层级促使企业绿色创新水平提升的效果传导更可能存在时间上的滞后性。因此，为了缓解滞后效应对结果产生的影响，本文运用增加滞后期的方式对模型结果的稳健性进行检验，分别用滞后两期、三期的绿色专利申请数或绿色发明专利申请数加 1 取对数的形式分别对绿色创新的数量与质量加以衡量。滞后期检验的回归结果如表 5 所示，可见本文主效应的检验结果具有一定的稳健性。

	滞后两期		滞后三期	
	（1）GItal	（2）GIinv	（3）GItal	（4）GIinv
Gini	0.750***	0.725***	0.796***	0.862***
	(4.729)	(5.113)	(4.478)	(5.386)
Size	0.490***	0.429***	0.478***	0.422***
	(46.477)	(44.175)	(40.318)	(38.635)
Lev	0.181***	0.031	0.228***	0.068
	(2.997)	(0.583)	(3.342)	(1.142)
ROA	2.074***	1.827***	2.400***	2.081***
	(10.173)	(10.120)	(9.850)	(9.650)
FirmAge	−0.211***	−0.164***	−0.220***	−0.165***
	(−6.946)	(−6.086)	(−6.598)	(−5.530)
Cashflow	−0.492***	−0.448***	−0.381**	−0.283**
	(−3.473)	(−3.601)	(−2.424)	(−2.038)
Growth	0.016	0.002	0.056**	0.038
	(0.666)	(0.078)	(2.072)	(1.602)
Board	0.174***	0.148***	0.163**	0.138**
	(2.809)	(2.660)	(2.380)	(2.225)
Indep	0.186	0.357*	−0.043	0.252
	(0.868)	(1.914)	(−0.184)	(1.218)
Mshare	0.095*	−0.003	0.139**	0.024
	(1.764)	(−0.057)	(2.282)	(0.457)
Top1	−0.364***	−0.369***	−0.332***	−0.367***
	(−5.474)	(−6.233)	(−4.520)	(−5.592)
Dual	0.024	0.036*	0.020	0.026
	(1.112)	(1.914)	(0.811)	(1.206)
SOE	0.039	0.067***	0.036	0.065***
	(1.624)	(3.159)	(1.393)	(2.793)
_cons	−10.149***	−9.009***	−9.699***	−8.772***
	(−37.655)	(−36.602)	(−32.336)	(−31.885)
年度	控制	控制	控制	控制
行业	控制	控制	控制	控制
观测值个数	19227.000	19227.000	16111.000	16111.000
Adj. R^2	0.318	0.279	0.313	0.275

表5 　　　　　　　　　　　　稳健性检验：滞后期检验

5.4.2 制造业样本回归测试

制造业企业是实体经济的基础与国民经济的支柱、经济高质量发展的关键环节，《中国制造 2025》的颁布，预示着制造业企业构建绿色制造体系、加快绿色创新步伐的重大意义。因此，考虑到行业样本之间的系统性差异很有可能对研究结果产生影响，本文剔除与绿色创新关联性不强的行业，仅选取具有代表性的制造业样本进行稳健性测试。如表 6 所示，实证结果与前文结果保持一致。

表 6 　　　　　　　　　　　稳健性检验：改变样本行业

变量	（1）因变量：GItal		（2）因变量：GIinv	
	系数	t 值	系数	t 值
Gini	0.857***	4.464	0.755***	4.466
Size	0.579***	44.780	0.504***	42.409
Lev	0.412***	5.624	0.174***	2.755
ROA	1.345***	5.306	1.140***	5.255
FirmAge	−0.327***	−9.316	−0.244***	−8.056
Cashflow	−1.281***	−6.619	−1.038***	−6.168
Growth	0.181***	4.800	0.135***	4.085
Board	−0.057	−0.735	−0.053	−0.774
Indep	−0.040	−0.160	0.254	1.149
Mshare	0.170***	3.027	0.087*	1.857
Top1	−0.657***	−7.995	−0.612***	−8.456
Dual	0.033	1.342	0.058***	2.753
SOE	0.074**	2.494	0.109***	4.095
_cons	−10.037***	−21.926	−9.724***	−32.565
年度	控制		控制	
观测值个数	14552.000		14552.000	
Adj. R^2	0.245		0.229	

5.4.3 倾向得分匹配法（PSM）

为避免由于样本选择所带来的偏差，以及存在企业性质、董事会规模等方面的差异，可能致使董事会非正式层级并不会显著影响企业的绿色创新水平，本文采用倾向得分匹配法来解决可能存在的内生性问题。根据董事会非正式层级的均值将其分为高分位组和低分位组，选取本文的控制变量作为协变量，随后采取 1∶1 近邻匹配方法，匹配后的各变量标准化偏差均低于 10%，且根据 t-test 结果两组之间不存在系统性差异，继而对董事会非正式层级与绿色创新的关系进行回归分析。回归结果如表 7 所示，董事会非正式层级与绿色创新数量（GItal）和绿色创新质量（GIinv）之间的回归系数分别为 0.744 和 0.715，且均在 1% 的置信水平上显著，得出的结果与前文结论保持一致。

表 7 稳健性检验：倾向得分匹配法

变量	（1）因变量：GItal		（2）因变量：GIinv	
	系数	t 值	系数	t 值
Gini	0.744 ***	3.820	0.715 ***	4.125
Size	0.521 ***	39.922	0.449 ***	37.434
Lev	0.042	0.569	−0.061	−0.948
ROA	1.437 ***	5.979	1.240 ***	5.933
FirmAge	−0.168 ***	−4.380	−0.139 ***	−4.128
Cashflow	−0.779 ***	−4.383	−0.497 ***	−3.231
Growth	0.049	1.580	0.020	0.743
Board	0.043	0.550	0.080	1.158
Indep	−0.041	−0.159	0.357	1.568
Mshare	0.070	1.082	−0.037	−0.668
Top1	−0.468 ***	−5.690	−0.466 ***	−6.381
Dual	−0.009	−0.354	0.009	0.398
SOE	0.020	0.678	0.041	1.555
_cons	−10.456 ***	−30.872	−9.291 ***	−30.141
年度	控制		控制	
行业	控制		控制	
观测值个数	12196.000		12196.000	
Adj. R^2	0.325		0.286	

5.4.4 Heckman 两阶段模型

为有效缓解由于样本选择性偏差所导致的内生性问题，本文借鉴了何瑛和马添翼（2021）的研究，采用 Heckman 两阶段模型来进行内生性检验。考虑到第一阶段的因变量需要为二元变量，因此，本文构建被解释变量 Gini_group，当董事会内部存在非正式层级时取 1，否则取 0。借鉴以往的研究，本文选取董事会规模（Board）、公司规模（Size）、财务杠杆（Lev）等变量作为董事会非正式层级构建的影响因素，由此回归计算出逆米尔斯比率（IMR），并将第一阶段计算得到的逆米尔斯比率（IMR）作为控制变量代入到基础模型中重新进行回归。

回归结果如表 8 所示，选择方程得到的逆米尔斯比率（IMR）是显著的，也就证明了原模型确实存在一定的样本自选择问题，因此采用 Heckman 模型是有效的。从第二阶段回归方程结果可以看出，在剔除样本自选择问题后，原模型回归结果的质量得以提升，原假设仍然成立。

表 8　　　　　　　　　　　稳健性检验：Heckman 两阶段模型

变量	（1）第一阶段	（2）第二阶段	（3）第一阶段	（4）第二阶段
	Gini_group	GItal	Gini_group	GIinv
Gini		0.678***		0.643***
		(4.729)		(5.098)
IMR		4.819***		4.627***
		(6.616)		(7.217)
Board	0.851***	0.496***	0.851***	0.471***
	(7.140)	(6.378)	(7.140)	(6.873)
Size	0.127***	0.553***	0.127***	0.483***
	(5.983)	(47.778)	(5.983)	(47.417)
Lev	0.070	0.188***	0.070	0.036
	(0.594)	(3.349)	(0.594)	(0.727)
ROA	1.480***	2.297***	1.480***	1.979***
	(4.534)	(10.672)	(4.534)	(10.449)
FirmAge	−0.089	−0.247***	−0.089	−0.193***
	(−1.326)	(−8.635)	(−1.326)	(−7.666)
Indep	1.010**	0.473**	1.010**	0.744***
	(2.351)	(2.423)	(2.351)	(4.333)
Mshare	−0.337***	−0.095*	−0.337***	−0.156***
	(−2.990)	(−1.760)	(−2.990)	(−3.307)
Dual	−0.022	0.002	−0.022	0.021
	(−0.506)	(0.099)	(−0.506)	(1.228)
SOE	−0.320***	−0.090***	−0.320***	−0.059**
	(−6.487)	(−3.071)	(−6.487)	(−2.280)
Cashflow		−0.691***		−0.488***
		(−5.083)		(−4.080)
Growth		0.052**		0.029
		(2.305)		(1.474)
Top1		−0.386***		−0.385***
		(−6.380)		(−7.246)
_cons	−2.613***	−12.546***	−2.613***	−11.268***
	(−4.574)	(−30.944)	(−4.574)	(−31.578)

续表

变量	（1）第一阶段	（2）第二阶段	（3）第一阶段	（4）第二阶段
	Gini_group	GItal	Gini_group	GIinv
年度	控制	控制	控制	控制
行业	控制	控制	控制	控制
观测值个数	26406.000	22261.000	26406.000	22261.000
Adj. R^2		0.326		0.286

6. 进一步分析

6.1 机制检验

绿色创新具有双重外部性，其所带来的环境效益与社会效益之和通常大于经济效益，并且产出周期长、结果具有不确定性，难以促进企业短期经济效益的增长，违背管理层个人利益最大化目标，因此在绿色创新活动的决策上很容易导致管理层自利行为的发生。根据关系契约理论，清晰的董事会非正式层级加强了董事会成员的团结程度和凝聚力，进而提高董事会的独立性，有利于对管理层的机会主义行为进行有效监督，缓解代理冲突，减少管理层自利行为。因此，本文认为董事会非正式层级通过减少管理层自利行为，进而提高了绿色创新水平。

借鉴罗炜和朱春艳（2010）的研究，同时考虑到结果读取的便利性，本文将资产周转率的相反数作为管理层自利行为（Self）的替代指标，资产周转率的相反数越高，管理层自利行为也就越强。随后，本文借鉴温忠麟等（2004）的研究，采用逐步法进行检验。从表9第（2）列和第（5）列可以看出，董事会非正式层级能够抑制管理层自利行为，并且管理层自利行为与绿色创新之间的系数都显著为负，表明管理层自利行为的中介效应显著。

表9   中介效应检验结果

变量	（1）	（2）	（3）	（4）	（5）	（6）
	GItal	Self	GItal	GIinv	Self	GI
Gini	0.679***	−0.188***	0.669***	0.647***	−0.188***	0.642***
	(4.708)	(−3.254)	(4.643)	(5.051)	(−3.254)	(5.010)
Self			−0.053***			−0.030**
			(−3.139)			(−2.174)
Size	0.504***	0.024***	0.505***	0.436***	0.024***	0.437***
	(53.195)	(6.388)	(53.288)	(50.097)	(6.388)	(50.130)

续表

变量	（1）GItal	（2）Self	（3）GItal	（4）GIinv	（5）Self	（6）GI
Lev	0.139**	−0.673***	0.104*	−0.008	−0.673***	−0.028
	(2.570)	(−24.666)	(1.884)	(−0.170)	(−24.666)	(−0.585)
ROA	1.558***	−1.572***	1.475***	1.279***	−1.572***	1.232***
	(8.756)	(−16.622)	(8.234)	(8.280)	(−16.622)	(7.939)
FirmAge	−0.203***	−0.013	−0.204***	−0.154***	−0.013	−0.154***
	(−7.284)	(−1.334)	(−7.311)	(−6.265)	(−1.334)	(−6.282)
Cashflow	−0.649***	−0.370***	−0.668***	−0.452***	−0.370***	−0.463***
	(−5.016)	(−4.874)	(−5.155)	(−4.000)	(−4.874)	(−4.093)
Growth	0.047**	−0.118***	0.041*	0.026	−0.118***	0.022
	(2.113)	(−8.490)	(1.829)	(1.306)	(−8.490)	(1.123)
Board	0.133**	0.014	0.134**	0.122**	0.014	0.122**
	(2.385)	(0.552)	(2.398)	(2.438)	(0.552)	(2.447)
Indep	0.120	0.159**	0.129	0.403**	0.159**	0.407**
	(0.629)	(2.177)	(0.672)	(2.394)	(2.177)	(2.422)
Mshare	0.037	0.066***	0.041	−0.033	0.066***	−0.031
	(0.783)	(3.760)	(0.856)	(−0.801)	(3.760)	(−0.752)
Top1	−0.382***	−0.230***	−0.394***	−0.385***	−0.230***	−0.391***
	(−6.332)	(−10.191)	(−6.525)	(−7.187)	(−10.191)	(−7.314)
Dual	0.013	0.027***	0.014	0.032*	0.027***	0.032*
	(0.679)	(3.537)	(0.753)	(1.880)	(3.537)	(1.927)
SOE	0.043**	−0.019**	0.042*	0.067***	−0.019**	0.067***
	(1.988)	(−2.049)	(1.941)	(3.517)	(−2.049)	(3.489)
_cons	−10.336***	−0.724***	−10.374***	−9.142***	−0.724***	−9.164***
	(−42.132)	(−7.305)	(−42.283)	(−40.794)	(−7.305)	(−40.877)
年度	控制	控制	控制	控制	控制	控制
行业	控制	控制	控制	控制	控制	控制
观测值个数	22556.000	22556.000	22556.000	22556.000	22556.000	22556.000
Adj. R^2	0.326	0.225	0.327	0.286	0.225	0.286

6.2 异质性分析

6.2.1 内部控制的异质性

内部控制是公司内部制度安排的重要体现，内部控制质量的高低对于公司的内部决策以及投资与价值的转换率都发挥着不容小觑的作用。在内部控制质量较高的公司，方便快捷的信息沟通机制使得企业能够及时、准确地收集和传递各种信息，不同层级董事之间的信息沟通与交流更加顺畅，进一步降低了信息不对称（树成琳，2016），使得董事会非正式层级在决策中更好地发挥作用，绿色创新决策也更加全面与科学。同时，高质量的内部控制作为公司治理的有效途径，可以提高企业资源调配的效率以及风险管控的能力，为绿色创新决策提供资源和后盾，缓解董事会的后顾之忧，从而更好地发挥董事会非正式层级的正向治理效应。除此之外，良好的内部环境将对公司的组织结构、管理层理念和企业文化做出要求，引导企业制定符合未来长期发展的战略，承担更多的社会责任，由此董事会将有更为充分的动机发挥其内部非正式层级的治理效应，推动企业进行更多的绿色创新活动。由此本文认为在内部控制质量较高的企业中，董事会非正式层级更能有效地促使企业开展绿色创新活动。

本文用迪博内控指数作为内部控制（IC）的代理变量，根据内部控制指数的中位数，将样本分为内部控制水平较高以及内部控制水平较低的两组进行分组检验。结果如表10所示，可以看到在内部控制水平较高的样本中，董事会非正式层级（Gini）与绿色创新数量（GItal）及质量（GIinv）之间的回归系数分别为0.957和0.944，且都在1%的置信水平上显著，而在内部控制水平较低的样本中则均不显著，证实了当企业的内部控制水平较高时，企业受到董事会非正式层级影响而选择进行绿色创新活动的倾向更强，并且绿色创新的质量也更有保障。

表10   异质性检验：内部控制

	因变量：GItal		因变量：GIinv	
	内部控制质量		内部控制质量	
	高	低	高	低
Gini	0.957***	0.303	0.944***	0.269
	(4.857)	(1.452)	(5.363)	(1.487)
Size	0.505***	0.497***	0.447***	0.418***
	(39.887)	(36.998)	(39.526)	(35.951)
Lev	0.197**	0.084	0.048	−0.065
	(2.377)	(1.125)	(0.647)	(−0.998)
ROA	1.398***	1.448***	1.016***	1.197***
	(4.486)	(5.872)	(3.650)	(5.603)

续表

	因变量：GItal		因变量：GIinv	
	内部控制质量		内部控制质量	
	高	低	高	低
FirmAge	−0.162 ***	−0.258 ***	−0.141 ***	−0.175 ***
	(−4.178)	(−6.104)	(−4.058)	(−4.771)
Cashflow	−0.537 ***	−0.776 ***	−0.330 **	−0.564 ***
	(−2.875)	(−3.892)	(−1.980)	(−3.265)
Growth	0.032	0.041	0.015	0.013
	(1.035)	(1.248)	(0.554)	(0.447)
Board	0.144 *	0.144 *	0.140 **	0.129 *
	(1.922)	(1.833)	(2.106)	(1.885)
Indep	0.112	0.078	0.345	0.424 *
	(0.438)	(0.285)	(1.507)	(1.785)
Mshare	−0.054	0.168 **	−0.064	0.032
	(−0.771)	(2.325)	(−1.011)	(0.510)
Top1	−0.303 ***	−0.498 ***	−0.310 ***	−0.501 ***
	(−3.664)	(−5.661)	(−4.205)	(−6.578)
Dual	0.033	−0.016	0.044 *	0.014
	(1.186)	(−0.562)	(1.783)	(0.576)
SOE	0.021	0.050	0.055 **	0.066 **
	(0.678)	(1.604)	(2.006)	(2.430)
_cons	−10.752 ***	−9.808 ***	−9.687 ***	−8.459 ***
	(−32.067)	(−27.218)	(−32.354)	(−27.098)
年度	控制	控制	控制	控制
行业	控制	控制	控制	控制
观测值个数	11588.000	10605.000	11588.000	10605.000
Adj. R^2	0.357	0.296	0.319	0.249

6.2.2 媒体关注的异质性

在当今高度信息化的时代，信息传播的速度、广度和深度都发生着前所未有的革新，社交媒体日益渗透到公司治理的进程中，对企业的战略决策产生重要的影响。在媒体关注度较高的情况下，企业面临的非正式环境合法性压力变大，一方面，媒体关于环境的报道很可能对企业产生舆论压力，舆论的压力容易使得企业放大绿色创新的失败风险，诱发管理者的短视动机，进而导致企业为迎合公众的监督而产生"漂绿"行为，此时，董事会非正式层级对于管理者短视行为的监督将更具价值，更有利于提升企业的绿色创新水平。另一方面，在媒体的作用下，企业的绿色创新行为能产生广泛的声誉效应，能够提升企业乃至董事个体的形象，董事会成员由此也更重视利益相关者的可持续发展诉求，一定程度上会强化董事会非正式层级对绿色创新决策的影响。因此，本文认为在媒体关注度较高的情况下，董事会非正式层级对企业绿色创新的促进作用更加显著。

借鉴现有文献，本文选取 CNRDS 数据库中网络财经新闻量化统计数的日度数据加总获得年度报道数量，并将标题中出现该公司的新闻总数加 1 取对数作为媒体关注（Media）的代理变量。根据媒体关注的中位数，将样本分为媒体关注度较高以及媒体关注度较低的两组进行分组检验。

检验的结果如表 11 所示，可以发现当企业面临较高的媒体关注时，董事会非正式层级（Gini）与绿色创新数量（GItal）及绿色创新质量（GIinv）的回归系数分别为 1.066 和 1.042，在 1% 的置信水平上显著；而在媒体关注度较低的样本中，两者的系数均不显著。回归结果证实了当企业的媒体关注度较高时，清晰的董事会非正式层级更能提高绿色创新决策的全面性和科学性，进而不仅提高绿色创新数量，同时也使得绿色创新质量得到了有效提升。

表 11　　　　　　　　　　异质性检验：媒体关注

变量	因变量：GItal		因变量：GIinv	
	媒体关注度		媒体关注度	
	高	低	高	低
Gini	1.066***	0.063	1.042***	-0.039
	(5.377)	(0.312)	(5.842)	(-0.228)
Size	0.508***	0.453***	0.446***	0.363***
	(39.877)	(31.190)	(38.877)	(29.400)
Lev	0.144*	0.144*	0.001	-0.007
	(1.768)	(1.950)	(0.013)	(-0.104)
ROA	1.797***	1.206***	1.484***	0.946***
	(6.763)	(4.765)	(6.205)	(4.395)
FirmAge	-0.292***	-0.097***	-0.238***	-0.055*
	(-7.249)	(-2.600)	(-6.552)	(-1.728)
Cashflow	-0.802***	-0.486***	-0.591***	-0.343**
	(-4.166)	(-2.636)	(-3.409)	(-2.185)
Growth	0.021	0.056*	-0.005	0.047*
	(0.701)	(1.721)	(-0.184)	(1.677)
Board	0.186**	0.084	0.183***	0.050
	(2.483)	(1.095)	(2.725)	(0.759)

续表

变量	因变量：GItal		因变量：GIinv	
	媒体关注度		媒体关注度	
	高	低	高	低
Indep	0.231	−0.131	0.602***	−0.002
	(0.901)	(−0.487)	(2.611)	(−0.009)
Mshare	0.136*	−0.027	0.027	−0.069
	(1.775)	(−0.418)	(0.385)	(−1.281)
Top1	−0.494***	−0.223***	−0.470***	−0.250***
	(−5.837)	(−2.682)	(−6.176)	(−3.539)
Dual	0.004	0.017	0.029	0.025
	(0.145)	(0.647)	(1.109)	(1.130)
SOE	−0.015	0.087***	0.009	0.118***
	(−0.497)	(2.913)	(0.312)	(4.648)
_cons	−10.558***	−9.124***	−9.547***	−7.382***
	(−31.004)	(−23.648)	(−31.138)	(−22.484)
年度	控制	控制	控制	控制
行业	控制	控制	控制	控制
观测值个数	11541.000	10938.000	11541.000	10938.000
Adj. R^2	0.380	0.247	0.337	0.199

6.2.3 融资约束的异质性

融资约束指的是企业在对外融资时受到的限制，使其不能向规划的项目投入足够的资金（Fazzarri et al.，1988），学者们普遍认为融资约束是影响企业绿色创新水平的重要因素（杨国忠，2019；叶翠红，2021），下文将试图探究不同程度的融资约束对董事会非正式层级与企业绿色创新之间的关系产生的影响。

绿色创新活动在研发前期需要持续、稳定的资金投入，风险高，回报具有较大的不确定性，面临更为严峻的融资约束限制。较高的融资约束使得企业的绿色创新活动难以从外部获取充足的资金，较大的资金压力成为阻碍企业绿色创新技术进步的屏障（康志勇，2013），巧妇难为无米之炊，董事会非正式层级对企业绿色创新的提升效果就没那么明显。同时，融资约束压力容易让董事会将有限的资源更多地放在经济效益以及企业的发展上，更容易忽视利益相关者关于环境问题的诉求，降低了董事会实施绿色创新的意愿，弱化董事会非正式层级的正向治理效应。因此，本文预期当企业面临相对宽松的融资环境时，董事会非正式层级对绿色创新水平的促进效果更强。

现有文献主要采用四种方式对公司的融资约束程度进行衡量，分别是 KZ 指数、SA 指数、WW 指数与 FC 指数。借鉴鞠晓生（2013）的研究，本文选取 SA 指数来对公司的融资约束水平加以测度，SA 指数表达式为：

$$SA = -0.737 \times size + 0.043 \times size^2 - 0.04 \times age \qquad (2)$$

其中，size 代表年末总资产（百万元）的自然对数，age 代表企业成立年限。由于按照 SA 指数模型所计算出的 SA 指数全部为负数，为计算方便，本文将 SA 指数取绝对值作为融资约束（Sa）的代理变量，Sa 越大，则代表企业的融资约束程度越高。根据融资约束的中位数，将样本分为融资约束程度较高以及融资约束较低的两组进行分组检验。由表 12 的分组回归结果可以看出，在融资约束程度较低的组别，董事会非正式层级与企业绿色创新数量（GItal）及质量（GIinv）之间的回归系数分别为 1.108 和 1.017，均在 1% 的置信水平上显著为正，而在高融资约束的情形下则不显著，结果表明当企业的融资压力越小时，清晰的董事会非正式层级越能促进企业绿色创新活动"增量提质"。

表 12　　　　　　　　　　　　　　异质性检验：融资约束

变量	因变量：GItal		因变量：GIinv	
	融资约束程度		融资约束程度	
	高	低	高	低
Gini	0.051	1.108***	0.121	1.017***
	(0.210)	(0.193)	(0.186)	(0.169)
Size	0.462***	0.520***	0.389***	0.458***
	(0.015)	(0.012)	(0.013)	(0.010)
Lev	0.136*	0.146*	0.031	-0.046
	(0.079)	(0.078)	(0.070)	(0.068)
ROA	1.546***	1.605***	1.317***	1.276***
	(0.263)	(0.259)	(0.233)	(0.227)
FirmAge	-0.058	-0.139***	-0.011	-0.085**
	(0.071)	(0.041)	(0.063)	(0.036)
Cashflow	-0.576***	-0.783***	-0.560***	-0.411**
	(0.191)	(0.188)	(0.170)	(0.164)
Growth	0.055*	0.043	0.035	0.021
	(0.031)	(0.032)	(0.027)	(0.028)
Board	0.198**	0.045	0.202***	0.031
	(0.078)	(0.074)	(0.069)	(0.065)
Indep	0.271	-0.091	0.582**	0.170
	(0.270)	(0.256)	(0.239)	(0.224)

续表

变量	因变量：GItal		因变量：GIinv	
	融资约束程度		融资约束程度	
	高	低	高	低
Mshare	0.185 **	−0.063	0.116	−0.132 **
	(0.082)	(0.063)	(0.072)	(0.055)
Top1	−0.336 ***	−0.488 ***	−0.328 ***	−0.500 ***
	(0.088)	(0.082)	(0.078)	(0.072)
Dual	−0.069 **	0.067 **	−0.038	0.078 ***
	(0.030)	(0.026)	(0.026)	(0.023)
SOE	0.049 *	0.022	0.070 ***	0.055 *
	(0.029)	(0.033)	(0.026)	(0.029)
_cons	−9.917 ***	−10.707 ***	−8.679 ***	−9.594 ***
	(0.433)	(0.313)	(0.384)	(0.274)
年度	控制	控制	控制	控制
行业	控制	控制	控制	控制
观测值个数	10567.000	11989.000	10567.000	11989.000
Adj. R^2	0.293	0.357	0.242	0.326

6.2.4 政府环保补助的异质性

政府环保补助是政府对企业绿色创新的财政资助，一方面，政府环保补助直接增加了绿色创新的研发资金，资金的保障可以有效缓解绿色创新活动存在的风险与收益失衡问题，董事会成员在制定绿色创新战略时就会减少资金链断裂、缺少技术人才支撑等潜在风险上的顾虑，并且非正式层级的存在所带来的信息共享效应，有利于董事会成员对环保补助的用途和分配进行充分的讨论，提高资源的利用效率，促进企业的绿色创新活动。另一方面，环保补助具有"认证效应"和"信号传递效应"（王旭等，2019），环保补助一定程度上是政府对公司实力的认可，政府给予企业环保补助，其实也是在向外部传递该企业进行绿色治理的"利好信号"，有利于为企业树立良好的绿色形象，不仅能为企业扩宽外部融资渠道，而且能在一定程度上提高董事会成员的声誉，在政府环保补助所带来的外部监督的压力下，非正式层级的存在有利于董事会更好地发挥其监督作用，促使企业保质保量地开展绿色技术创新活动。基于上述分析，本文将进一步检验政府环保补助对董事会非正式层级与企业绿色创新关系的影响。

借鉴先前学者的研究，本文选取公司财务报表附注中"政府补助"项目的明细数据，手工筛选带有"节能减排""污染防治"等环保关键词的数据，加总求和作为当年企业环保补助的金额，作为当年政府环保补助（Esub）的代理变量，根据政府环保补助金额的中位数，将样本分为环保补助金额较高以及环保补助金额较低的两组进行分组检验。结果如表 13 所示，可以看到在政府环保补助金额较高的样本中，董事会非正式层级（Gini）与绿色创新数量（GItal）及绿色创新质量（GIinv）的系数均在 5% 的置信水平上显著；在政府环保补助金额较低的样本中，系数虽为正但并不显著，结果表明，企业所获取的政府环保补助越多，董事会非正式层级对企业绿色创新的正向影响越明显。

表 13　　　　　　　　　　　　异质性检验：政府环保补助

变量	因变量：GItal		因变量：GIinv	
	政府环保补助		政府环保补助	
	高	低	高	低
Gini	1.546**	0.697	1.081**	0.190
	(2.561)	(1.205)	(2.058)	(0.390)
Size	0.425***	0.323***	0.390***	0.246***
	(11.161)	(7.624)	(11.762)	(6.899)
Lev	0.067	−0.174	−0.172	−0.217
	(0.257)	(−0.780)	(−0.758)	(−1.157)
ROA	4.047***	0.388	2.704***	0.878
	(4.247)	(0.458)	(3.259)	(1.234)
FirmAge	−0.220*	−0.176	−0.225**	−0.131
	(−1.723)	(−1.571)	(−2.029)	(−1.393)
Cashflow	−1.146*	−0.534	−1.061**	−0.537
	(−1.917)	(−0.939)	(−2.039)	(−1.120)
Growth	0.060	0.201**	0.037	0.099
	(0.578)	(1.981)	(0.408)	(1.166)
Board	0.190	0.381*	0.099	0.467***
	(0.891)	(1.830)	(0.532)	(2.664)
Indep	0.045	0.142	0.372	0.913
	(0.062)	(0.205)	(0.582)	(1.574)
Mshare	0.512*	0.061	0.338	−0.064
	(1.797)	(0.281)	(1.362)	(−0.353)
Top1	−0.918***	−0.523**	−1.062***	−0.464**
	(−3.779)	(−2.097)	(−5.019)	(−2.212)
Dual	0.076	0.045	0.104	0.087
	(0.793)	(0.541)	(1.244)	(1.252)

续表

变量	因变量：GItal		因变量：GIinv	
	政府环保补助		政府环保补助	
	高	低	高	低
SOE	0.044	0.083	0.061	0.099
	（0.489）	（0.982）	（0.769）	（1.397）
_cons	−8.002***	−6.950***	−7.285***	−5.681***
	（−7.913）	（−6.346）	（−8.273）	（−6.166）
年度	控制	控制	控制	控制
行业	控制	控制	控制	控制
观测值个数	1451.000	1289.000	1451.000	1289.000
Adj. R^2	0.292	0.213	0.254	0.173

6.3 董事会正式与非正式层级差异化影响分析

通过上文的分析，可以发现董事会非正式层级对企业的绿色创新决策有积极的影响，而董事会正式层级作为董事会内部一项重要的制度安排也有可能在绿色创新决策过程中发挥一定的作用。然而，会议型决策机构一人一票的决策原则在一定程度上弱化了董事会正式层级作用的发挥，同时董事会内部关于董事职位的描述比较模糊，正式规则和程序很难对董事的工作进行有效指导（Johnson et al.，2013），由此可以预期，相比董事会正式层级，董事会非正式层级会对企业的绿色创新决策产生更为重要的影响。因此，本文将从董事会正式层级与非正式层级两个层面来考察其对企业绿色创新水平的差异性影响。

参考卫旭华等（2015）、李长娥和谢永珍（2017）的研究，本文对董事会成员的任职情况进行相应的赋值，若董事会成员同时兼任董事长和 CEO 则赋值为 3，若董事会成员是 CEO 或董事长中的任意一个则赋值为 2，若董事会成员既不是董事长又不是 CEO 则赋值为 1。随后，计算出董事会正式层级分布情况的标准差与平均值，将两者相除所得的变异系数作为董事会正式层级（Bfp）的衡量指标。为了探究董事会正式层级与企业绿色创新之间的关系，本文构建如下模型：

$$GI_{i,\,t+1} = \alpha_0 + \alpha_1 \, Bfp_{i,\,t} + \sum \beta_k \, CV_{i,\,t} + \theta_m Year + \vartheta_n Industry + \varepsilon_{i,\,t} \qquad (3)$$

首先，本文利用回归模型得出董事会正式层级和非正式层级与企业绿色创新之间的回归系数；其次，将两者的回归系数除以标准差，计算出各自的变异系数；最后，比较变异系数的大小，以此分析董事会正式层级和非正式层级对企业绿色创新影响的差异。结果如表 14 所示，从第（1）（2）列可以看出，董事会非正式层级（Gini）和董事会正式层级（Bfp）对企业绿色创新数量（GItal）的回归系数分别为 0.679 和 1.022，且均在 1% 的置信水平上显著，说明清晰的董事会正式层级和非正式层级都可以提高企业的绿色创新数量，通过比较两者的变异系数可以发现，董事会非正式层级的变异系数 4.72 大于董事会正式层级的变异系数 3.55。同理，在关于绿色创新质量（GIinv）的回归分析中，董事会非正式层级的变异系数为 5.05，也同样大于正式层级。由此，上述结果表明相较于正式层级，董事会非正式层级对企业绿色创新的正向影响更为明显。

表 14　　董事会正式层级与非正式层级对企业绿色创新影响的差异分析

变量	因变量：GItal		因变量：GIinv	
	（1）	（2）	（3）	（4）
	非正式层级	正式层级	非正式层级	正式层级
Gini	0.679 ***		0.647 ***	
	（0.144）		（0.128）	
Bfp		1.022 ***		1.056 ***
		（0.288）		（0.259）
变异系数比较	4.72>3.55		5.05>4.08	
Size	0.504 ***	0.510 ***	0.436 ***	0.442 ***
	（0.009）	（0.009）	（0.009）	（0.009）
Lev	0.139 **	0.137 **	−0.008	−0.010
	（0.054）	（0.054）	（0.047）	（0.047）
ROA	1.558 ***	1.591 ***	1.279 ***	1.309 ***
	（0.178）	（0.178）	（0.154）	（0.154）
FirmAge	−0.203 ***	−0.206 ***	−0.154 ***	−0.157 ***
	（0.028）	（0.028）	（0.025）	（0.025）
Cashflow	−0.649 ***	−0.647 ***	−0.452 ***	−0.449 ***
	（0.129）	（0.129）	（0.113）	（0.113）
Growth	0.047 **	0.047 **	0.026	0.025
	（0.022）	（0.022）	（0.020）	（0.020）
Board	0.133 **	0.243 ***	0.122 **	0.235 ***
	（0.056）	（0.062）	（0.050）	（0.056）
Indep	0.120	0.169	0.403 **	0.450 ***
	（0.192）	（0.191）	（0.168）	（0.168）
Mshare	0.037	0.035	−0.033	−0.035
	（0.048）	（0.048）	（0.041）	（0.041）
Top1	−0.382 ***	−0.383 ***	−0.385 ***	−0.385 ***
	（0.060）	（0.060）	（0.054）	（0.054）
Dual	0.013	−0.182 ***	0.032 *	−0.171 ***
	（0.019）	（0.060）	（0.017）	（0.054）

续表

变量	因变量：GItal		因变量：GIinv	
	（1）	（2）	（3）	（4）
	非正式层级	正式层级	非正式层级	正式层级
SOE	0.043 **	0.035	0.067 ***	0.060 ***
	(0.021)	(0.021)	(0.019)	(0.019)
_cons	−10.336 ***	−10.964 ***	−9.142 ***	−9.788 ***
	(0.245)	(0.293)	(0.224)	(0.267)
年度	控制	控制	控制	控制
行业	控制	控制	控制	控制
观测值个数	22556.000	22556.000	22556.000	22556.000
Adj. R^2	0.326	0.326	0.286	0.285

注：括号内为标准误。

7. 研究结论与政策建议

7.1 研究结论

本文以 2010—2020 年沪深 A 股上市公司为研究样本，探讨了董事会非正式层级对企业绿色创新的影响效应与作用机制，并探讨了不同情境因素对两者关系的影响。通过理论与实证分析，主要得出以下结论：第一，董事会非正式层级与企业的绿色创新之间存在显著的正相关关系。第二，在进一步分析中，本文选取管理者自利行为作为中介变量，研究发现，董事会非正式层级能够有效抑制管理层自利行为，从而提高企业的绿色创新水平。第三，通过异质性检验，本文发现在企业内部控制较好、媒体关注度较高、融资约束程度较低以及政府环保补助较高的企业中，董事会非正式层级对企业绿色创新数量及质量的正向效应更为显著。相较于正式层级，董事会非正式层级更能有效地提升企业的绿色创新水平。

7.2 政策建议

本文的研究结果对于上市公司董事会建设及绿色创新水平的提高具有一定的指导意义：

第一，企业要注重董事会成员间的能力和专业互补性，塑造董事会内部非正式的层级结构，助力企业的绿色创新战略。企业绿色创新决策不仅受环境规制、组织程序等正式制度的影响，还会受董事会内部非正式层级的影响。因此，为有效推进企业的绿色创新行为，同步提升绿色创新的数量和质量，应更加重视公司内部非正式治理机制所发挥的作用，在选聘董事会成员时，不必追求全明星阵容的董事会，而是考虑董事会内部社会资本的差异对企业绿色创新的影响，塑造适度的内部层级关系，提高董事会非正式层级的清晰度，增强团队成员之间的信任关系，从而减少董事会内部的意见和分歧，提高决策和监督的效率，助力企业制定科学的绿色创新决策。

第二，企业完善内控机制，外界加强媒体监督，打好内外部"组合拳"，更好发挥董事会非正式层级绿色治理效应。企业要重视内部控制制度的设计与实施，塑造良好的内部控制环境，通过信息传导机制的改善、企业文化的要求等方面，强化董事会非正式层级的正向治理效应，助力企业的绿色创新活动，为国家生态文明建设贡献企业力量。此外，外界的声音可以对企业的内部治理行为产生影响，因此对于媒体工作者来说，应当积极发挥信息传播能力的优势，增加公司各种事件的曝光度，展示媒体关注的力量，从而实现提升企业绿色创新水平的目的。

第三，政府可以通过畅通融资渠道、发放环保补助等方式，优化营商环境，为企业的绿色创新活动"保驾护航"。具体而言，我国应加快构建多层次的资本市场，营造良好的外部融资环境，通过提供多样化的金融工具和融资手段等方式畅通企业的融资渠道，为企业绿色创新活动提供丰富的融资方式和融资选择，解决融资难、融资贵问题，进而引导企业开展更多的绿色创新活动。同时，政府应当扮演好"服务者"的角色，权衡多方面因素，制定科学合理的绿色创新鼓励政策，进一步明确企业在绿色创新中的主体地位，为企业提供环保补助等优惠政策，加强监督与评估，在对环保补助进行分配的过程中可以将董事会内部非正式的层级结构适当地纳入考虑因素中，助力国家绿色发展之路。

◎ 参考文献

[1] 陈仕华，张瑞彬．董事会非正式层级对董事异议的影响 [J]．管理世界，2020，36（10）．

[2] 陈晓，李美玲，张壮壮．环境规制、政府补助与绿色技术创新——基于中介效应模型的实证研究 [J]．工业技术经济，2019，38（9）．

[3] 何瑛，马添翼．董事会非正式层级与企业并购绩效 [J]．审计与经济研究，2021，36（2）．

[4] 解学梅，朱琪玮．合规性与战略性绿色创新对企业绿色形象影响机制研究：基于最优区分理论视角 [J]．研究与发展管理，2021，33（4）．

[5] 李培功，沈艺峰．媒体的公司治理作用：中国的经验证据 [J]．经济研究，2010，45（4）．

[6] 李青原，肖泽华．异质性环境规制工具与企业绿色创新激励——来自上市企业绿色专利的证据 [J]．经济研究，2020，55（9）．

[7] 李长娥，谢永珍．董事会权力层级、创新战略与民营企业成长 [J]．外国经济与管理，2017（12）．

[8] 申明浩，谭伟杰．数字化与企业绿色创新表现——基于增量与提质的双重效应识别 [J]．南方经济，2022（9）．

[9] 树成琳．内部控制、内部人交易与信息不对称 [J]．当代财经，2016（8）．

[10] 汪明月，李颖明，王子彤．异质性视角的环境规制对企业绿色技术创新的影响——基于工业企

业的证据［J］．经济问题探索，2022（2）．

［11］王晓亮，邓可斌．董事会非正式层级会提升资本结构决策效率吗？［J］．会计研究，2020（8）．

［12］王旭，王非．无米下锅抑或激励不足？政府补贴、企业绿色创新与高管激励策略选择［J］．科
研管理，2019，40（7）．

［13］温忠麟，张雷，侯杰泰，刘红云．中介效应检验程序及其应用［J］．心理学报，2004（5）．

［14］吴兴宇，王满，苏晨．董事会非正式层级与企业债务融资［J］．财务研究，2022（2）．

［15］武立东，薛坤坤，王凯．非正式层级对董事会决策过程的影响：政治行为还是程序理性［J］．
管理世界，2018（11）．

［16］肖小虹，潘也．董事高管责任保险与企业绿色创新：激励工具还是自利手段？［J］．科技进步与
对策，2022，39（13）．

［17］谢永珍，张雅萌，吴龙吟，董斐然．董事地位差异、决策行为强度对民营上市公司财务绩效的
影响研究［J］．管理学报，2017，14（12）．

［18］薛坤坤，武立东，王凯．董事会非正式层级如何影响企业创新？——来自我国上市公司的经验
证据［J］．预测，2021，40（3）．

［19］叶翠红．融资约束、政府补贴与企业绿色创新［J］．统计与决策，2021，37（21）．

［20］曾江洪，何苹．国有上市公司董事会非正式层级与财务绩效关系的研究［J］．财务与金融，
2014（6）．

［21］张耀伟，陈世山，李维安．董事会非正式层级的绩效效应及其影响机制研究［J］．管理科学，
2015，28（1）．

［22］张耀伟，陈世山，刘思琪．董事会非正式层级与高管薪酬契约有效性［J］．管理工程学报，
2020，34（3）．

［23］Anderson，C.，Brown，C. E. The functions and dysfunctions of hierarchy［J］．Research in
Organizational Behavior，2010，30．

［24］Barker，V. L.，Mueller，G. C. CEO characteristics and firm R&D spending［J］．Management
Science，2002，48（6）．

［25］Baron，R. S.，Kerr，N. L. Group process，group decision，group action［M］．Open University
Press，2003．

［26］Bunderson，Stuart，J.，van der Vegt，et al. Different views of hierarchy and why they matter：
Hierarchy as inequality or as cascading influence［J］．The Academy of Management Journal，2003，
59（4）．

［27］Chen，J.，Liu，L. Profiting from green innovation：The moderating effect of competitive strategy
［J］．Sustainability，2019，11（1）．

［28］Effie，K.，Pelin，D. On the drivers of eco-innovations：Empirical evidence from the UK［J］．
Research Policy，2012（5）．

［29］Fama，E. F.，Jensen，M. C. Separation of ownership and control［J］．The Journal of Law and
Economics，1983，26（2）．

[30] Fazzarri, S. , Hubbard, M. , Petersen, R. G. Financing corporate constraints investment [J]. Brookings Papers on Economic Activity, 1988 (1).

[31] Gini, C. Memorise di Metodologica Statistica [M]. Rome：Libreria Eredi Virgilio Veschi, 1912.

[32] He, J. Y. , Huang, Z. Board informal hierarchy and firm financial performance：Exploring a tacit structure guiding boardroom interactions [J]. The Academy of Management Journal, 2011, 54 (6).

[33] He, K. , Chen, W. , Zhang L. Senior management's academic experience and corporate green innovation [J]. Technological Forecasting & Social Change, 2021, 166.

[34] Horbach, J. , Jacob, J. The relevance of personal characteristics and gender diversity for (eco-) innovation activities at the firm-level：Results from a linked employer-employee database in Germany [J]. Business Strategy and the Environment, 2018, 27 (7).

[35] Jebran, K. , Chen, S. , Zhu, D. H. Board informal hierarchy and stock price crash risk：Theory and evidence from China [J]. Corporate Governance：An International Review, 2019, 27 (5).

[36] Johnson, S. , Schnatterly, K. , Hill, A. D. Board composition beyond independence：Social capital, human capital, and demographics [J]. Journal of Management：Official Journal of the Southern Management Association, 2013, 39 (1).

[37] Mayer, D. M. , Aquino, K. , Greenbaum, R. L. , et al. Who displays ethical leadership, and why does it matter? An examination of antecedents and consequences of ethical leadership [J]. Academy of Management Journal, 2012, 55 (1).

[38] Pascual, B. , Andrea, F. , Liliana G. , et al. Necessity as the mother of green inventions：Institutional pressures and environmental innovations [J]. Strategic Management Journal, 2013, 34 (8).

[39] Ramanathan, R. , Black, A. , Nath, P. , et al. Impact of environmental regulations on innovation and performance in the UK industrial sector [J]. Management Decision, 2010, 48 (10).

[40] Rennings, K. Redefining innovation eco-innovation research and the contribution from ecological economics [J]. Ecological Economics, 2000, 32 (2).

[41] Usman, M. , Javed, M. , Yin J. Board internationalization and green innovation [J]. Economics Letters, 2020, 15.

[42] Yousaf, U. B. , Ullah, I. , Jiang, J. , et al. The role of board capital in driving green innovation：Evidence from China [J]. Journal of Behavioral and Experimental Finance, 2022, 35.

Board Informal Hierarchy and Firm Green Innovation

Lin Chaonan　Pan Jiayi

(Management School, Xiamen University, Xiamen, 361000)

Abstract：Report to the 20th CPC National Congress of the Party pointed out that development should be planned from the height of harmonious coexistence between man and nature. Green innovation is an effective means to solve the contradiction between environmental problems and economic development. Under the cultural and institutional background of the relationship-based society in China, whether the board informal hierarchy can play a governance role in the green innovation practice of enterprises is an important issue worthy of attention. Taking China's A-share listed companies in Shanghai and Shenzhen from 2010 to 2020 as samples, this paper finds that the clearer the board informal hierarchy, the higher the level of green innovation of enterprises, including the improvement of both quantity and quality of green innovation. The mechanism test shows that managers' self-interest behavior plays an intermediary role between them. Further analysis shows that the informal level of the board of directors has a more obvious promotion effect on green innovation in the context of better internal control, higher media attention, lower financing constraints and more government environmental subsidies. This paper provides a new perspective and conclusion for understanding board governance and green innovation from the micro-operation level, which is of great reference significance for optimizing board governance and improving the level of green innovation of enterprises.

Key words：Board governance；Informal hierarchy；Green innovation

专业主编：潘红波

珞珈管理评论
2024 年卷第 1 辑（总第 52 辑）

Luojia Management Review
No. 1, 2024（Sum. 52）

供应链可见性与企业绩效：基于元分析的研究[*]

● 褚　军　许明辉

（武汉大学经济与管理学院　武汉　430072）

【摘　要】近年来学界开始着眼于供应链可见性（Supply Chain Visibility，SCV）与企业绩效的关系探究，但现有研究关于 SCV 对企业绩效的作用强度以及作用方向存在分歧。为了探求 SCV 与企业绩效之间的关系并加强对该领域的认识，本文通过元分析方法对 38 篇相关主题的实证研究进行分析，检验了 SCV（需求可见性、供给可见性和市场可见性）与企业绩效（财务绩效、运营绩效、市场绩效、社会绩效和环境绩效）之间的关系。结果显示：SCV 与企业绩效之间呈中等程度正相关关系（$\rho = 0.426$，$p < 0.001$）。具体而言，需求可见性和供给可见性均与财务绩效、运营绩效、市场绩效、社会绩效和环境绩效呈正相关关系；市场可见性与运营绩效和社会绩效呈正相关关系，但与财务绩效、市场绩效和环境绩效之间的正相关关系不显著。企业所属地区的经济状态和企业类型的调节效应分析表明：企业所属地区经济状态的不同对于 SCV 与企业绩效的关系影响无显著差异；与跨国企业相比，本土企业 SCV 与企业绩效间关系强度显著提高。本文为后续关于 SCV 的研究提供了一定的指导意义，也为供应链中的相关决策提供了理论依据。

【关键词】供应链可见性　企业绩效　组织信息加工理论　元分析

中图分类号：F274　　　　文献标识码：A

1. 引言

供应商的违法生产行为会对企业的经营和声誉产生严重伤害，如何降低供应商风险并帮助企业重拾消费者信任已成为供应链管理的关键议题（Marshall, et al., 2016）。为此，部分企业不仅着手于对供应商生产信息的披露，还建立市场信息公示系统并发布企业社会责任报告以提升企业透明度

---

[*] 基金项目：国家自然科学基金项目"不对称需求信息下供应链合约设计及其信息共享机制研究"（项目批准号：72171181）；国家自然科学基金项目"O2O 模式下即时配送服务运作管理的理论与方法"（项目批准号：71831007）。

通讯作者：褚军，E-mail：1178731174@qq.com。

（Dwi，et al.，2020，Liu & Zhang，2017）。在此背景下，学界围绕企业信息披露行为开展诸多探索，提出"供应链可见性"（Supply Chain Visibility，SCV），并围绕 SCV 对企业绩效的影响效果及其作用机制展开了大量研究（Barratt & Oke，2007；Schoenthaler，2003），但仍存在一些不足有待深入探究。

现有研究虽然对 SCV 与企业绩效的关系进行了探索，但对该关系的作用方向和作用强度仍存在分歧。一些研究发现 SCV 对企业绩效无显著影响（Kim，et al.，2012；Lee，et al.，2014）。由于机会主义行为对绩效的阻碍作用和合作行为对绩效的促进作用，企业提高 SCV 水平并不能改善绩效（Holcomb，et al.，2011）。然而，另一些研究表明 SCV 和企业绩效有显著的正相关关系。企业有效地提升 SCV 水平，可以显著地影响企业绩效中的诸多指标，比如提高促销预测的准确性（Barratt & Oke，2007）、增加产品的可用性（Barratt & Oke，2007）、提高生产的灵活性和响应性（Pfahl & Moxham，2014）、提高资产回报率（Swift，et al.，2019）、减轻牛鞭效应（Barratt & Oke，2007）、减少安全库存（Caridi，et al.，2014）等。上述研究结论的不一致说明 SCV 和企业绩效可能存在潜在的调节因素，需要研究者进一步探索。鉴于此，本研究采用元分析的研究方法，对 SCV 与企业绩效相关的实证研究进行全面、定量和综合的回顾。元分析研究方法通过对相关研究的汇总，不仅能确定变量间关系，还能评估潜在调节因素对调查主体的影响（Hunter & Schmidt，1990；Hunter & Schmidt，2004）。总体而言，本研究希望深化对 SCV 的概念认知，厘清 SCV 与企业绩效的关系，对现有研究的分歧进行回应。

研究后续的安排如下：第二部分提出了理论基础和研究假设；第三部分和第四部分描述研究方法，并报告元分析的结果；最后，总结了研究的主要结论与贡献，包括理论意义、管理意义、现有研究局限性和对未来研究的一些建议。

2. 理论基础和研究假设

2.1 SCV 和企业绩效的关系

组织信息加工理论（organizational information processing theory）是解释 SCV 和企业绩效关系的主要理论视角之一。组织信息加工理论描述了企业的内外部信息交互频率与绩效之间的关系（Galbraith，1973）。高水平的 SCV 意味着信息获取能力、信息传递/整合能力、利用信息提高运营效率和战略能力较强，因而导致信息资源流转速率较高（Holcomb，et al.，2011；Williams，et al.，2013）。根据组织信息加工理论，当企业信息资源拥有较高的流转速率时，信息的发送方和接收方均会做出更明智的决策（Holcomb，et al.，2011；Srinivasan & Swink，2018）。具体而言，企业可以利用高流转速率的信息资源减少相关活动中由环境、合作关系和任务带来的不确定性，以低决策成本获得精准响应策略，进而减少企业的决策成本和沉没成本（Srinivasan & Swink，2015）。高水平的 SCV 使企业以低策略成本应对市场环境的快速变化，进而从整体上提升企业绩效（Simatupang & Sridharan，2002）。基于以上分析，本研究推测 SCV 会增加企业绩效。因此，本研究的第一个假设如下：

H1：供应链可见性正向影响企业绩效。

SCV 是被广泛定义并随后被滥用的术语（Holcomb, et al., 2011；Williams, et al., 2013），出于对纳入元分析研究分类明确性的考虑，本研究基于现有文献对 SCV 的维度进行划分。其中，现有文献对 SCV 的维度划分基于供应链企业对外部环境的应对行为（企业外部）和供应链企业获取、传递及整合信息来源（企业内部）两种主流方式。

一方面，Wei 等（2010）对已有研究进行了归纳梳理，按照供应链成员对外部环境的应对行为对 SCV 进行分类，具体包括感知可见性、学习可见性、协调可见性和集成可见性四类（Wei & Wang, 2010）。其中，感知可见性是供应链成员感知和适应企业外部环境变化的能力（Gosain, et al., 2004），学习可见性是供应链成员间通过学习获得新信息的能力，进而可以提高成员关系的紧密度（Johnson, et al., 2004），协调可见性和集成可见性分别是对于供应链资源合理配置和战略有效制定的能力（Pavlou & El Sawy, 2006）。然而，由于供应链外部环境复杂多变，上述类别并不能涵盖企业为提高 SCV 采用的全部行为。部分企业开始采用多种创新行为来提高 SCV，例如政府补贴供应商引起的新定价行为（Khosroshahi, et al., 2021）、利用大数据对消费者的歧视性定价行为等（Liu, et al., 2021）。

另一方面，SCV 和供应链信息的质量水平紧密联系，高水平的 SCV 需要共享高质量的供应链信息（Williams, et al., 2013）。Williams 等（2013）认为信息主要来自市场层面或合作伙伴层面，而合作伙伴可能来自供应链上下游的供给端或需求端，因此可以从市场、供给和需求三个维度探索 SCV。这种观点将 SCV 从供应链的实体角度进行分类，以简洁明确的视角刻画 SCV。此外，Williams 等（2013）提出的 SCV 的划分方法能够适应不同供应链环境下的需求。根据所选取的供应链信息可见性划分方法，本研究能够覆盖较广泛的供应链信息，对于探讨供应链可见性与企业绩效之间的关系具有很高的适用性。因此，基于 Williams 等（2013）的观点，本研究对 SCV 划分为三个维度以探究与企业绩效的关系，具体包括：（1）需求可见性（Demand Visibility, DV）：共享的信息类型是从该供应链中的买方收集的；（2）供给可见性（Supply Visibility, SV）：共享的信息类型是从该供应链中的供应商处收集的；（3）市场可见性（Market Visibility, MV）：从供应链对接的市场层面描述了需求和供给的可见性，即供应链从其合作伙伴（买方和供应商）以外的来源所获得的信息获得的整体市场状况的可见性。

需求信息的准确性和及时性与供应链灵活性密切相关，这种联系是为了确保企业能够迅速应对环境变化（Lummus, et al., 2005）。通过共享需求信息，企业能够实现端到端的可见性，从而提高对突发事件的响应能力，并有效推动供应链的灵活性（Li, et al., 2008）。根据组织信息加工理论，高水平的供应链灵活性能够有效避免产能过剩或库存紧缺的问题，并帮助企业实现更优化的成本结构，进而改善企业的绩效（Eckstein, et al., 2015）。因此，需求可见性与供应链灵活性之间存在着密切的关系，并且这种关系对企业的绩效产生重要影响。通过确保准确和及时的需求信息共享，企业能够更好地应对变化，提高供应链的灵活性，从而实现更高的成本效益并提升绩效。此外，高水平的供给可见性使企业能够更好地掌握供应链中的各个环节，包括原材料采购、生产过程和产品分发（Holcomb, et al., 2011）。这种可见性使企业能够及时获取关键信息，例如供应商的交付能力、库存水平和生产效率等，从而更好地规划和管理供应链活动（Ali, et al., 2020）。通过确保供给可见性，企业可以降低供应链中断和延迟的风险，提高生产效率和交付准时率，进而改善企业绩效。另一方面，市场可见性使企业能够更好地了解市场需求和竞争状况。通过收集和分析市场数据、顾客反馈和竞争对手的动态，企业能够更准确地预测和满足市场需求，制定更有效的市场策略和产品定位（Al-Shammari, et al., 2022）。具有高水平的市场可见性的企业能够更好地把握市场机会，提前做出调整和创新，从而获得竞争优势和市场份额（Phiri & Research, 2020）。这种市场敏锐度和快速响应能力直接影响企业的销售额、市场份额和盈利能力，进而对企业绩效产生重要影响。因此，需求可见性、供给可见性和市场可见性均与企业绩效之间存在着密切的关系。基于以上论述，我们提出如下假设：

H1a：需求可见性正向影响企业绩效。

H1b：供给可见性正向影响企业绩效。

H1c：市场可见性正向影响企业绩效。

为深入探究 SCV 对企业绩效作用效果及机制，本研究对企业绩效的维度进行划分。企业绩效是一个多维度概念，包含了多个方面的内容。基于对元分析样本文献中绩效维度划分的系统回顾，本研究沿着五个维度对企业绩效进行了编码：财务、运营、市场、社会和环境。具体而言，财务绩效衡量了企业在一定时间内的财务健康度，主要取决于企业的利润增长、总资产回报率、净资产回报率、投资回报率以及 Tobin' Q 等（Molina-Azorín, et al., 2009）。高水平 SCV 的企业一般具备较强的信息分析能力，可以将更丰富的信息及时纳入运营决策并开发多种应对突发事件的解决方案，有效地评估与组织运营目标相一致的替代方案来管理此类事件，进而避免高成本行动（如加班生产、加速发货、销售损失、库存超量或降价）以提升财务绩效（Galbraith, 2014）。运营绩效衡量了企业内业务部门协作以实现企业目标的水平，主要包括企业的运营效率和策略执行准确性、输出产品的质量、生产加工过程的透明度、成品交付的速度和约定及时性、内外部资源利用效率等（Chen, et al., 2021）。Barratt 和 Oke（2007）以及 Caridi 等（2014）指出 SCV 对库存水平、产品可用性、灵活性、响应性和质量等都有积极影响。高水平的 SCV 使企业对用户需求预测更精确，帮助管理者做出更好的资源分配和产品定位决策，降低运营成本（Srinivasan & Swink, 2018）。市场绩效主要是面向需求市场的相关因素，衡量了市场目标与实际结果的一致性水平，包含企业产品市场份额、企业品牌资产和客户满意度等因素（O'Sullivan & Abela, 2007）。Wang 和 Chin（2019）认为高水平的 SCV 下，企业更容易识别、整合和利用供应链信息，以此支持新产品的开发和上市。此外，高水平的 SCV 使企业高效地获取和利用营销信息，联系供应链中合作伙伴，支持新产品开发流程。Ng 等（2020）发现 SCV 较高的企业能从供应商处获得更多的贸易信贷，以较低的成本黏性和较高的运营效率满足市场需求。因此，高水平的 SCV 能积极影响企业的市场绩效。社会绩效与企业的社会责任紧密关联，主要考虑企业中涉及道德准则的亲社会行为，包含对个人的行为（营造健康舒适的员工工作环境等）、对自然和物理环境的行为（生产可降解的产品、降低生产噪声等）、对其他社会系统和组织的影响（对学校或医院的捐赠行为等）（Wood, 2010）。最后，环境绩效衡量了企业环境保护或环境治理行为对环境的改善水平，主要包括供应商的绿色采购、制造商对于设计生产产品的绿色程度、产品回收和再制造活动等（Chen, et al., 2021）。Wu 和 Pagell（2011）讨论了 SCV 对环境决策的重要性，认为企业通过信息优势减少生产废弃物可以对环境绩效带来实质性提升。基于上述论述，我们假设

SCV 和企业绩效的各个维度呈正相关，即：

H2：供应链可见性正向影响财务绩效。

H3：供应链可见性正向影响运营绩效。

H4：供应链可见性正向影响市场绩效。

H5：供应链可见性正向影响社会绩效。

H6：供应链可见性正向影响环境绩效。

2.2 SCV 和企业绩效关系的调节变量

与一般实证研究选取的调节变量不同，元分析通常会选择样本文献中相关的控制变量作为调节变量（Geng, et al., 2017；Golicic & Smith, 2013）。元分析通过构建不同的亚组，并比较不同情景下的效应值大小，以此来确定特定调节变量对主效应的影响（Hunter & Schmidt, 1990）。

组织信息加工理论认为 SCV 和企业绩效的关系受到信息共享能力的影响（Premkumar, et al., 2005）。企业所属地区经济状态的差异会导致企业信息共享能力的差距（Govindan, et al., 2019；Yu, et al., 2019）。根据联合国发布的国家分类法（United Nations, 2014），本研究将元分析样本文献中企业所属地区分为发达经济体和发展中经济体①。Ellram 等（2013）和 Eniola（2014）的研究发现，相比发展中经济体，处于发达经济体的面对的商业环境更恶劣，竞争更激烈，政府制定的质量标准体系也更严苛，从而使发达经济体中企业的信息共享能力明显高于发展中经济体企业。一方面，处于发达经济体的企业需要投入大量的资源获取信息，并利用信息优势获得更精确的供需策略，以缩减成本获得竞争优势（Zhang, et al., 2019）。另一方面，隶属于发达经济体的企业受到更多非政府组织的监管和舆论压力的同时（Eniola, 2014），发达经济体的消费者也对企业披露信息更敏感（Zhang, et al., 2019）。因此，发达经济体与发展中经济体的企业同等地提高 SCV 水平，会导致发达经济体企业绩效增量更高。我们由此提出以下假设：

H7：企业所属地区的经济状态（发展中经济体 vs. 发达经济体）能够调节 SCV 和企业绩效的关系。与发展中经济体相比，发达经济体中 SCV 对企业绩效的积极影响更强。

跨国企业在与本土企业的竞争中常处于优势地位。相比本土企业，跨国企业一般拥有更高的资本水平和技术优势，其研发和运营行为会对本土企业产生溢出效应，加剧当地企业间的竞争强度。资金缺乏、技术劣势的本土企业，需要投入大量的成本进行技术革新和产品升级以维持原有的市场地位，但被动的跟随行为使企业战略的制定常处于劣势（Blomström & Kokko, 1998）。另外，跨国企业一般拥有更高的品牌资产净值，能以相对低的营销成本来获得较高的品牌认可度（Feng, et al., 2021）。跨国企业具有高品牌认可度、高敏捷性供应链和高网络化水平等优势，导致利益相关者对于跨国企业的供给、需求和市场端的 SCV 敏感度会相对较低（Samiee, 2019）。因此，鉴于利益相关者

① 发达经济体是指较高生活水平、发达经济和先进技术基础设施的国家或地区，而发展中经济体是指其他国家或地区。其中，常见评价国家、地区经济发展程度的标准包括国内生产总值、国民生产总值、人均收入、工业化水平、广泛的基础设施数量等。

对本土企业 SCV 的敏感度更高，本土企业提升供应链可见性对企业绩效的影响更为显著。相反，跨国企业提升供应链可见性的效果可能不如本土企业显著，因为跨国企业的利益相关者具有更广泛的地域性，其对供应链可见性的关注程度可能相对较低。由此我们提出：

H8：企业类型（本土企业 vs. 跨国企业）能够调节供应链可见性和企业绩效的关系。与跨国企业相比，本土企业 SCV 对企业绩效的积极影响更强。

图 1 代表了基于 SCV 及其三个维度对企业绩效影响的研究框架，也囊括了上述假设中提出的调节效应。

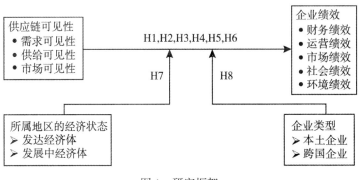

图 1　研究框架

3.　研究方法

3.1　文献检索与筛选

为有效检验研究模型，我们遵循由 Hunter 和 Schmidt（2004）提出的随机系数元分析方法，收集相关构念之间的相关系数。我们将 SCV 主题文献的查找时间范围限定在 1970 年 1 月到 2022 年 3 月以确保研究可靠性，拟定搜索的文献类型包括期刊论文、学位论文、会议论文和专著论文等以减少发表偏差。中文文献检索使用中国知网、万方、TWS 台湾学术期刊在线数据库，并使用可见性、供应链可见性、可视化、供应链可视化等词汇，搭配绩效、企业绩效、供应链绩效等词进行检索。英文文献主要使用 Google Scholar、Web of Science 核心合集、EBSCO、ProQuest、Elsevier、Emerald、Elsevier 等，并使用 visibility、supply chain visibility、SCV 等词汇，搭配 performance、firm performance、corporate performance、enterprise performance 等词进行检索。检索完成后，我们按照以下标准筛选检索到的文献：（1）文章必须采用实证研究方法；（2）研究汇报了 SCV 整体或至少某一指标与企业绩效的相关关系；（3）采用量化的方法进行衡量；（4）文献中报告了 SCV 相关的效应值；（5）文献间使用的样本互不交叉；（6）文献发表的时间在 1970 年 1 月到 2022 年 3 月，类型为期刊论文、学位论文、会议论文和专著论文等。最终，本研究共筛选出 38 篇英文文献，包括 22035 个样本和 87 个效应值，其中样本涵盖中国、印度、韩国、英国等 20 多个国家和地区。文献检索及筛选流程如图 2 所示。

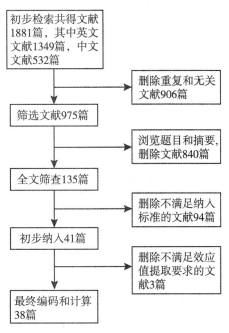

图 2　文献检索及效应值提取流程图

3.2　变量编码

编码工作由两名研究者独立进行。两名研究者在编码前讨论并制定编码标准后开始编码（卫旭华等，2018）。根据最终编码和计算的 38 篇文章，编码内容包括样本文献的标题、作者、年份、样本量、变量名、相关系数、企业类型和企业地区经济状态等信息。编码完成后，两名研究者对编码内容核对并协商形成统一编码表。对于样本文献中未报告相关系数 r 的情况，我们根据已有研究给出的公式对 t、F、χ^2、回归系数 β 和 d 等统计量进行转换（卫旭华等，2018；Borenstein, et al., 2021；Hunter & Schmidt，2004），具体转换公式如表 1 所示。此外，负责编码的研究者还需要搜集各变量的信度系数，用于后续的测量误差修正。对于未报告信度的变量，我们以其他变量信度的加权平均值 $\alpha = 0.876$ 代替。

表 1　　　　　　　　　　　　　　　　　　相关系数 r 的转换公式表

被转换统计量	转换公式	解释及可用条件
t	$r = \sqrt{\dfrac{F^2}{F^2 + df}}$	可用于配对或非配对 t 检验
F	$r = \sqrt{\dfrac{F^2}{F^2 + df}}$	只能用于单因素方差分析

续表

被转换统计量	转 换 公 式	解释及可用条件
χ^2	$r = \sqrt{\dfrac{\chi^2}{N}}$	只有 $df = 1$ 时可用，N 为样本量
回归系数 β	$r = 0.98\beta + 0.05$	$\beta \geqslant 0$
	$r = 0.98\beta$	$\beta < 0$
d	$r = \dfrac{d}{\sqrt{d^2 + 4}}$	其中 $d = \dfrac{M_E - M_C}{\sqrt{\dfrac{SD_E^2 + SD_C^2}{2}}}$，$d$ 为 Cohen's d 统计量，M_E 为实验组均值，M_C 为控制组均值，SD_E 为实验组均值的标准差，SD_C 为控制组均值的标准差

3.3 元分析过程

本研究采用 CMA-3.0 软件进行数据分析，具体细节包括：（1）在元分析模型选择方面，本研究选用与现实吻合度更高的随机效应模型进行元分析结果报告；（2）在发表偏差检验方面，本研究使用了漏斗图（如图 3 所示）和失安全系数（如表 2 所示）来衡量 SCV 研究的发表偏差问题，漏斗图以围绕接近 0.5 的均值水平大体上呈对称分布，失安全系数结果也均大于 $5k + 10$，因此本研究无明显的发表偏差问题，元分析结果较为可靠；（3）在异质性检验方面，我们分别采用了 Q 检验和 I^2 检验；（4）在效应值报告方面，我们主要报告了经过信度测量误差修正的真实相关系数 ρ 及其 p 值，并报告了 ρ 的 95% 置信区间。

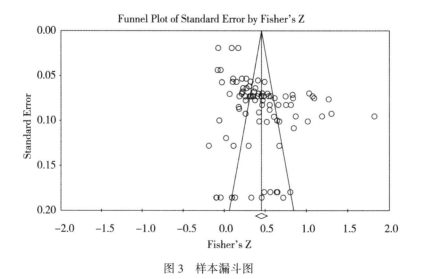

图 3 样本漏斗图

4. 元分析结果

4.1 直接效应分析

SCV 与企业绩效的关系如表 2 所示。表中结果显示 SCV 对企业绩效具有显著正向影响（$\rho = 0.426$，$p < 0.001$），假设 H1 得到验证。SCV 的三个维度与企业绩效的关系中，需求可见性（$\rho = 0.391$，$p < 0.001$）和供给可见性（$\rho = 0.453$，$p < 0.001$）均和企业绩效呈显著的正相关关系，假设 H1a 和 H1b 得到验证，市场可见性（$\rho = 0.205$，$p = 0.056$）和企业绩效的相关关系边际显著，假设 H1c 未得到验证。另外，SCV 对于企业绩效的五个维度影响中，效应值按大小排序依次为市场绩效（$\rho = 0.489$，$p < 0.001$），社会绩效（$\rho = 0.460$，$p < 0.001$），运营绩效（$\rho = 0.445$，$p < 0.001$），环境绩效（$\rho = 0.377$，$p < 0.001$），财务绩效（$\rho = 0.366$，$p < 0.001$），假设 H2 到假设 H6 均得到了支持，这表明企业提高 SCV 水平会显著地改善企业绩效。

表 2　　　　　　　　　　**SCV 和企业绩效的元分析结果**

假设	k	N	ρ	95%置信区间		双尾检验		Q_W	I^2	失安全系数	$5k+10$
				低	高	Z 值	p 值				
H1：企业绩效	87	22035	0.426	0.364	0.484	12.111	0.000	2415.542***	96.440	57659	445
H1a：DV	14	2560	0.391	0.301	0.474	7.887	0.000	83.898***	84.505	1296	80
H1b：SV	35	4813	0.453	0.368	0.530	9.373	0.000	406.210***	91.630	8790	185
H1c：MV	10	1903	0.205	−0.005	0.398	1.911	0.056	171.163***	94.742	122	60
混合	28	12759	0.475	0.360	0.575	7.266	0.000	1503.783***	98.205	9713	150
H2：财务绩效	20	3994	0.366	0.268	0.456	6.917	0.000	221.750***	91.432	2316	110
H2a：DV	7	1106	0.426	0.277	0.554	5.253	0.000	45.473***	86.805	335	45
H2b：SV	10	2033	0.376	0.255	0.486	5.753	0.000	83.288***	89.194	711	60
H2c：MV	3	855	0.176	−0.115	0.440	1.188	0.235	30.656***	93.476	—	—
H3：运营绩效	37	4317	0.445	0.384	0.502	12.709	0.000	192.797***	81.327	8090	195
H3a：DV	7	1046	0.476	0.369	0.571	7.736	0.000	25.058***	76.056	428	45
H3b：SV	25	2773	0.460	0.381	0.531	10.234	0.000	136.299***	82.392	3811	135
H3c：MV	5	498	0.291	0.082	0.475	2.703	0.007	19.599***	79.590	50	35
H4：市场绩效	17	3343	0.489	0.355	0.603	6.411	0.000	360.169***	95.558	3566	95

续表

假设	k	N	ρ	95%置信区间		双尾检验		Q_W	I^2	失安全系数	$5k+10$
				低	高	Z 值	p 值				
H4a：DV	4	598	0.479	0.282	0.638	4.410	0.000	23.420***	87.191	142	30
H4b：SV	9	1709	0.550	0.403	0.670	6.339	0.000	128.176***	93.759	1485	55
H4c：MV	4	1036	0.341	−0.040	0.635	1.763	0.078	108.877***	97.245	80	30
H5：社会绩效	11	2025	0.460	0.395	0.521	12.216	0.000	32.056***	68.805	1349	65
H5a：DV	4	719	0.518	0.394	0.624	7.137	0.000	12.244**	75.498	213	30
H5b：SV	5	975	0.475	0.425	0.523	16.004	0.000	1.653	0.000	329	35
H5c：MV	2	331	0.300	0.103	0.475	2.939	0.003	3.398†	70.573	—	
H6：环境绩效	14	2449	0.377	0.276	0.470	6.859	0.000	101.708***	87.218	1297	80
H6a：DV	4	719	0.451	0.174	0.661	3.075	0.002	47.993***	93.749	122	30
H6b：SV	6	1223	0.453	0.406	0.498	16.426	0.000	5.335	6.273	447	40
H6c：MV	4	507	0.156	−0.045	0.345	1.528	0.127	14.783**	79.707	—	

注：（1）DV 代表需求可见性，SV 代表供给可见性，MV 代表市场可见性；（2）k 表示效应值个数，N 表示样本个数，ρ 表示修正的总体相关系数，95%置信区间为基于修正的总体相关系数的 95%置信区间，双尾检验报告了 Z 值和 p 值，Q_W 为组内异质性检验统计量，Q_B 为组间异质性检验统计量，I^2 反映异质性部分在效应量总变异中所占的比重，ρ 显著时的失安全系数用来评估发表偏差严重程度；（3）* 表示 $p < 0.05$；** 表示 $p < 0.01$；*** 表示 $p < 0.001$；† 表示 $p < 0.1$。下同。

4.2 调节效应分析

根据表 2 报告的结果，假设 H1 到假设 H6 的异质性检验统计量 Q_W 均显著；除社会绩效维度外，统计量 I^2 的值均大于 75。这一结果表明，SCV 与企业绩效的关系存在显著性差异，可能存在潜在的调节变量。因此，我们进行后续的调节效应分析。

第一，我们发现元分析样本文献的企业所属地区的经济状态对于 SCV 和企业绩效关系的调节作用不显著。从表 3 中可以看到，所属地区的经济状态（发展中经济体 vs. 发达经济体）对 SCV 与企业绩效（$Q_B = 1.244$，$p = 0.265$）、财务绩效（$Q_B = 2.521$，$p = 0.112$）、运营绩效（$Q_B = 0.747$，$p = 0.387$）、市场绩效（$Q_B = 0.393$，$p = 0.531$）、社会绩效（$Q_B = 0.003$，$p = 0.956$）和环境绩效（$Q_B = 0.083$，$p = 0.773$）关系的调节作用均不显著。因此，假设 H7 没有得到支持。

第二，纳入元分析文献中样本的企业类型对于 SCV 和企业绩效关系的调节作用部分显著。不同的企业类型（本土企业 vs. 跨国企业）使 SCV 对企业绩效的影响出现显著差异（$Q_B = 5.431$，$p =$

0.020），而且效应值在本土企业中（$\rho = 0.475$，$p < 0.001$）比在跨国企业中（$\rho = 0.304$，$p < 0.001$）更大，SCV 对市场绩效的影响同样出现显著差异（$Q_B = 6.227$，$p = 0.013$）。但企业类型使 SCV 对财务绩效、运营绩效、社会绩效和环境绩效的影响均未出现显著差异。因此，假设 H8 部分成立。

表3 各调节变量对 SCV 和企业绩效关系的调节作用

结果变量	调节变量		k	N	ρ	95%置信区间		Q_W	Q_B	I^2
						低	高			
企业绩效	企业所属地区的经济状态	发达经济体	33	13646	0.493***	0.398	0.578	8.904***	1.244	98.024
		发展中经济体	43	6695	0.421***	0.329	0.505	8.235***		92.361
	企业类型	本土企业	34	5795	0.475***	0.396	0.546	10.440***	5.431*	92.253
		跨国企业	16	3093	0.304***	0.173	0.425	4.415***		93.524
财务绩效	企业所属地区的经济状态	发达经济体	14	7686	0.312***	0.187	0.427	4.743***	2.521	95.894
		发展中经济体	14	3052	0.442***	0.330	0.542	7.053***		93.659
	企业类型	本土企业	15	2844	0.378***	0.269	0.478	6.377***	0.679	88.537
		跨国企业	4	1018	0.279*	0.053	0.478	2.401*		95.192
运营绩效	企业所属地区的经济状态	发达经济体	14	2123	0.513***	0.391	0.618	7.216***	0.747	90.959
		发展中经济体	32	3624	0.450***	0.361	0.531	8.915***		90.178
	企业类型	本土企业	21	2956	0.492***	0.420	0.557	11.651***	0.114	73.886
		跨国企业	8	1105	0.469***	0.351	0.573	6.982***		90.838
市场绩效	企业所属地区的经济状态	发达经济体	14	5111	0.628***	0.457	0.754	5.916***	0.393	98.637
		发展中经济体	10	1867	0.549***	0.317	0.719	4.186***		94.575
	企业类型	本土企业	13	2325	0.554***	0.445	0.646	8.402***	6.227*	92.117
		跨国企业	4	1018	0.238†	-0.018	0.465	1.825†		93.159
社会绩效	企业所属地区的经济状态	发达经济体	5	761	0.491***	0.292	0.650	4.449	0.003	90.550
		发展中经济体	11	2343	0.485***	0.357	0.596	6.635		92.995
	企业类型	本土企业	10	1913	0.453***	0.384	0.517	11.395	0.607	70.302
		跨国企业	1	112	0.543***	0.308	0.715	4.114		0.000

续表

结果变量	调节变量		k	N	ρ	95%置信区间		Q_W	Q_B	I^2
						低	高			
环境绩效	企业所属地区的经济状态	发达经济体	6	1009	0.471***	0.275	0.629	4.378	0.083	88.588
		发展中经济体	12	2513	0.438***	0.301	0.558	5.772		94.439
	企业类型	本土企业	11	2161	0.418***	0.310	0.515	7.019	2.962†	84.885
		跨国企业	3	288	0.196†	-0.054	0.422	1.541		92.562

5. 结论与讨论

5.1 研究结论

本文通过元分析的方法对 SCV 与企业绩效关系进行探究，为 SCV 的后续研究提供了一般性结论，具体如下：（1）SCV 与企业绩效之间呈中等程度正相关关系①（Cohen，2013）。具体而言，需求可见性和供给可见性均与财务绩效、运营绩效、市场绩效、社会绩效和环境绩效呈正相关关系；市场可见性与运营绩效和社会绩效呈正相关关系，但与财务绩效、市场绩效和环境绩效之间的正向关系不显著。（2）针对所属地区的经济状态和企业类型的调节效应分析表明：企业所属地区的经济状态对于 SCV 与企业绩效之间关系的未表现出明显的调节作用；与跨国企业相比，本土企业对 SCV 与企业绩效之间关系产生的积极影响更强。

5.2 理论启示

本研究基于 OIPT 构建了 SCV 与企业绩效关系的研究框架，得到更可靠的研究结论。现有研究对于该关系的探究仍存在分歧，例如，Lee 等（2014）认为企业提高 SCV 水平并不能明显地改善绩效，而 Barratt 和 Oke（2007）以及 Swift 等（2019）表明 SCV 和企业绩效有显著的正相关关系。基于对现有相关研究的梳理，本研究通过元分析方法明确了 SCV 与企业绩效的正相关关系。Somapa 等（2018）基于流程导向方法，将 SCV 与企业绩效联系起来，系统地综述了影响 SCV 有效性的指标，但对于 SCV 与企业绩效的关系仍缺乏理论支撑。本研究用元分析方法分析 SCV 对企业绩效的作用机制，通过对现有 SCV 相关文献的检索、筛选以及效应值提取，论证了 SCV 与企业绩效的相关关系，为未来研究奠定了理论基础。

---

① "中等程度正相关"最早由 Cohen（1988）提出，基于 Pearson 相关系数值的大小，将相关性的强弱分为三类：（1）0.1<∣r∣<0.3 为弱相关；（2）0.3<∣r∣<0.5 为中等程度相关；（3）0.5<∣r∣<1.0 为强相关。

其次，本研究加深了对 SCV 概念的认识，回应了学界对 SCV 概念问题的关注（Baah, et al., 2021；Holcomb, et al., 2011；Williams, et al., 2013）。本研究通过讨论 SCV 与企业绩效之间的作用机制，从提升企业运营效率和战略水平出发，纳入需求端、供给端和市场端等 SCV 三个维度，探究 SCV 与企业绩效的关系。本研究发现市场可见性对于企业的财务绩效、市场绩效和环境绩效的作用关系并不显著，这其中的原因可能是现有研究讨论市场可见性和企业绩效的研究样本有限，或者两者关系间可能存在其他的中介变量等。因此，研究者未来可以继续寻找市场可见性与企业绩效间可能的关系，并探索市场端信息对企业绩效的作用机制。

另外，我们从多个角度探究了可能影响 SCV 和企业绩效关系强度的因素。企业类型的差异对 SCV 与企业绩效的关系有显著性影响（$Q_B = 5.431$，$p = 0.020$），本土企业比跨国企业更容易从提升 SCV 的行为中获利，这是由于利益相关者对跨国企业 SCV 变化的敏感度更低（Okazaki, et al., 2010；Samiee, 2019）。此外，我们发现企业所属地区的经济状态对 SCV 和企业绩效关系的影响并无显著差异。这可能是由于全球化使世界的文化和认知出现交叉和融合，利益相关者不再局限于本国文化的认识范围，对企业的行为规范和 SCV 水平拥有较为一致的标准，进而对企业所属地区的经济状态不敏感（Hofstede, 2011）。

5.3 管理启示

本文对企业管理者相关的策略制定提供了一定的指导和借鉴意义。基于本研究对 SCV（需求可见性、供给可见性和市场可见性）与企业绩效关系的探究，本文建议企业应该从供需关系和市场关系两个方向着手提高 SCV 水平。企业不仅应加强供应链内部信息的透明化，提升企业绩效，还应更好地履行生产者责任，提升品牌影响力。此外，企业提高 SCV 水平能提高利益相关者对供应链的信赖度，做到信息从供应链上游向下游高效高质量的流转，形成各方效益提升的多赢结果。因此，提高 SCV 水平可以作为供应链管理中提高企业绩效的重要战略。

5.4 研究不足与展望

本研究通过元分析探究了 SCV 与企业绩效的正相关关系，但仍存在以下不足：（1）文献的检索和纳入：本研究仅在中英文文献中进行检索分析，受到语言和检索工具的限制，可能会出现遗漏。（2）SCV 的维度划分：本研究从信息的来源类别对 SCV 进行维度划分，但部分维度出现了与企业绩效关系不显著的情况。因此，未来的研究可以在本研究的基础上探究变量分析。（3）调节变量的选择：部分研究对样本涉及的行业进行了有效的划分（Shao, 2013；Srinivasan & Swink, 2018），但出于现有关于 SCV 的实证研究对行业划分的标准不统一，行业交叉现象严重且报告行业文献的数量较少等原因，本研究并未采用这一调节变量。

未来研究也可以从以下方向着手：（1）进一步探究 SCV 与企业绩效的关系，包括两者与供应链柔性、供应链敏捷性等可能存在的联系；（2）结合现有的信息通信技术，将 SCV 这一概念不断地丰富完善；（3）更多地探究 SCV 的前因变量，比如供应链的集成度、组织信任水平和组织关系治理等。

◎ **参考文献**

[1] 卫旭华, 王傲晨, 江楠. 团队断层前因及其对团队过程与结果影响的元分析 [J]. 南开管理评论, 2018, 21 (5).

[2] 徐伟. 工业互联网赋能先进制造业企业转型影响因素——基于山东省先进制造业企业的研究 [J]. 济南大学学报 (社会科学版), 2022, 32 (5).

[3] 张宇梦, 项明加, 赵士德. 跨境物流服务质量对消费者满意度及其再购买意图的影响与建议 [J]. 浙江树人大学学报, 2022, 22 (4).

[4] 卓娜, 周明生. 国内外服务型制造研究热点与发展趋势 [J]. 科学管理研究, 2022, 40 (6).

[5] Al-Shammari, M. A. , Al-Shammari, H. , Banerjee, S. N. CSR discrepancies, firm visibility and performance: A mediated moderation analysis [J]. Management Decision, 2022, 60 (6).

[6] Ali, Z. , Gongbing, B. , Mehreen, A. , Ghani, U. Predicting firm performance through supply chain finance: A moderated and mediated model link [J]. International Journal of Logistics Research and Applications, 2020, 23 (2).

[7] Barratt, M. , Oke, A. Antecedents of supply chain visibility in retail supply chains: A resource-based theory perspective [J]. Journal of Operations Management, 2007, 25 (6).

[8] Blomström, M. , Kokko, A. Multinational corporations and spillovers [J]. Journal of Economic Surveys, 1998, 12 (3).

[9] Caridi, M. , Moretto, A. , Perego, A. , Tumino, A. The benefits of supply chain visibility: A value assessment model [J]. International Journal of Production Economics, 2014, 151 (C).

[10] Chen, L. , Li, T. , Zhang, T. Supply chain leadership and firm performance: A meta-analysis [J]. International Journal of Production Economics, 2021, 235.

[11] Dwi, R. , Wulandari, S. , Khasanah, D. N. Web-based logistic demand information system design at Raharja University [J]. Innovation (AJRI), 2020, 1 (1).

[12] Eckstein, D. , Goellner, M. , Blome, C. , Henke, M. The performance impact of supply chain agility and supply chain adaptability: The moderating effect of product complexity [J]. International Journal of Production Research, 2015, 53 (10).

[13] Ellram, L. M. , Tate, W. L. , Feitzinger, E. G. Factor-market rivalry and competition for supply chain resources [J]. Journal of Supply Chain Management, 2013, 49 (1).

[14] Feng, Y. , Cao, W. , Shin, G. -C. , Yoon, Y. The external effect of international tourism on brand equity development process of multinational firms (MNFs) [J]. Journal of Brand Management, 2021, 28 (6).

[15] Galbraith, J. Designing complex organizations [M]. Reading, MA: Addison-Wesley, 1973.

[16] Galbraith, J. R. Organizational design challenges resulting from big data [J]. Journal of Organization

Design, 2014, 3（1）.

[17] Geng, R., Mansouri, S. A., Aktas, E. The relationship between green supply chain management and performance: A meta-analysis of empirical evidences in Asian emerging economies [J]. International Journal of Production Economics, 2017, 183.

[18] Golicic, S. L., Smith, C. D. A meta-analysis of environmentally sustainable supply chain management practices and firm performance [J]. Journal of Supply Chain Management, 2013, 49（2）.

[19] Govindan, K., Jafarian, A., Nourbakhsh, V. Designing a sustainable supply chain network integrated with vehicle routing: A comparison of hybrid swarm intelligence metaheuristics [J]. Computers & Operations Research, 2019, 110.

[20] Holcomb, M. C., Ponomarov, S. Y., Manrodt, K. B. The relationship of supply chain visibility to firm performance [J]. Supply Chain Forum: An International Journal, 2011, 12（2）.

[21] Hunter, J. E., Schmidt, F. L. Methods of meta-analysis: Correcting error and bias in research findings [M]. Newbury Park, CA: Sage, 2004.

[22] Khosroshahi, H., Dimitrov, S., Hejazi, S. R. Pricing, greening, and transparency decisions considering the impact of government subsidies and CSR behavior in supply chain decisions [J]. Journal of Retailing and Consumer Services, 2021, 60.

[23] Kim, K. K., Umanath, N. S., Kim, J. Y., Ahrens, F., Kim, B. Knowledge complementarity and knowledge exchange in supply channel relationships [J]. International Journal of Information Management, 2012, 32（1）.

[24] Lee, H., Kim, M. S., Kim, K. K. Interorganizational information systems visibility and supply chain performance [J]. International Journal of Information Management, 2014, 34（2）.

[25] Li, X., Chung, C., Goldsby, T. J., Holsapple, C. W. A unified model of supply chain agility: The work-design perspective [J]. The International Journal of Logistics Management, 2008, 19（3）.

[26] Liu, W., Long, S., Xie, D., Liang, Y., Wang, J. How to govern the big data discriminatory pricing behavior in the platform service supply chain? An examination with a three-party evolutionary game model [J]. International Journal of Production Economics, 2021, 231.

[27] Lummus, R. R., Vokurka, R. J., Duclos, L. K. Delphi study on supply chain flexibility [J]. International Journal of Production Research, 2005, 43（13）.

[28] Marshall, D., Mccarthy, L., Mcgrath, P., Harrigan, F. What's your strategy for supply chain disclosure? [J]. MIT Sloan Management Review, 2016, 57（2）.

[29] Molina-Azorín, J. F., Claver-Cortés, E., López-Gamero, M. D., Tarí, J. J. Green management and financial performance: A literature review [J]. Management Decision, 2009, 47（7）.

[30] Ng, J., Yeung, A. C. L., Zhang, J. J. Supply chain visibility and trade credit: Evidence from supply chain-related conflict minerals disclosures [J]. Scholar Space, 2020, 12.

[31] O'sullivan, D., Abela, A. V. Marketing performance measurement ability and firm performance [J].

Journal of Marketing, 2007, 71 (2).

［32］ Pfahl, L., Moxham, C. Achieving sustained competitive advantage by integrating ECR, RFID and visibility in retail supply chains: A conceptual framework［J］. Production Planning & Control, 2014, 25 (7).

［33］ Phiri, M. J., Research, R. M. Exploring digital marketing resources, capabilities and market performance of small to medium agro-processors: A conceptual model［J］. Journal of Business and Retail Management Research, 2020, 14 (2).

［34］ Premkumar, G., Ramamurthy, K., Saunders, C. S. Information processing view of organizations: An exploratory examination of fit in the context of interorganizational relationships［J］. Journal of Management Information Systems, 2005, 22 (1).

［35］ Samiee, S. Reflections on global brands, global consumer culture and globalization［J］. International Marketing Review, 2019, 36 (4).

［36］ Simatupang, T. M., Sridharan, R. The collaborative supply chain［J］. The International Journal of Logistics Management, 2002, 13 (1).

［37］ Somapa, S., Cools, M., Dullaert, W. Characterizing supply chain visibility—A literature review［J］. The International Journal of Logistics Management, 2018, 29 (1).

［38］ Srinivasan, R., Swink, M. Leveraging supply chain integration through planning comprehensiveness: An organizational information processing theory perspective［J］. Decision Sciences, 2015, 46 (5).

［39］ Srinivasan, R., Swink, M. An investigation of visibility and flexibility as complements to supply chain analytics: An organizational information processing theory perspective［J］. Production and Operations Management, 2018, 27 (10).

［40］ Swift, C., Guide, Jr V. D. R., Muthulingam, S. Does supply chain visibility affect operating performance? Evidence from conflict minerals disclosures［J］. Journal of Operations Management, 2019, 65 (5).

［41］ United Nations. Country classification: Data sources, country classifications and aggregation methodology［R］. World Economic Situation and Prospects 2014, New York (NY), 2014.

［42］ Wang, C. H., Chin, T. New product development in platform business ecosystems: Evidence from high-technology manufacturing firms［C］. 2019 Portland International Conference on Management of Engineering and Technology (PICMET), IEEE, 2019.

［43］ Wei, H. L., Wang, E. T. The strategic value of supply chain visibility: Increasing the ability to reconfigure［J］. European Journal of Information Systems, 2010, 19 (2).

［44］ Williams, B. D., Roh, J., Tokar, T., Swink, M. Leveraging supply chain visibility for responsiveness: The moderating role of internal integration［J］. Journal of Operations Management, 2013, 31 (7-8).

［45］ Wood, D. J. Measuring corporate social performance：A review ［J］. International Journal of Management Reviews, 2010, 12 (1).

［46］ Wu, Z. , Pagell, M. Balancing priorities：Decision-making in sustainable supply chain management ［J］. Journal of Operations Management, 2011, 29 (6).

［47］ Yu, W. , Jacobs, M. A. , Chavez, R. , Yang, J. Dynamism, disruption orientation, and resilience in the supply chain and the impacts on financial performance：A dynamic capabilities perspective ［J］. International Journal of Production Economics, 2019, 218.

［48］ Zhang, J. , Wang, B. , Latif, Z. Towards cross-regional sustainable development：The nexus between information and communication technology, energy consumption, and CO2 emissions ［J］. Sustainable Development, 2019, 27 (5).

A Meta-Analysis of Supply Chain Visibility and Firm Performance

Chu Jun   Xu Minghui

（Economics and Management School, Wuhan University, Wuhan, 430072）

Abstract：Researchers pay more attention on the relationship between supply chain visibility and firm performance in recent years, but the intensity and direction of the relationship is not clear. In order to explore the relationship between SCV and firm performance, we use meta-analysis to provide a quantitative review of the empirical literature in SCV. This paper chooses 38 related-topic empirical studies as independent samples to explore the relationship between SCV (demand visibility, supply visibility and market visibility) and firm performance (financial performance, operation performance, market performance, social performance and environmental performance) . The results show that a positive and significant correlation between SCV and firm performance ($\rho = 0.426$, $p < 0.001$) . Specifically, demand visibility and supply visibility are positively correlated with financial performance, operational performance, market performance, social performance and environmental performance；Market visibility is positively correlated with operational performance and social performance, but not with financial performance, market performance and environmental performance. A sub-group analysis, using economy status (developed/developing) and firm type (local/multinational), was also performed to study the relative strength of the relationship in respective categories. This study not only offers a guidance for the future research, but also provides a theoretical basis and some interesting insights for managers in the supply chain management.

Key words：Supply chain visibility；Firm performance；Organizational information processing theory；Meta-analysis

责任编辑：路小静

附录

SCV 与企业绩效关系的元分析编码表

作者（年份）	样本量	相关系数	所属地区的经济状态[①]	企业类型[②]
Wang and Wei（2007）	150	运营绩效（0.433）	1	1
Awaysheh, Pieter van Donk, and Klassen（2010）	307	财务绩效（-0.027）	1	1
Mahadevan, Samaranayake, and Matawie（2010）	64	运营绩效（-0.161）	\	2
Wei and Wang（2010）	181	市场绩效（0.685）	1	2
Kyu Kim, Yul Ryoo, and Dug Jung（2011）	64	财务绩效（0.685）	1	1
Shao（2013）	221	运营绩效（0.349）	2	1
Brandon-Jones, Squire, and Van Rossenberg（2014）	264	运营绩效（0.293）	1	1
Hwang and Rho（2014）	88	企业绩效（0.690）	1	1
Kganyago（2014）	32	运营绩效（0.094）	2	\
Lee et al.（2014）	124	企业绩效（0.400）	1	1
Ahimbisibwe, Ssebulime, Umuhairwe, and Tusiime（2016）	135	运营绩效（0.179）	2	1
Brusset（2016）	171	运营绩效（0.358）	1	1
Lee and Rha（2016）	316	企业绩效（0.310）	1	2
Maghsoudi and Pazirandeh（2016）	101	运营绩效（0.587）	2	2
Dubey et al.（2017）	312	社会绩效（0.457）	2	1
Jain, Kumar, Soni, and Chandra（2017）	103	环境绩效（-0.058）	\	2
Kurniawan, Zailani, Iranmanesh, and Rajagopal（2017）	209	财务绩效（0.453）	2	2
Mandal（2017a）	192	企业绩效（0.449）	2	1
Mandal（2017b）	207	企业绩效（0.395）	2	1
Tarli and Masithah（2017）	100	运营绩效（0.479）	\	2
Dubey et al.（2018）	205	运营绩效（0.066）	\	2
Patrucco, Luzzini, Moretto, and Ronchi（2018）	524	市场绩效（-0.042）	1	2
Srinivasan and Swink（2018）	191	运营绩效（0.382）	\	2
Ali, Gongbing, Mehreen, and Ghani（2019）	330	财务绩效（0.389）	2	1
Cousins, Lawson, Petersen, and Fugate（2019）	248	环境绩效（0.362）	1	1
Kumar and Anbanandam（2019）	112	企业绩效（0.543）	2	2
Wang and Chin（2019）	191	运营绩效（0.634）	2	1
Zhang and Zhao（2019）	142	运营绩效（0.174）	2	1
Juan and Lin（2020）	120	企业绩效（0.253）	1	2

续表

作者（年份）	样本量	相关系数	所属地区的经济状态①	企业类型②
Kraft，Valdés，and Zheng（2020）	132	财务绩效（0.505）	1	\
Mwangeka（2020）	34	运营绩效（0.572）	2	1
Ng，Yeung，and Zhang（2020）	2669	市场绩效（0.092）	1	2
Baah，Acquah，et al.（2021）	170	环境绩效（0.254）	2	1
Baah，Opoku Agyeman，et al.（2021）	175	企业绩效（0.854）	2	1
Hartmann（2021）	73	环境绩效（0.023）	\	2
Juan，Li，and Hung（2021）	113	企业绩效（0.702）	1	2
Leończuk（2021）	200	市场绩效（0.682）	1	1
Saqib and Zhang（2021）	355	社会绩效（0.261）	2	1

注：① 1 表示发达经济体，2 表示发展中经济体；② 1 表示本土企业，2 表示跨国企业。

珞珈管理评论

2024 年卷第 1 辑（总第 52 辑）

Luojia Management Review

No. 1，2024（Sum. 52）

智能家居产品感知能动性和
社会角色类型对消费者产品态度的影响[*]
——基于自我扩展理论

● 赵　晶[1]　陈祥熙[1]　何晶晶[1]　谢志鹏[2]

（1　武汉大学经济与管理学院　武汉　430072；

2　华中师范大学经济与工商管理学院　武汉　430079）

【摘　要】本文探讨了智能家居产品的感知能动性和社会角色定位如何交互影响了消费者对产品共情能力的评价及其对消费者产品态度的影响。通过两个实验，本研究发现：当智能家居产品是仆人型角色时，产品的感知能动性差异对消费者产品态度影响不显著；当智能家居产品是朋友型角色时，高感知能动性（相对于低感知能动性）显著地提高了消费者产品态度；并且感知被共情中介了产品的感知能动性和产品社会角色类型对消费者产品态度的交互影响。本研究结论填补了相关领域文献对人工智能产品社会交往能力关注不足的缺口，并为企业产品设计提供了借鉴。

【关键词】智能家居产品　社会交往能力　感知能动性　产品社会角色类型　感知被共情

中图分类号：F272　　　　文献标识码：A

1. 引言

人工智能技术的高速发展和广泛应用给人类生活带来了巨大改变。以人工智能技术为依托的人工智能产品亦日益进入了大众的生活（Syam and Sharma，2018）。淘宝智能客服可以畅通地与客户对话，让人难以辨别出人类客服与机器客服的差异；抖音等 APP 根据浏览历史，"自作主张"地为消费者推送内容，让消费者觉得新媒体平台真的了解自己的偏好；人工智能技术在智能家居系统的应用将人们从繁杂琐碎的家务劳动中解放出来……

* 基金项目：国家自然科学基金面上项目"移动互联时代信息流广告的效果研究：背景信息、时空特征与广告表达的匹配效应"（项目批准号：72072134）。

通讯作者：赵晶，E-mail：zhaoj@ whu. edu. cn。

人工智能产品的迅速涌现吸引了学者们对该领域的关注。现有研究发现人工智能产品的外观（Mende et al.，2019）、智能程度（李韬奋等，2017）、个性化服务需求（Longoni et al.，2019）等影响了消费者对人工智能产品的接受程度。此外，学者们还发现人工智能产品的社会交往能力决定了该类产品能否在服务行业成功应用（例如：Pelau et al.，2021；Tuomi et al.，2021）。学者们从人工智能产品的性别（Chita-Tegmark et al.，2019）、共情能力（Pelau et al.，2021）、情商（Law et al.，2021）等角度开展了相关研究。

在人工智能产品与消费者互动过程中，社会交往能力是影响互动质量和效果的关键性因素。现有研究虽提出了人工智能产品具有社会交往能力的重要性，并探讨了一些基本类人特征如何影响消费者对人工智能产品社会交往能力的感知，但现有文献并未深入探讨人工智能产品功能特征及较高级别类人特征如何影响人工智能产品的社会交往能力。对于该问题研究关注不足势必会影响到服务型人工智能产品设计的科学性和合理性。因此，为了填补现有文献的缺口，本研究将以智能家居产品为研究对象，基于自我扩展理论，从人工智能产品的感知能动性和社会角色类型角度出发研究其如何交互影响了社会交往能力中关键性因素——共情及消费者后续反应。本研究的结论将丰富现有有关人工智能产品社会交往能力的研究，帮助我们更好地理解产品功能设计和类人特征如何影响消费者对产品社会交往能力的感知。此外，本文的结论还对智能家居产品的功能设计、其与消费者交互方式的设计提供一定的借鉴。

2. 理论背景及假设

2.1 人工智能产品的社会交往能力

Broadbent（2017）曾提出人工智能产品还不能像人类一样具有情感感受。学者们还发现如果任务看起来是主观的、涉及直觉或结果的、需提供个性化服务的，消费者可能会对使用人工智能产品感到不适，因为他们认为人工智能产品缺乏执行此类任务所需的情感能力或同理心（Castelo and Ward，2016）、无法识别顾客的独特属性和需求，因而无法提供个性化服务（Longoni et al.，2019）。但随着科技的发展，人工智能产品已经拥有与人类相似的思维，并可以执行一些原本由人类执行的工作，如销售（Luo et al.，2019）、医疗诊断（Longoni et al.，2019）等。在与消费者互动的过程中，人工智能产品已经能够理解使用者的需求并做出实时反应（Pelau et al.，2021），即拥有了社会交往能力。消费者在与人工智能产品互动的过程中亦可以区分出人工智能产品情商（能够理解他人感受的能力）的高低。

社会交往能力是影响人工智能产品与使用者进行有效互动的关键性能力。它由一系列能力组成，具体包括人际交往能力、沟通能力、深度观察消费者需求的能力、根据相关信息做出相应反应的能力（Song et al.，2022）。人工智能产品的社会交往能力表现为它有能力与使用者进行流利的交谈、关注使用者的需求并做出相应的互动行为（Pelau et al.，2021；Tuomi et al.，2021）。Chita-Tegmark 等（2019）发现人工智能产品的性别特征影响了使用者对其情商的判断。Tuomi（2020）发现人工智能产品拥有社会交往能力提高了消费者在服务环境中使用类人机器人的意愿。Law 等（2021）发现人工智能产品的情商和与性别相关的情商期望影响了使用者对人工智能产品的信任。Pelau 等（2021）发现当类人人工智能产品能够共情消费者的需求，提供更高质量的互动时，消费者会有更高的接受意愿。Brengman（2021）和 Song 等（2022）发现在零售情境下，具有社会交往能力的类人机器人可以更有效地吸引消费者入店消费。

综上所述，现有研究对人工智能产品社会交往能力虽有关注，但仍旧不足。社会交往能力是影响人工智能产品从传统应用领域向服务型产品扩展的关键性因素。现有研究识别和讨论了人工智能产品具备社会交往能力的重要性，但是对于如何通过产品功能设计、类人特征赋予使人工智能产品具有更强的社会交往能力还未做深入研究。本研究将以智能家居产品为研究背景，从人工智能产品的感知能动性和社会角色类型角度出发研究其如何影响消费者对智能家居产品共情能力（社会交往能力的关键因素）的评价，及其后续对消费者产品态度的影响。

2.2　自我扩展理论

自我扩展理论（extended self theory）认为消费者将一些亲密的他人、有形资产或者无形资产视作自己的一部分，并用它们来扩展自己，超越自我身体的界限。同时消费者将这些消费品融入他们的生活，定制或个性化它们，并将自我的概念赋予它们（韩翼等，2018）。自我扩展会影响消费者的自我效能感（Aron et al.，2005）和情绪等。现有研究表明消费者在与人工智能产品的交互中出现了自我扩展现象（Hoffman and Novak，2016）。学者们认为消费者与人工智能产品组成了一个以消费者为中心的整体。在人机交互中消费者既存在通过物体或者财产扩展自我身份和能力的自我扩展，又存在吸收亲密他人的资源以及社会环境而产生的自我扩张。因此，自我扩展理论可以用以解释消费者对人工智能产品的态度及其机制。

2.3　研究假设

智能家居产品的能动性指产品具有根据运算结果进行独立决策和行动的能力（Henkens et al.，2020）。感知能动性指消费者对智能家居产品该项能力的主观感受。此外，研究发现，产品的社会角色类型影响了消费者与产品互动的动机和模式（Bolton et al.，2008；Aggarwal and Pankaj，2012）。消费者会用与产品社会角色相一致的社会规范来与其进行互动（Aggarwal and Pankaj，2012）。本研究根据智能家居产品是利益的提供者，或是利益的共同创造者将智能家居产品的社会角色类型划分为朋友型和仆人型（Aggarwal and Pankaj，2012）。朋友型智能家居产品与消费者共同创造利益；仆人型智能家居产品为消费者提供服务与支持（Aggarwal and Pankaj，2012）。

当智能家居产品的社会角色是朋友型时，产品和消费者享有平等的地位。根据自我扩展理论（韩翼等，2018），消费者对朋友型智能家居产品会产生较低程度的自我扩展（Schweitzer et al.，2019），因而也会更关注产品的功能性属性、更客观地评价该产品。此时，智能家居产品的感知能动性较高，消费者会认为该产品具有更高的思维能力与决策能力（Kim et al.，2018），能够更好地理解自己的需求，并能够以此为依据提供相应的服务（Kim et al.，2018），即消费者会认为自己被智能家居产品所共情。感知被共情指消费者认为在与智能家居产品互动的过程中，智能家居产品能够理解和感知自己的需求和愿望并做出相应的反应（Decety，2004）。

当智能家居产品的社会角色是仆人型时，消费者会认为该产品是他们的附庸，具有更低的社会地位。根据自我扩展理论（韩翼等，2018），消费者对仆人型智能家居产品会产生更大程度的自我扩展（Schweitzer and Belk，2019），会更大程度地将其视作自身一部分（韩翼等，2018）。相对于他人，自己更了解自己的需求。因此，消费者觉得仆人型智能家居产品能够很好地理解和响应自己的需求，感觉到自己被智能家居产品所共情。在仆人型角色的情境下，具有高感知能动性的智能家居产品虽然也会让消费者觉得产品能够更了解自己的需求并主动做出响应，但因仆人型社会角色已经让消费者的感知被共情达到较高水平，感知能动性对于感知被共情的提升贡献有限。

感知被共情能够影响消费者的产品态度（Pelau，2021）。在本研究中，感知被共情让消费者觉得智能家居产品提供的服务是根据自己的需求量身定制的、能够更好地满足自己的需求，因此消费者对该产品有更高评价（Mou et al.，2020；Pelau，2021）。

H1：智能家居产品的感知能动性和社会角色类型交互影响消费者产品态度。当智能家居产品社会角色是朋友型时，消费者对于感知能动性高（相对于低）的产品持有更积极的产品态度；当智能家居产品社会角色是仆人型时，智能家居产品的感知能动性不会显著地影响消费者产品态度。

H2：感知被共情中介了智能家居产品的感知能动性和社会角色类型对消费者产品态度的交互影响。

本文的研究框架见图1。

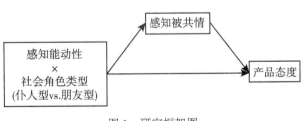

图 1　研究框架图

3. 实验一

3.1　实验目的

实验一的目的为检验智能家居产品的感知能动性及产品社会角色类型如何交互影响消费者的产品态度。实验一采用了2（感知能动性：高/低）×2（社会角色类型：朋友/仆人）的组间实验设计。本实验设计了一个智能冰箱产品概念测试的实验场景。实验刺激物由产品照片与产品文字介绍组成。此外，为了避免真实智能冰箱品牌形象与功能对实验结果的干扰，本实验选取了还在研发阶段、未上市的某小众品牌智能冰箱图片，并删除了其图片上的 logo，将其命名为"小 V"，见图 2。

图 2　智能冰箱小 V

3.2　被试和实验过程

实验一在大学生调研平台互助调研（www. ejuster. cn）上招募了 256 名被试。剔除掉操纵检验项填写错误、填写不完整等无效问卷后，最终实际参与人数为 252 人（48% 为女性，M_{age} = 23.3，SD = 5.55）。

首先所有被试被要求阅读以下介绍性文字："某公司开发了一款人工智能冰箱'小 V'。为了更好适应市场需求、降低企业生产成本以及风险，该公司发布了小 V 的图片和特色功能介绍，以进行产品概念测试"。然后，被试被随机分配到四个实验组中，被要求阅读相应的产品介绍和观看同一张产品图片。实验一通过在智能冰箱的使用场景文字材料中加入明显的"好朋友""忠诚的仆人"称谓，以及在场景对话中强调"朋友""主人"称谓来操纵产品的社会角色类型。使用场景材料中，我们通过强调机器人是否主动提供服务来操纵智能冰箱的感知能动性。其中高感知能动性组的产品介绍中强调该智能冰箱可以主动发起服务，即它会自主分析、学习家庭消费习惯，并根据冰箱中食材实际储藏量为客户自主确定采购清单并在线订货。低感知能动性组智能冰箱只能被动接收服务指令并工作，消费者需要自己确定采购清单并在线订货。具体实验材料如下：

【低感知能动性朋友（仆人）组】

小 V 是一款"听话的"智能冰箱，它是您的好朋友（忠诚仆人），与您共创美好厨房生活。

（1）小 V 具有人机对话、语音交互功能。

小 V 是个会聊天的智能冰箱。它的人机对话系统可实现 AI 语音交互，为您带来厨房新体验。如，您可以对它说："小 V，红烧肉怎么做？"小 V 则会回复："朋友（主人），做红烧肉您应该……"

（2）小 V 可以追踪、监控冰箱内食品。

小 V 可以准确地记录冰箱内食物的数量，并在 15 寸智能显示屏上展示统计信息，让您一目了然。在智能显示屏上，您还可以了解食物的保质期。

（3）小 V 具有万物互联功能。

小 V 具备采购清单功能，您可以根据生活习惯和冰箱内食物情况在采购清单内添加或者删减项目。随后您可以根据实际生活需要将订单通过智能冰箱发给盒马等门店进行采购。

【高感知能动性朋友（仆人）组】

小 V 是一款"有自己想法"的智能冰箱，它是您的好朋友（忠诚仆人），与您共创美好厨房生活。

（1）小 V 具有人机对话、语音交互功能。

小 V 是个会聊天的智能冰箱。它的人机对话系统可实现 AI 语音交互，为您带来厨房新体验。如，您可以对它说："小 V，红烧肉怎么做？"小 V 则会回复："朋友（主人），做红烧肉您应该……"

（2）小 V 可以追踪、监控冰箱内食品。

小 V 可以准确地记录冰箱内食物的数量，并在 15 寸智能显示屏上展示统计信息，让您一目了然。小 V 可以根据食品新鲜程度提醒您需要清理哪些食物。

（3）小 V 具有万物互联功能。

小 V 可以根据您的生活习惯以及冰箱内食物的情况设计采购清单，并根据实际生活需要自动将订单发给盒马等门店进行采购。

在阅读产品介绍和观看产品图片后，本研究对被试的注意力进行了检查。接着，被试被要求通过七阶李克特量表评价自己对该智能冰箱的态度（我认为小 V 这款智能冰箱很好/很不错/我很喜欢小 V 这款智能冰箱）（Simonin and Ruth，1998）。此后，被试还评价了智能冰箱的感知能动性（我认为这款智能冰箱有思维/我认为这款智能冰箱能够独立思考/我认为这款智能冰箱能够自主解决问题）（Kim et al.，2018）及智能冰箱的社会角色类型（我认为小 V 智能冰箱是我的伙伴/我认为小 V 智能冰箱是我的朋友；我认为小 V 智能冰箱是我的仆人/我认为我是小 V 智能冰箱的主人）（Kim and Kramer，2015）。以上构念的测量量表均来自现有研究，并采用七阶李克特量表进行测量，其中 1＝完全不同意，7＝完全同意。最后被试填写了相关的人口统计信息。

3.3 实验结果

本研究首先进行了操纵检验分析。单因素方差分析结果表明智能冰箱的感知能动性在不同实验组间具有显著差异。高感知能动性组的得分显著高于低感知能动性组的得分（$M_{高感知能动组}$＝5.25，SD＝1.47；$M_{低感知能动性组}$＝4.72，SD＝1.48；$F(1，250)$＝8.32，$p<0.05$，η^2＝0.032）。当以"仆人"为因变量时，单因素方差分析结果表明仆人组的得分显著高于朋友组得分（$M_{仆人组}$＝5.11，SD＝1.38；$M_{朋友组}$＝4.74，SD＝1.56；$F(1，250)$＝4.09，$p<0.05$，η^2＝0.016）。当以"朋友"为因变量时，数据分析结果表明朋友组的得分显著高于仆人组得分（$M_{朋友组}$＝5.33，SD＝1.42；$M_{仆人组}$＝5.03，SD＝1.08；$F(1，250)$＝3.49，$p<0.05$，η^2＝0.014）。这表明在本实验中智能冰箱的感知能动性及社会角色类型的操纵是成功的。本研究对各构念的信度进行了检验。产品态度的信度为 α＝0.891。感知能动性的信度为 α＝0.944。社会角色类型中朋友型的信度为 α＝0.837，仆人型的信度为 α＝0.833。

本研究以感知能动性和产品社会角色类型作为自变量，以产品态度作为因变量进行了双因素方差分析。分析结果表明，智能冰箱的社会角色类型对消费者产品态度的影响不显著（$M_{朋友组}$ = 5.843，SD = 0.665；$M_{仆人组}$ = 5.677，SD = 0.954；$F(1, 250)$ = 2.588，$p > 0.05$，η^2 = 0.01）；智能冰箱的感知能动性对消费者产品态度的影响显著（$M_{高感知能动性组}$ = 5.91，SD = 0.876；$M_{低感知能动性组}$ = 5.60，SD = 0.733；$F(1, 250)$ = 9.789，$p < 0.05$，η^2 = 0.038）；感知能动性和产品社会角色类型的交互效应显著（$F(1, 250)$ = 4.05，p = 0.05，η^2 = 0.016）。接下来的简单效应分析结果表明，对于仆人型智能冰箱而言，感知能动性对于消费者产品态度没有显著影响（$M_{高感知能动性组}$ = 5.73，SD = 1.05；$M_{低感知能动性组}$ = 5.61，SD = 0.85；$F(1, 124)$ = 0.462，$p > 0.10$，η^2 = 0.04）。相反，对于朋友型智能冰箱而言，高感知能动性组的被试具有更好的产品态度（$M_{高感知能动性组}$ = 6.09，SD = 0.62；$M_{低感知能动性组}$ = 5.57，SD = 0.60；$F(1, 124)$ = 22.95，p = 0.01，η^2 = 0.156）。实验一的结论验证了 H1。简单效应分析结果如图 3 所示。

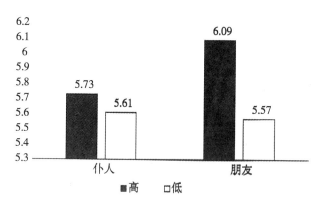

图 3　实验一简单效应分析结果

3.4　讨论

实验一通过使用一个未上市的小众品牌的智能冰箱，并操纵了该冰箱的感知能动性和社会角色类型来检验智能家居产品的设计特征（感知能动性和社会角色类型）如何影响消费者的产品态度。实验结果表明智能家居产品的感知能动性和社会角色类型交互影响了消费者的产品态度。该研究结论验证了 H1。

4.　实验二

4.1　实验目的

实验二的目的主要包括：通过不同的实验场景设计再次检验实验一的结果；检验感知被共情的

中介作用；排除产品创新性、易用性和熟悉度作为替代性解释的可能性。实验二采用了 2（感知能动性：高/低）×2（社会角色类型：朋友/仆人）的组间实验设计。为增强研究结论的外部有效性，同时降低实验一实验场景设计中特定产品图片可能对实验结果的影响，实验二将实验产品更换为智能家居服务系统，并直接使用阅读材料进行操纵。为了避免被试受到现有产品的干扰，本研究虚构了一款智能家居服务系统，并将其命名为"vipoo"。

4.2　被试和实验过程

实验二在调研平台 www.credamo.com 上招募了 200 名被试。剔除掉操纵检验项填写错误、填写不完整和答案有明显规律的问卷后，最终实际参与人数为 187 人（50.2%为女性）。

首先被试被告知，受某高科技企业的委托，本研究将对 vipoo 智能家居服务系统进行产品概念测试。然后被试被随机分到四个实验组中（高感知能动性朋友型角色、高感知能动性仆人型角色、低感知能动性朋友型角色和低感知能动性仆人型角色），被要求阅读产品功能介绍并想象自己是产品的使用者。我们通过在阅读材料中智能家居服务系统对于顾客的称谓以及文末对产品的阐述来操纵产品社会角色类型。同时，我们使用"自主为你服务"与"需要你使用指令进行命令"来操纵 vipoo 智能家居服务系统的感知能动性。具体产品介绍如下：

【低感知能动性仆人（朋友）组】

工作一天后回到家里，vipoo 的人脸识别技术会识别你的身份并亲切地和你打招呼："主人，欢迎回家（朋友，你回来啦)。"

vipoo 可以连接你的手机、空调、热水器、电灯、窗帘、恒温器等所有家庭设备。寒风萧瑟的夜晚，苦于寒冷的你刚刚回到家里，你可以使用语音或者手机的控制指挥 vipoo 为你打开空调。昏暗的灯光下，当你加班时，你能使用语音或者手机指令让 vipoo 为你将灯光亮度调节到护眼模式。当你炒菜被油烟呛到，你可以用语音命令 vipoo 为你开大抽油烟机风量……

vipoo 可以在你的手机或者语音控制下，为你提供更好的服务。它是你家居服务的好仆人（它是与你共创美好生活的好伙伴)。

【高感知能动性组仆人（朋友）组】

工作一天后回到家里，vipoo 的人脸识别技术会识别你的身份并亲切地和你打招呼："主人，欢迎回家（朋友，你回来啦)。"

vipoo 可以连接你的手机、空调、热水器、电灯、窗帘、恒温器等所有家庭设备。寒风萧瑟的夜晚，苦于寒冷的你刚刚回到家里，vipoo 根据自己了解的天气信息，自觉为你打开空调并设置让你舒适的温度。昏暗的灯光下，当你加班时，vipoo 察觉到了你的需要，将灯光亮度调节到护眼模式。当你炒菜被油烟呛到时，vipoo 会及时为你开大抽油烟机的风量……

你什么都不用做，vipoo 就能理解你，为你提供更好的服务。它是你家居服务的好仆人（它是与你共创美好生活的好伙伴)。

在阅读完产品介绍之后，被试被要求完成与实验一类似的注意力检测。随后，被试被要求评价他们对该款智能家居服务系统的态度（我认为 vipoo 这款家居服务机器人很好/很不错/我很喜欢这款服务机器人）（Simonin and Ruth，1998）；评价自己被该智能家居服务系统共情程度（vipoo 似乎理解我的家居生活需要/vipoo 不了解我在家庭生活中将要做什么（反向编码）/vipoo 似乎能够明白我的困扰）（Marandi and Harris，2010）；评价该系统的创新性（我认为 vipoo 这款家庭服务机器人是新奇的/我认为 vipoo 这款家庭服务机器人是独特的/我认为 vipoo 这款家庭服务机器人是非常突出的/我不认为 vipoo 这款家庭服务机器人是引人注目的（反向编码））（Sundar and Noseworthy，2016）；评价易用性（我认为 vipoo 是很容易使用的/我认为我可以使用 vipoo 完成我想要做的工作）（Ernest et al.，2014）；评价其对产品的熟悉度（我对 vipoo 这类产品很熟悉/我对 vipoo 这类产品很了解/我在大众媒体上见过这类产品相关广告）（Horen and Pieters，2017）。随后，本实验对被试进行了操纵检验（感知能动性、仆人型或者朋友型的社会角色类型）。为了保证测量效果同时达到注意力检测目的，个别问项采用反向编码，以便剔除无效问卷。以上构念的测量量表均来自于现有研究，并采用七阶李克特量表进行测量（1＝完全不同意，7＝完全同意）。最后，被试回答了人口统计相关信息。

4.3 实验结果

本研究首先进行了操纵检验分析。以感知能动性为因变量的单因素方差分析结果表明高感知能动性组的操纵检验评分显著高于低感知能动性组的评分（$M_{高感知能动性组}$ ＝ 5.79，SD ＝ 1.80；$M_{低感知能动性组}$ ＝ 3.45，SD ＝ 1.02；$F(1,185)$ ＝ 5.54，$p<0.05$，η^2 ＝ 0.38）。这表明智能家居服务系统的感知能动性操纵成功。以"仆人"为因变量时，单因素方差分析结果表明仆人组被试的评分显著高于朋友组评分（$M_{朋友组}$ ＝ 2.51，SD ＝ 1.42；$M_{仆人组}$ ＝ 4.93，SD ＝ 1.33；$F(1,185)$ ＝ 143.3，$p<0.05$，η^2 ＝ 0.435）；以"朋友"为因变量时，单因素方差分析结果表明朋友组被试的评分显著高于仆人组评分（$M_{朋友组}$ ＝ 5.79，SD ＝ 1.04；$M_{仆人组}$ ＝ 4.02，SD ＝ 1.59；$F(1,185)$ ＝ 78.6，$p<0.05$，η^2 ＝ 0.298）。这表明本实验有关人工智能产品的社会角色类型操纵成功。本研究还对各构念的信度进行了检查。产品态度的信度为 α ＝ 0.849。感知自主性的信度为 α ＝ 0.951。社会角色类型中朋友型的信度为 α ＝ 0.929，仆人型的信度为 α ＝ 0.935。感知被共情的信度为 α ＝ 0.908。产品创新性的信度为 α ＝ 0.920。产品易用性的信度为 α ＝ 0.760。产品熟悉度的信度为 α ＝ 0.918。

本研究将感知能动性和产品社会角色类型作为自变量，产品态度作为因变量进行了双因素方差分析。分析结果表明，智能家居服务系统的社会角色类型对消费者产品态度的影响边际显著（$M_{朋友组}$ ＝ 5.85，SD ＝ 0.859；$M_{仆人组}$ ＝ 5.47，SD ＝ 1.025；$F(1,185)$ ＝ 7.18，$p=0.08$，η^2 ＝ 0.037）；智能家居服务系统的感知能动性对消费者产品态度的影响显著（$M_{高感知能动性组}$ ＝ 5.92，SD ＝ 0.954；$M_{低感知能动性组}$ ＝ 5.38，SD ＝ 0.907；$F(1,185)$ ＝ 15.60，$p<0.05$，η^2 ＝ 0.078）。产品的社会角色类型和产品的感知能动性交互影响了消费者产品态度（$F(1,185)$ ＝ 10.04，$p=0.02$，η^2 ＝ 0.052）。简单效应分析结果表明，对于朋友组的智能家居服务系统，感知能动性显著提高了消费者产品态度（$M_{高感知能动性组}$ ＝ 6.33，SD ＝ 0.82；$M_{低感知能动性组}$ ＝ 5.35，SD ＝ 0.57；$F(1,185)$ ＝ 41.25，$p=0.06$，η^2 ＝ 0.372）。然而，对于仆人组的智能家居服务系统，感知能动性对消费者产品态度没有显著影响（$M_{高感知能动性组}$ ＝ 5.55，SD ＝ 1.07；$M_{低感知能动性组}$ ＝ 5.40，SD ＝ 0.98；$F(1,185)$ ＝ 0.50，$p=0.408$，η^2 ＝ 0.005）。本研究还以产品态度作为因变量，感知能动性和产品社会角色类型作为自变量，被试

的年龄、性别、收入水平、受教育程度作为协变量，进行了双因素方差分析。分析结果与上述结果相似，但被试的年龄等人口统计特征影响不显著（$p_{年龄} = 0.132$；$p_{性别} = 0.437$；$p_{收入水平} = 0.531$；$p_{受教育水平} = 0.285$）。至此，实验结果再次验证了H1。

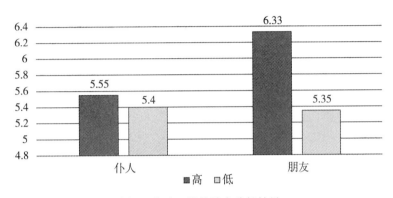

图4　实验二简单效应分析结果

为了检验感知被共情的中介效应，本研究将感知能动性和产品社会角色类型作为自变量，感知被共情作为因变量进行了双因素方差分析。分析结果表明，感知能动性和产品社会角色类型对被试的感知被共情交互效应显著（$F(1, 183) = 5.366$，$p = 0.02$，$\eta^2 = 0.028$）。同时，感知能动性对感知被共情的主效应显著（$F(1, 183) = 56.189$，$p = 0.001$，$\eta^2 = 0.235$）；产品社会角色类型对感知被共情有显著影响（$F(1, 183) = 6.304$，$p = 0.039$，$\eta^2 = 0.023$）。具体而言，对于仆人型智能家居服务系统，感知能动性对感知被共情存在显著影响（$M_{低感知能动性组} = 4.39$，SD$= 1.41$；$M_{高感知能动性组} = 5.31$，SD$= 1.07$；$F(1, 99) = 13.55$，$p = 0.001$，$\eta^2 = 0.121$）。然而，对于朋友型智能家居服务系统，感知能动性更为显著地影响了感知被共情（$M_{低感知能动性组} = 4.34$，SD$= 1.49$；$M_{高感知能动性组} = 6.10$，SD$= 0.73$；$F(1, 87) = 48.580$，$p = 0.000$，$\eta^2 = 0.364$）。接着，本研究以智能家居服务系统的感知能动性为自变量，产品社会角色类型为调节变量，消费者产品态度为因变量，感知被共情为中介变量做了Bootstrapping中介效应分析（PROCESS Model 8）。分析结果表明感知被共情中介效应显著（95%CI［0.2115，0.6935］，不包括0）。具体来说，对于仆人型产品，感知被共情的中介效应显著（Effect$= 0.152$，95%CI［0.031，0.309］，不包括0）；对于朋友型产品，感知被共情中介了感知能动性对消费者产品态度的影响（Effect$= 0.287$，95%CI［0.083，0.547］，不包括0），验证了H2。

此外，本研究还对一些可能存在的替代性解释进行了检验。方差分析结果表明，感知能动性和产品社会角色类型对感知创新性（$p = 0.406$）、熟悉度（$p = 0.210$）、易用性（$p = 0.309$）的交互效应不显著。所以，本研究排除了感知创新性、熟悉度、易用性这些可能存在的替代性解释。

4.4　讨论

实验二采用了智能家居服务系统的实验场景。为了避免图片对实验结果的影响，实验二未向被试展示产品图片。实验结论再一次验证了智能家居产品的感知能动性和社会角色类型对消费者产品态度的交互影响。此外，实验二还探究了感知能动性和产品社会角色类型对消费者产品态度的影响机制。通过 Bootstrapping 分析，本研究发现感知被共情中介了感知能动性和产品社会角色类型对消费者产品态度的交互影响。最后，本研究排除了感知创新性、熟悉度和易用性这些可能存在的替代性解释。

5. 研究结论与讨论

5.1 研究结论

现有研究从产品性别（Chita-Tegmarketal，2019）、共情能力（Pelau et al.，2021）、情商（Law et al.，2021）等角度开展了有关人工智能产品社会交往能力的研究。但现有文献对于产品功能设计及产品类人特征如何影响消费者对人工智能产品社会交往能力的评价关注不足。为填补现有研究的空白，本研究以自我扩展理论为基础，从人工智能产品的感知能动性和社会角色类型的角度研究了智能家居产品的设计特征如何影响消费者对产品共情能力的感知，及其对消费者产品态度的影响。本研究通过两个实验来验证研究假设。在实验一中通过操纵智能冰箱是否能够提供自主服务来操纵产品的感知能动性，通过强调智能冰箱的称谓与交流方式来操纵产品社会角色类型。实验结果验证了智能家居产品的感知能动性与产品社会角色类型对消费者产品态度的交互作用。实验二通过阅读材料操纵智能家居服务系统的感知能动性与产品社会角色类型。实验结果再次验证了智能家居产品的感知能动性和社会角色类型对消费者产品态度的交互作用，并检验了感知被共情的中介效应。

5.2 理论贡献

总体而言，本研究从以下几个方面丰富了有关人工智能产品的研究：首先，本研究从产品功能设计和产品类人特征赋予角度开展了对智能家居产品社会交往能力的研究。具体而言，本研究探索了感知能动性、产品社会角色类型影响消费者对产品共情能力的评价。有学者指出由于技术所限，现阶段人工智能产品无法与消费者做情感方面的交流（Broadbent，2017；Castelo and Ward，2016）。但本研究发现在智能家居产品并不具备情感反应能力的情况下，通过改变产品的功能性指标（感知能动性）、社会角色类型（仆人型或朋友型）会让消费者感觉到自己被人工智能产品所共情，即感觉自己和人工智能产品间存在"情感交流"。这种人机间的"情感交流"进一步影响了消费者产品态度。

其次，本研究丰富了自我扩展理论的文献。现有研究发现在物联网环境下，人工智能产品使用过程中存在消费者自我扩展现象（Hoffman and Novak，2016）。本研究在更加丰富的实验情境下发现，在不同的产品社会角色类型及产品性能情况下，消费者对智能家居产品产生不同程度的自我扩展，并因此对产品产生不同的感受和评价。该研究结论丰富了现有有关自我扩展理论的研究，并扩展了该理论的应用领域。

5.3 管理启示

本研究结论的管理启示如下：首先，本研究发现智能家居产品的感知能动性和社会角色类型交互影响了消费者对产品社会交往能力的评价，进而影响了消费者产品态度。因此，当企业赋予智能家居产品朋友型社会角色时（如智能扫地机器人、智能冰箱、智能窗帘等），企业应该通过计算机视觉、机器学习、自然语言处理等技术来增加产品的主动性行为（朱国玮等，2021），以此提高消费者的感知被共情程度，进而提高消费者对产品的评价。但对于某些产品而言（如智能水壶、智能电饭煲、智能开关等产品），企业通过技术改进等方式仍无法大幅提高产品的能动性。此时，企业可以为产品赋予仆人型社会角色，通过情感纽带影响消费者对产品的评价（Mou et al.，2020）。

其次，本研究发现感知被共情是影响消费者产品态度的关键性因素。因此，当企业没有为智能家居产品赋予明确的社会角色时，企业可以在设计产品时通过一些产品设计增强人工智能产品和消费者之间的情感纽带，进而提升消费者感知被共情程度（Decety，2004），例如通过人工智能技术分析消费者的语言风格，并模仿消费者的语音、语调、语速和常用词等（Chartrand and Bargh，1999；Dijksterhuis and Bargh，2001）。

5.4 研究局限与未来研究方向

虽然本研究得出了一些有意义的结论，但仍存在一些局限性。首先，本研究通过实验验证研究假设，且在实验中仅仅使用文字和图片作为刺激材料。虽然我们对实验环境和实验过程都进行了严格控制，对刺激材料也进行了预实验和操纵检验，但被试的感受与在现实环境中使用实际产品的感受可能存在差异。其次，本研究排除了感知创新性、熟悉度、易用性的替代性解释，但仍有可能存在其他因素中介了人工智能产品感知能动性和产品社会角色类型对消费者态度的影响。最后，本研究通过使用智能家居系统、智能冰箱作为实验刺激物开展研究，因为该类产品可以同时满足实验情境对感知能动性和社会角色类型的要求。多样化的实验刺激物虽然在一定程度上提高了本研究结论的外部效度，但是这两种实验刺激物在类型上具有相似性。不同类型的人工智能产品、不同的使用情景可能会给消费者心理带来不同影响。未来研究可以考虑使用更多类型的人工智能产品来验证本研究结论。

未来研究可在以下方向开展研究：（1）针对具有一般特征大样本消费群体，在现实环境中进行相关研究，如在产品展览会现场对具有购买兴趣的参展顾客进行测试，以提高结论的外部效应。（2）本文没有探究当感知能动性提高到高程度时，消费者对人工智能产品是否存在负面反应，例如控制感缺失、感知威胁、侵入感等。后续研究可对此进行深入探讨。（3）产品社会角色类型的分类方式多种多样，未来的研究可以继续探讨其他角色分类方式是否影响消费者对人工智能产品社会交往能力的评价。

◎ 参考文献

[1] 陈军，张韵君. 基于小红书案例的创业企业微创新实现过程及机制 [J]. 浙江树人大学学报，2023，23（1）.

[2] 韩翼，胡筱菲，曹兵，等. 师徒关系对工作绩效的影响机制研究——基于自我扩张理论的视角 [J]. 珞珈管理评论，2018，18（2）.

[3] 李韬奋，郭鹏，杨水利. 智能消费产品的关键智能要素实证研究 [J]. 管理评论，2017，29（2）.

[4] 沈鹏熠，万德敏，许基南. 人机交互感知的形成能促进顾客采纳行为吗——基于媒介丰富度理论视角 [J]. 广东财经大学学报，2022，37（5）.

[5] 朱国玮，高文丽，刘佳惠，等. 人工智能营销：研究述评与展望 [J]. 外国经济与管理，2021，43（7）.

[6] Aggarwal, P., McGill, A. L. When brands seem human, do humans act like brands? Automatic behavioral priming effects of brand anthropomorphism [J]. Journal of Consumer Research, 2012, 39 (2).

[7] Aron, A., Mashek, D., Mclaughlin-Volpe, T., et al. Including close others in the cognitive structure of the self [J]. Energy, 2005, 6 (4).

[8] Bolton, L. E., II, A. R., Volpp, K. G., et al. How does drug and supplement marketing affect a healthy lifestyle? [J]. Journal of Consumer Research, 2008, 34 (5).

[9] Brengman, M., De Gauquier, L., Willems, K., et al. From stopping to shopping: An observational study comparing a humanoid service robot with a tablet service kiosk to attract and convert shoppers [J]. Journal of Business Research, 2021, 134 (6).

[10] Broadbent, E. Interactions with robots: The truths we reveal about ourselves [J]. Annual Review of Psychology, 2017, 68 (1).

[11] Castelo, N., Ward, A. F. Political affiliation moderates attitudes towards artificial intelligence [M]. Duluth, 2016.

[12] Chartrand, T. L., Bargh, J. A. The chameleon effect: The perception-behavior link and social interaction [J]. Journal of Personality and Social Psychology, 1999, 76 (6).

[13] Chita-Tegmark, M., Lohani, M., Scheutz, M. Gender effects in perceptions of robots and humans with varying emotional intelligence [C]. Daegu, International Conference on Human-Robot Interaction, 2019.

[14] Decety, J. The functional architecture of human empathy [J]. Behavioral and Cognitive Neuroscience Reviews, 2004, 3 (2).

[15] Dijksterhuis, A., Bargh, J. A. The perception-behavior expressway: Automatic effects of social perception on social behavior [J]. Advances in Experimental Social Psychology, 2001, 33 (1).

[16] Ernest, B., Wakslak, C. J., Yaacov, T., et al. Why feasibility matters more to gift receivers than to givers: A construal-level approach to gift giving [J]. Journal of Consumer Research, 2014, 41 (1).

［17］ Henkens, B. , Verleye, K. , Larivière, B. The smarter, the better?! Customer well-being, engagement, and perceptions in smart service systems ［J］. International Journal of Research in Marketing, 2020, 38 (2).

［18］ Hoffman, D. L. , Novak, T. Consumer and object experience in the internet of things: An assemblage theory approach ［J］. Journal of Consumer Research, 2016, 44 (6).

［19］ Horen, F. V. , Pieters, R. Out-of-category brand imitation: Product categorization determines copycat evaluation ［J］. Journal of Consumer Research, 2017, 44 (4).

［20］ Kim, H. C. , Kramer, T. Do materialists prefer the "brand-as-servant"? The interactive effect of anthropomorphized brand roles and materialism on consumer responses ［J］. Journal of Consumer Research, 2015, 42 (2).

［21］ Kim, H. Y. , McGill, A. L. Minions for the rich? Financial status changes how consumers see products with anthropomorphic features ［J］. Journal of Consumer Research, 2018, 45 (2).

［22］ Law, T. , Chita-Tegmark, M. , Scheutz, M. The interplay between emotional intelligence, trust, and gender in human-robot interaction ［J］. International Journal of Social Robotics, 2021, 13 (2).

［23］ Longoni, C. , Bonezzi, A. , Morewedge, C. K. Resistance to medical artificial intelligence ［J］. Journal of Consumer Research, 2019, 46 (4).

［24］ Luo, X. , Tong, S. , Fang, Z. , et al. Frontiers: Machines vs. humans: The impact of artificial intelligence chatbot disclosure on customer purchases ［J］. Marketing Science, 2019, 38 (6).

［25］ Marandi, E. , Harris, J. The impact of perceived service provider empathy on customer loyalty: Some observations from the health and fitness sector ［J］. Managing Leisure, 2010, 15 (3).

［26］ Mende, M. , Scott, M. L. , Van, Doorn, J. , et al. Service robots rising: How humanoid robots influence service experiences and elicit compensatory consumer responses ［J］. Journal of Marketing Research, 2019, 56 (4).

［27］ Mou, W. , Ruocco, M. , Zanatto, D. , et al. When would you trust a robot? A study on trust and theory of mind in human-robot interactions ［C］. 2020 29th IEEE International Conference on Robot and Human Interactive Communication (RO-MAN), 2020.

［28］ Pelau, C. , Dan, C. D. , Ene, I. What makes an AI device human-like? The role of interaction quality, empathy and perceived psychological anthropomorphic characteristics on the acceptance of artificial intelligence in the service industry ［J］. Computers in Human Behavior, 2021, 122 (2).

［29］ Schweitzer, F. , Belk, R. , Jordan, W. , et al. Servant, friend or master? The relationships users build with voice-controlled smart devices ［J］. Journal of Marketing Management, 2019, 35 (3).

［30］ Simonin, B. L. , Ruth, J. A. Is a company known by the company it keeps? Assessing the spillover effects of brand alliances on consumer brand attitudes ［J］. Journal of Marketing Research, 1998, 35 (1).

［31］ Song, C. S. , Kim, Y. K. , Jo, B. W. , et al. Trust in humanoid robots in footwear stores: A large-N crisp-set qualitative comparative analysis (csQCA) model ［J］. Journal of Business Research, 2022,

152（c）.

［32］ Sundar, A., Noseworthy, T. J. Too exciting to fail, too sincere to succeed: The effects of brand personality on sensory disconfirmation ［J］. Journal of Consumer Research, 2016, 43 (1).

［33］ Syam, N., Sharma, A. Waiting for a sales renaissance in the fourth industrial revolution: Machine learning and artificial intelligence in sales research and practice ［J］. Industrial Marketing Management, 2018, 69 (FEB.).

［34］ Tuomi, A., Tussyadiah, I. P., Hanna, P. Spicing up hospitality service encounters: The case of pepper ［J］. International Journal of Contemporary Hospitality Management, 2021, 33 (11).

The Influence of Perceived Agency and Social Role Types on
Consumer Attitude toward Smart Home Product: Based on Extended Self Theory

Zhao Jing[1]   Chen Xiangxi[1]   He Jingjing[1]   Xie Zhipeng[2]

(1 Economics and Management School, Wuhan University, Wuhan, 430072;

2 School of Economics and Business Administration, Central China Normal University, Wuhan, 430079)

Abstract: This study investigated how perceived agency and social role of a smart home product influence consumers' evaluation toward its perceived empathy, which further influences consumers' product attitude. Two experiments were conducted to test hypotheses. The results indicated when the social role of a smart home product is server, perceived agency does not significantly influence consumers' product attitude and when the social role of a smart home product is friend, consumers' product attitude is more positive toward a high perceived agency (vs low perceived agency) product. This study also found that perceived empathy mediates the interactive influence of perceived agency and social role of a smart home product on consumers' product attitude. The results of this study have both theoretic and managerial implications.

Key words: Smart home product; Social intelligence; Actuation; Social role; Perceived empathy

专业主编：寿志钢

2024年新春寄语

光阴流转，转瞬就是龙年。

龙舞九天外，盛世共长虹。我谨代表《珞珈管理评论》编辑部向各位学术委员会委员、编委会委员、外审专家、作者以及广大读者致以最诚挚的感谢和新春祝福！

岁月留痕，钩沉自有过往。

2023年，我们坚守办刊特色，关注现实需求。聚焦工商管理学科领域的知识创造和传播，致力于刊发关注国家战略、回应实践需求的学术精品，不断提升社会影响力和学术影响力。

2023年，我们紧跟时代步伐，扎根管理实践。通过举办高品质的《珞珈管理评论》春/秋季学术论坛、审稿快线以及学术沙龙，提供高水平的学术研讨平台，促进学术交流，不断锤炼管理学专业知识和能力，服务新时代中国社会高质量发展。

2023年，我们打造媒体矩阵，传播学术成果。新媒体融合在前行中突破、在发展中创新——将集刊内容付诸网、端、微、屏，产品形态逐渐丰富，全媒体传播越发清晰，力求将学术成果以更多元的方式传递给读者。

岁月无声，却见证了成长。

2023年，《珞珈管理评论》持续入选《中文社会科学引文索引（2023—2024年）来源集刊目录》（CSSCI），他引影响因子稳步上升。

2023年，《珞珈管理评论》被人大复印报刊资料中心的全文转载率再创新高，达到20%。2023年，《珞珈管理评论》被部分高校列为重点（高等级）CSSCI期刊，学术质量得到进一步认可。

2023年，《珞珈管理评论》荣获武汉大学哲学社会科学学术集刊建设成效考评第一名，并获学术集刊最高资助。

日月其迈，时盛岁新。

2024年，《珞珈管理评论》将继续秉承严谨的学术态度，设置特色栏目、策划重点选题、厚植优质稿源；做精专业性、做深引领性、做强精准性；不断表达、追问、求解，携手每一位笃行而热忱的管理学研究者，奉献学术精品，打造学术品牌！

新春快乐！龙年吉祥！

汪涛

《珞珈管理评论》主编